DIE GESCHICHTE ISRAELS

Reihe: Bibelwissen

Die Geschichte Israels

Von Abraham bis Bar Kochba
von
Siegfried Herrmann
und
Walter Klaiber

Evang. Baptisten Gem.
Walther-Rathenau-Allee 19
64720 MICHELSTADT

DEUTSCHE BIBELGESELLSCHAFT

Titelbild: Darstellung einer Menora, des siebenarmigen Leuchters, auf einem korinthischen Kapitell (5. Jh. n. Chr.) aus dem Hof der Synagoge von Kapernaum. Die Menora ist eines der ältesten und häufigsten jüdischen Symbole.
(Foto: Wolfram Gittermann)

Die Deutsche Bibliothek – CIP-Einheitsaufnahme

Herrmann, Siegfried:
Die Geschichte Israels: von Abraham bis Bar Kochba / von Siegfried Herrmann und Walter Klaiber. – Stuttgart: Dt. Bibelges., 1996
 (Bibelwissen)
 ISBN 3-438-06206-2
NE: Klaiber, Walter:

ISBN 3-438-06206-2

© 1996 Deutsche Bibelgesellschaft, Stuttgart
Umschlag: Werbeagentur dell'arte, Tiefenbronn
Kartenskizzen: Grafik & Satz Schwarz, Stuttgart
Satz: Biblia-Druck GmbH, Stuttgart
Druck und Einband: Ebner Ulm
Alle Rechte vorbehalten
Printed in Germany

INHALTSVERZEICHNIS

Erster Teil

**Geschichte Israels in alttestamentlicher Zeit
von Abraham bis zu Alexander dem Großen**
von Siegfried Herrmann 9

1. Die Anfänge 11
   a) Geographische und historische Voraussetzungen am
      Anfang des 2. Jahrtausends v. Chr. 11
   b) Die Verläßlichkeit der alttestamentlichen Überlieferung . 12

2. Die Erzväter oder »Patriarchen« 17
   a) Die »Vätergötter« und die El-Religion 19
   b) Das Volk der Philister 21
   c) Die Josefsgeschichte 22

3. Der Auszug aus Ägypten unter Moses Führung.
   Wüstenwanderung und Gottesberg 24
   a) Mose – Herkunft und Person 24
   b) Die Rettung am Schilfmeer 25
   c) Wüstenwanderung und Sinaiaufenthalt 26

4. Israels Seßhaftwerden in Kanaan 30
   a) Die Siedlungsgebiete der Zuwanderer 30
   b) Der Vorgang der »Landnahme« 33
   c) Die Religion Kanaans und der Gott Israels 36

5. Die Festigung der Lebensverhältnisse im Lande.
   Die Zeit der »Richter« 38
   a) Der Sieg am Bach Kischon und das Deboralied . . 39
   b) Die Zwölfzahl der Stämme: Israel als »Amphiktyonie«? . 40
   c) Einzelne Richtergestalten 41

6. Vom Richtertum zum Königtum 43
   a) Die Herrschaft Sauls 43
   b) Das Königtum Davids 45
   c) Das Großreich Davids 49
   d) König Salomo und das Ende des Großreichs . . . 52

7. Juda und Israel als selbständige Königreiche 62
   a) Die Darstellung der Königszeit im Alten Testament . . 62
   b) Die Maßstäbe des Deuteronomiums (5. Buch Mose) . . 63
   c) Die Folgen der Reichsteilung. 64
   d) Omri und seine Dynastie in Israel 70
   e) Zwei Revolutionen: Jehu in Israel, Atalja in Jerusalem . 74
   f) Die Vormacht Syriens und die assyrische Bedrohung . . 77
   g) Israel und Juda bis zum Fall Samarias 82
   h) Das Schicksal Judas bis zum Tode des Königs Josia . . 87
   j) Das Ende Judas und die Zerstörung Jerusalems . . . 97

8. Das Babylonische Exil. 102
   a) Die Verhältnisse in Juda 102
   b) Diaspora in Ägypten, Exil in Babylonien 105
   c) Der Aufstieg des Perserkönigs Kyrus 105
   d) Der Prophet Deuterojesaja 107

9. Der Beginn der Perserzeit in Juda 110
   a) Das Kyrus-Edikt. 110
   b) Verzögerungen beim Tempelbau. Die neue Rolle des
      Hohenpriesters 111

10. Die Befestigung Jerusalems und der Aufbau des judäischen
    Gemeinwesens unter Esra und Nehemia 115
    a) Mißstände in Jerusalem und Juda 115
    b) Das Wirken Esras 116
    c) Das Wirken Nehemias 117
    d) Verpflichtung des Volkes auf das Gesetz Moses . . . 118

11. Die zweite Hälfte der Perserzeit und ihr Ende durch
    Alexander den Großen. 120
    a) Die Trennung zwischen Jerusalem und Samarien . . . 121
    b) Die Militärkolonie von Elephantine 122
    c) Alexander der Große 123

ZWEITER TEIL

Geschichte Israels in zwischen- und neutestamentlicher Zeit von Alexander dem Großen bis Bar Kochba
von Walter Klaiber 125

1. Die Welt des Hellenismus 127
   a) Die Diadochenkämpfe 127
   b) Kultur und Religion in hellenistischer Zeit 128

2. Judäa unter den Ptolemäern 132
   a) Die wirtschaftlichen Verhältnisse in Judäa 132
   b) Biblische und apokryphe Literatur 133

3. Die hellenistische Diaspora 135
   a) Die Septuaginta 136
   b) Die Entstehung der Synagoge 137
   c) Philo von Alexandria 138

4. Judäa unter den Seleuziden 140
   a) Antiochus III. 140
   b) Antiochus IV. Epiphanes 141
   c) Der Anlaß der Unruhen in Judäa 143

5. Der Aufstand der Makkabäer 146
   a) Judas Makkabäus und die Wiederweihe des Tempels . . 146
   b) Siedlungspolitik und Kämpfe in der Makkabäerzeit . . 147

6. Die Herrschaft der Hasmonäer 148
   a) Demetrius I. und der Tod des Judas Makkabäus . . . 148
   b) Die Bündnispartner Jonatans 149
   c) Der Aufstieg der Hasmonäer seit Simon und
      Johannes Hyrkan I. 149
   d) Machtkämpfe in Palästina und Eingreifen der Römer . 150

7. Religiöse Gruppierungen im Judentum 153
   a) Die Hasidäer und die Apokalyptik 153
   b) Die Essener und die Gruppe von Qumran 154
   c) Die Pharisäer 156
   d) Die Sadduzäer 157

    e) Die Samaritaner 158
    f) Die Schriftgelehrten 158

8. Gesellschaft und Religion im Römischen Reich 160
    a) Das römische Regierungssystem 160
    b) Religiöse Toleranz und Kaiserkult 161

9. Das Reich des Herodes 164
    a) Herodes der Große: Politiker und Bauherr 164
    b) Wirtschaftliche Blüte und Zerfall des herodianischen
       Reiches 165

10. Palästina zur Zeit Jesu und der Urgemeinde 167
    a) Palästina unter der Regierung der Herodessöhne . . . 167
    b) Jesus von Nazareth und die Anfänge des Christentums . 170
    c) Spannungen zwischen Juden und Römern.
       Kaiser Caligula und Agrippa I. 172
    d) Das Apostelkonzil in Jerusalem 173

11. Der erste jüdische Aufstand (66–74 n. Chr.) 177
    a) Die Situation in Judäa 177
    b) Die Eroberung Jerusalems und Masadas durch Titus . . 178

12. Die Entwicklung bis zum zweiten jüdischen Aufstand . . 180
    a) Das Lehrhaus in Jabne und die Neubesinnung
       des Judentums 180
    b) Erste Christenverfolgungen und jüdische Aufstände
       in der Diaspora 182
    c) Der zweite jüdische Aufstand unter Simon Bar Kochba . 183

    Abkürzungen 185
    Stichwortregister 187
    Verzeichnis der Kartenskizzen 197

Erster Teil

SIEGFRIED HERRMANN

Geschichte Israels in alttestamentlicher Zeit von Abraham bis zu Alexander dem Großen

1. DIE ANFÄNGE

a) Geographische und historische Voraussetzungen am Ausgang des 2. Jahrtausends v. Chr.

Verglichen mit den Hochkulturen Ägyptens und Mesopotamiens, deren Aufstieg zu Beginn des 3. Jahrtausends v. Chr. begann, war Israel ein relativ junges Volk. Das Alte Testament läßt keinen Zweifel daran, daß Israels Anfänge erst im 2. Jahrtausend v. Chr. liegen, als die Ägypter den Höhepunkt ihrer geschichtlichen Entwicklung überschritten hatten und die Mächte in Mesopotamien nach einer Periode der Fremdherrschaften von neuem ihre Kräfte sammeln mußten.

Zwar erlebte Ägypten unter Ramses II. (etwa 1290–1224 v. Chr.) und Ramses III. (etwa 1184–1153) noch einmal eine Glanzzeit. Höchstwahrscheinlich unter Ramses II. oder seinem unmittelbaren Nachfolger Merenptah (etwa 1224–1204) erfolgte der Auszug israelitischer Gruppen unter der Führung Moses aus Ägypten. Aber der Niedergang ägyptischer Herrschaft war gegen Ende des 2. Jahrtausends nicht mehr aufzuhalten.

Die Ausdehnung der Mächte im Zweistromland, vor allem der Assyrer, war durch das Vordringen aramäischer Stämmegruppen aus der syrisch-arabischen Wüste eine lange Zeit gehemmt. Abwehrkämpfe verzehrten die Kräfte. Die Schwäche der großen Mächte kam den kleinen zugute. Sie gewannen an Einfluß und Bedeutung. Um das Jahr 1000 v. Chr. gelang David nach dem Scheitern Sauls der Aufbau eines selbständigen Staatswesens von eigenem politischen Gewicht, das sich sogar eine Reihe von Nachbarvölkern unterwarf. Israel trat ein in die Weltgeschichte.

Damit ist angedeutet, worin Chance und Gefahr für Israel lagen und wovon seine Existenz in den folgenden Jahrhunderten abhing. Israels Geschichte wird entscheidend bestimmt von der Lage des Landes und der Großmachtpolitik seiner Nachbarn. Die Länder am Rande des östlichen Mittelmeeres, die wir geographisch »Syrien und Palästina« zu nennen gewöhnt sind, bilden einen relativ schmalen Streifen kultivierbaren Bodens zwischen dem Meer und der syrisch-arabischen Wüste im Osten, der kaum mehr als 150 km breit ist. Es ist eine Art »Landbrücke«, eine schmale Passage zwischen Ägypten und dem Zweistromland Mesopotamien, ein Durchzugsland für Eroberer, ein Land kultureller Vielfalt, in dem sich die Einflüsse des Nordens und Südens trafen, nur begrenzt ein Land des wirtschaftlichen Austauschs, ein karges Land ohne nennenswerte Bodenschätze, also kein Land, »in dem Milch und Honig fließen«. So sahen es höchstens die Bewohner der angrenzenden Wüsten und Steppen, so wünschte sich Israel das verheißene (»gelobte«) Land.

Im Verlauf des 2. Jahrtausends v. Chr. waren es hauptsächlich die Ägypter, die von Süden nach Palästina und in weite Teile Syriens vorstießen, noch ehe die Israeliten dort seßhaft wurden. Im 1. Jahrtausend waren es nacheinander die großen Mächte des Nordens, erst die Syrer, dann die Assyrer und Babylonier, schließlich die Perser, die an der Mittelmeerküste erobernd entlangzogen und das syrisch-palästinische Binnenland nie verschonten. Israel hatte es mit ihnen zu tun. Für die Assyrer, die Babylonier und Perser war Ägypten das Fernziel, wo sie sich freilich nicht auf Dauer halten konnten. Die Perser verloren im 4. Jahrhundert ihre Herrschaft an die Griechen; der Westen war im Aufbruch. Das Reich Alexanders des Großen zerfiel; und seine Nachfolger, die Diadochen, teilten das Erbe nicht ohne schwere Rivalitäten unter sich, bis die Römer ihr Weltreich schufen. 63 v. Chr. fiel Jerusalem in ihre Hände.

b) Die Verläßlichkeit der alttestamentlichen Überlieferung

Die ganze Geschichte Israels läßt sich in dieses komplizierte Geflecht geschichtlicher Entwicklungen überzeugend einbauen, wie überhaupt alle geschichtlichen Nachrichten des Alten und Neuen Testaments sich mit den Vorgängen damaliger Weltgeschichte nahtlos verbinden lassen. Entgegen zuweilen geäußerten skeptischen Bemerkungen über die Unzuverlässigkeit biblischer Quellen muß festgehalten werden, daß das Gegenteil richtig ist. Was beide Testamente sagen, steht auf festem geschichtlichem Boden und läßt sich in Zusammenhängen verstehen, die spätestens seit dem 19. Jahrhundert bis in unsere Tage historische und archäologische Forschungen bestätigt und als zutreffend erwiesen haben. Dies gilt auch für die Nachrichten aus Israels ältester Zeit, wie sie sich auf den ersten Seiten der Bibel darbieten, wenn man sie richtig zu lesen versteht.

Was den Bericht über die »große Flut«, die Sintflut (1. Mose 6–8), angeht, lassen sich freilich geschichtlich direkte Bestätigungen nicht finden – allen sich zuweilen in der Tagespresse wiederholenden Behauptungen zum Trotz, daß man auf dem Berge Ararat (vgl. 1. Mose 8,4) noch Spuren der Arche, die dort landete, wahrnehmen könne. Immerhin sind im Flutbericht selbst Motive verwendet, die aus verbreiteten Sagenüberlieferungen stammen und besonders auffällige Parallelen auf der 11. Tafel des Gilgamesch-Epos haben. Alte Erinnerungen an Flutkatastrophen mögen darin verarbeitet worden sein. Die Beobachtung von Schwemmlandschichten in tiefer gelegenen Bodenformationen der mesopotamischen Flußebenen beflügelte die Phantasie der Ausgräber, an einst geschehene gewaltige Überflutungen zu denken, die die Vorstellung von einer die ganze Welt umfassenden Katastrophe nach Art der Sintflut anregen konnten.

Die bekannte Erzählung vom Bau der großen Stadt Babel mit ihrem hohen Turm (1. Mose 11,1-9) spiegelt deutlich mesopotamische Hintergründe. Vorbild für diese Erzählung waren die großen volkreichen mesopotamischen Städte mit ihren turmartigen, pyramidenähnlichen Tempeln, die über der ebenen Flußlandschaft emporragten, in deren Weiten die Menschheit nach dem Scheitern von Stadt- und Turmbau vertrieben wurde.

Sind dies Erzählungen, die die Überheblichkeit und Gottfeindlichkeit schon unter den frühesten Menschheitsgenerationen beispielhaft beschreiben wollen, so klingen in der sogenannten »Völkertafel« von 1. Mose 10 weithin bekannte und geschichtlich zuverlässige Namen auf. Aus den drei Söhnen Noahs, Sem, Ham und Jafet, seien drei große Gruppen von Völkern hervorgegangen, die sich auch heute noch fixieren lassen und die tatsächlich die wichtigsten Völkerschaften der alten vorderorientalischen Welt umgreifen.

Die Söhne Jafets sind die Nordvölker, die in weitem Bogen vom medischen Hochland bis an die kleinasiatische Westküste reichten. Die Söhne Hams (»Hamiten«) beschreiben die Südvölker und umfassen Ägypten, den Sudan, Libyen und sogar Kanaan, also die ganze Machtsphäre, die Ägypten während des »Neuen Reichs« in der zweiten Hälfte des 2. Jahrtausends v. Chr. beherrschte. Die Söhne Sems (»Semiten«) bilden die Mittelgruppe, die zwischen den beiden ersten liegt und die im Osten wohnenden Völkerschaften umfaßt, darunter Elam, Assur und die Aramäer. Aus dieser Gruppe stammen die Vorfahren Abrahams (1. Mose 11,10-32), die sich zunächst im nördlichen Euphratbogen, im Raume um

Harran*, niederließen, ehe Abraham mit seiner Familie nach Süden in das Land Kanaan aufbrach (12,1-3).

In der Völkertafel sind also tatsächlich in Gestalt der drei Noah-Söhne und ihrer Nachfahren die drei entscheidenden Völkergruppierungen zusammengefaßt, die seit dem ausgehenden 2. Jahrtausend durch ihre Ausbreitung und wechselnde Machtentfaltung das Gesicht des Alten Orients prägten. Wenn wir heute noch von »semitischen« und »hamitischen« Völkern und Sprachen reden, so deshalb, weil sich Völkerkunde und Sprachwissenschaft seit der Aufklärungszeit im 18. Jahrhundert an diesen Bezeichnungen aus 1. Mose 10 orientierten.

Allerdings, »Israel« kommt in der Völkertafel noch nicht vor. In behutsamer Weise läuft der Stammbaum Sems, der »semitischen« Gruppe, auf die Vorfahren Abrahams zu, der gleichsam zum Urahn Israels wird. Ihm wurde das Land Kanaan verheißen, in das er aufbrach und mit seinen Familien bewohnte. Bemerkenswert genug ist aber, daß er die alte Verwandtschaft nicht vergaß, sondern für seinen Sohn Isaak eine Frau aus dem Zweistromland suchen ließ, Rebekka, die den Jakob gebar, der nun erst im eigentlichen Sinne zum Vater des ganzen Volkes wurde. Denn seine Söhne trugen die Namen der zwölf Stämme (29,31–30,24), und er selbst erhielt den Namen »Israel« (32,22-33).

In Gestalt dieser »genealogischen Denkweise«, der Vorstellung von den Urvätern, aus denen Völker hervorgingen, schließlich auch Israel selbst, stellt das Alte Testament Israels Herkunft und seine älteste Geschichte dar. Als Ursprungsort dieser »Väter« wird das obere Mesopotamien angesprochen, der Raum um Harran (11,31). Von dort kam auch Abraham, nicht aus »Ur« in Chaldäa, wie meist im Anschluß an 1. Mose 11,31 gesagt wird.

Dieses »Ur« wird gern mit der alten sumerischen Stadt Ur südöstlich von Babylon gleichgesetzt. Höchstwahrscheinlich aber beruht die Lesung »Ur« auf einem Textfehler, wie die griechische Übersetzung des Alten Testaments zeigt. Sie spricht lediglich von einem »Land der Chaldäer«, worunter das südöstliche Zweistromland zu verstehen ist, das spätere Herrschaftsgebiet des Neubabylonischen Reiches, dessen Kern Babylonier und Chaldäer zusammen bildeten. Hier in 1. Mose 11 will lediglich gesagt sein, daß »Mesopotamien« das Herkunftsland der Väter war.

Aber nicht nur aus Angehörigen der nördlichen Völkerschaften setzte sich das spätere Israel zusammen. Zur einflußreichsten Gruppe

---

* Die meisten Bibelausgaben schreiben *Haran,* gleichlautend mit dem Namen von Abrahams Bruder (1. Mose 11,27.31f). Sprachlich richtiger ist jedoch die Form *Harran* (griech. Charran, akkadisch Harran).

wurden diejenigen, die aus dem Süden, aus dem Raum der Sinaihalbinsel, kamen und von denen es heißt, daß sie unter Moses Führung der ägyptischen Fron entrannen. Wie verhält es sich mit ihnen? Es wird gut sein, in den nächsten beiden Abschnitten die Geschichte der Patriarchen und die Geschichte der Gruppe um Mose getrennt zu verfolgen.

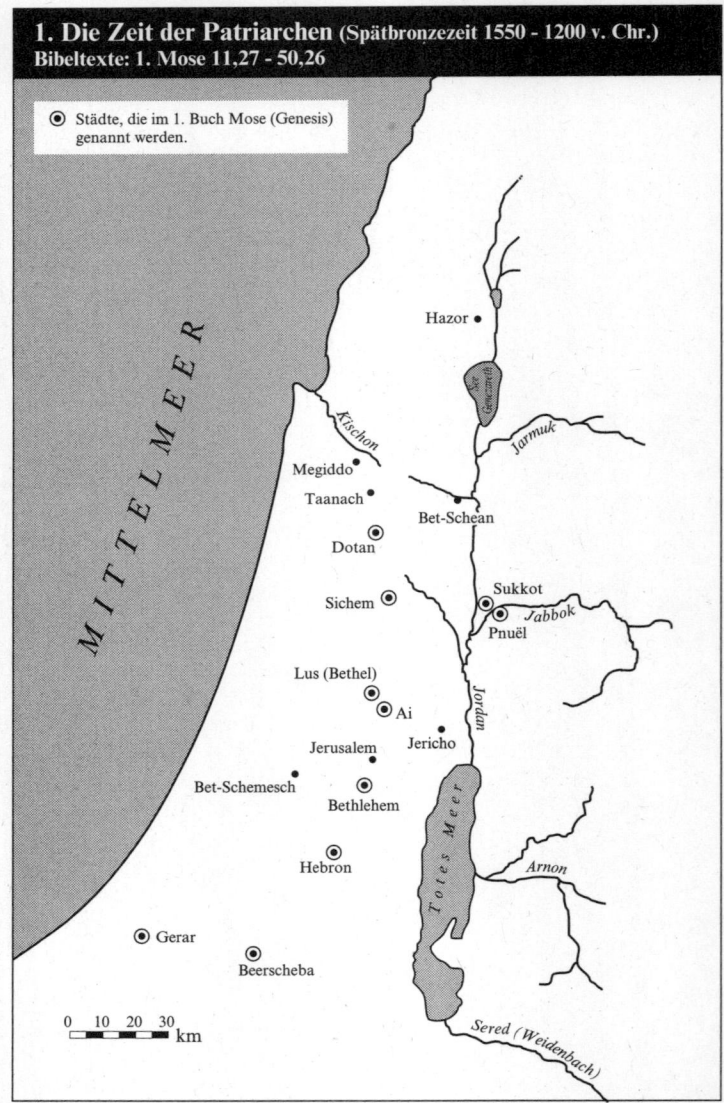

2. DIE ERZVÄTER ODER »PATRIARCHEN«

Nach dem Zeugnis des 1. Mosebuches (Genesis), das sich ausführlich mit den drei Erzvätern Abraham, Isaak und Jakob und deren Kindern befaßt, haben diese »Patriarchen« eine doppelte Funktion. Sie sind nicht nur die Väter des künftigen Volkes Israel, sondern zugleich »Väter vieler Völker«. Wie Israel aus den Söhnen Jakobs hervorgegangen sein soll (1. Mose 29,31–30,24), so erfahren wir aus einer Reihe von Listen über Kinder der Patriarchen, die sie von verschiedenen Frauen bekamen. Diese »Kinder« entwickelten sich ihrerseits zu »Vätern« verschiedener anderer Völker, die in der engeren und weiteren Umgebung Israels lebten und als Kinder der Erzväter mit Israel verwandt sein sollten. So bilden denn die Patriarchen mit ihren Kindern schließlich ein ganzes »Verwandtschaftssystem«, das selbstverständlich nicht zufällig ist, sondern ein Spiegel damaliger Bevölkerungsverhältnisse sein muß.

Ein erster Hinweis auf historische Hintergründe ist die Tatsache, daß die Patriarchen sich alle von dem Noah-Sohn Sem ableiten, also »Semiten« sind. Abraham selbst gilt als Sohn des Terach, seine Brüder sind Nahor und Haran; Harans Sohn ist Lot (11,27). Die Namen dieser Gruppe sind in Nordwestmesopotamien zu Hause, wie auch aus altorientalischen Quellen zu entnehmen ist. Aber nur Abrahams und Lots Schicksale werden nun weiter verfolgt. Sie ziehen südwärts durch Syrien nach Kanaan (12,1-9). Abraham, zunächst kinderlos, erhielt von seiner Nebenfrau Hagar den Ismael (16,1-16), der seinerseits zum Vater der Ismaeliter, einer Gruppe von zwölf Stämmen auf der arabischen Halbinsel, wurde (25,13-16). Später heiratete Abraham die Ketura, deren sechs Söhne Namen von Völkerschaften im südlichen Arabien tragen, unter denen auch die Midianiter und die Sabäer genannt sind (25,1-4). Der Bruder Abrahams, Nahor, der im Raum um Harran verblieben war, hatte zwölf Söhne von zwei Frauen, Milka und Re'uma, die Bevölkerungen in Nordwestmesopotamien hervorbrachten (22,20-24). Alle diese bisher genannten Gruppen, die zur Verwandtschaft Abrahams zählen, umgreifen einen weiten Raum, der vom

Oberlauf des Euphrat bis in den Süden der arabischen Halbinsel reicht. Die Mitte, den kanaanäischen Raum, füllen die Jakob-Söhne aus, weiter südlich die Söhne seines Bruders Esau, der als der Stammvater der Edomiter gilt. Moabiter und Ammoniter verstehen sich als Nachfahren von Abrahams Neffen Lot (19,30-38).

Hinter diesem »Verwandtschaftssystem«, das auf uns zugegebenermaßen recht künstlich wirkt, verbergen sich ethnographische und geschichtliche Sachverhalte, werden Völker und Bevölkerungsgruppen aufgezählt, die zu einem bestimmten Zeitpunkt in ihren Territorien Fuß faßten und in einem engeren oder weiteren Sinne als Verwandte verstanden werden sollten. Es hat alle Wahrscheinlichkeit für sich, daß es sich dabei um Angehörige einer größeren Bevölkerungswelle handelt, die für die genannten Länder von Bedeutung geworden ist. Tatsächlich wissen wir vom Vordringen aramäischer Gruppen in der zweiten Hälfte des 2. Jahrtausends v. Chr., die in jenen Kulturländern am nördlichen und nordwestlichen Rand der syrisch-arabischen Wüste seßhaft wurden. Sie haben sich teils kriegerisch, teils aber auch friedlich zwischen die vorhandenen Bevölkerungen eingeschoben. Insbesondere in Nordwestmesopotamien ist es ihnen gelungen, selbständige Staatswesen zu gründen.

Auch die Seßhaftwerdung Israels im kanaanäisch-palästinischen Raum muß dieser Bevölkerungsbewegung aus den Wüsten- und Steppenzonen rings um die kulturfähigen Länder zugewiesen werden. So erklärt sich die weite Verbreitung der aramäischen Sprache, besonders in Syrien, während sich südlich davon, in Israel, Moab und Edom mit dem Aramäischen verwandte Dialekte herausbildeten, unter denen das Hebräische als Sprache der Bibel uns am besten bekannt geworden ist. In den letzten Jahrhunderten v. Chr. hat sich allerdings auch dort das Aramäische durchgesetzt.

Die verschiedenen Namenslisten im 1. Mosebuch sind also in Wirklichkeit historische Dokumente eigener Art. Sie sagen etwas aus über eine bevölkerungsmäßige Neuordnung, wie sie sich gegen Ausgang des 2. Jahrtausends v. Chr. großräumig, besonders im nördlichen Mesopotamien, in Syrien und Kanaan ereignete.

Das verwandtschaftliche System wird im 1. Mosebuch zwar durch die drei Patriarchen Abraham, Isaak und Jakob zusammengehalten. Wer aber diese drei Männer selbst waren, wann und unter welchen Umständen sie lebten, ist bis zum heutigen Tage ungeklärt und kann nur aus verschiedenen Beobachtungen erschlossen werden. Auffallend ist zunächst, daß sie als Viehbesitzer kanaanäischen Boden betraten und sich dort mit ihren Herden bewegten, schließlich aber doch feste Wohnsitze fanden. Charakteristisch ist etwa, wenn erzählt wird, daß Jakob zu Hause in Hebron weilte, während seine Söhne mit den Herden bei Sichem im Zentrum Ephraims unterwegs waren (Kap. 37). Von Isaak wissen wir, daß er sich mit seinem Vieh im Großraum von Beerscheba tief im Süden des Westjordanlandes aufhielt und dort um Brunnenrechte kämpfte (Kap. 26). Abraham zog mit Lot in das mittlere Westjordanland ein, trennte sich aber von ihm. In Hebron siedelte er sich an, während Lot bis an das Südende des Toten Meeres vordrang (Kap. 13 und 19).

So deuten alle Anzeichen darauf hin, daß die Patriarchen wandernde Kleinviehhirten waren, die sich zunächst zwischen den großen Städten bewegten, ohne sie einnehmen zu können oder zu wollen. 1. Mose 14,17-24 berichtet von Melchisedek, dem Priesterkönig von Salem, das wohl mit Jerusalem identisch ist. Diesem Stadtfürsten erwies Abraham ausdrücklich seine Unterwürfigkeit und wurde von ihm gesegnet. Das Verhältnis zwischen Patriarchen und Landesbewohnern war loyal, wenn nicht besondere Umstände eintraten, wie es im Fall von Sodom und Gomorra geschah (Kap. 19).

Archäologische Nachweise, die auf ein »Zeitalter der Patriarchen« schließen lassen, sind nicht zu erbringen, weil die Lebensweise dieser Menschen nichts Greifbares hervorbrachte, was die Jahrhunderte hätte überdauern können. Daß sie jedenfalls nicht zur angestammten bodenständigen Bevölkerung gehörten, sondern zu einem bestimmten Zeitpunkt ins Land kamen und eigene Vorstellungen mitbrachten, kann durch religionsgeschichtliche Beobachtungen zusätzlich gestützt werden.

a) Die »Vätergötter« und die El-Religion

An den Hauptheiligtümern des kanaanäischen West- und Ostjordanlandes erlebten die Väter Gotteserscheinungen, die darauf hindeuten, daß sie diese heiligen Stätten, die schon vor ihnen bestanden, auch als ihre Heiligtümer betrachteten. Die kanaanäischen Vorbewohner verehrten dort Gottheiten, die mit dem gemeinsemitischen Wort für Gott, nämlich »El« (Mehrzahl »Elim«), näher bezeichnet waren, so etwa in Verbindung mit einem Ortsnamen wie der »El von Beth-El« (1. Mose 31,13; 35,7), oder mit einem Eigennamen besonderer Art wie »El-Schaddaj« (17,1) versehen wurden. Melchisedek war zum Beispiel Priester des »höchsten El« (hebr. »El-Eljon«; 14,18.22).

Die Patriarchen übernahmen diese einheimische El-Religion nicht unmittelbar, sondern verbanden sie mit eigenen Glaubensvorstellungen, die aus ihrer Mitte kamen. Jeder der Väter verehrte eine ihm eigene Gottheit, die zugleich die Gottheit des Familienverbandes war. So sprach man von dem »Gott deines Vaters Abraham« (26,24) oder auch nur von dem »Gott meines Vaters« (31,5). Besonders interessant ist die Erwähnung des »Gottes Nahors« (31,53); Nahor war ein Bruder Abrahams. Statt der Bezeichnung »Gott« kann es auch heißen »der Schreck Isaaks« (31,42.54) und wahrscheinlich auch »der Starke« oder »der Mächtige Jakobs« (49,24). Zusammenfassend ließ sich später von dem Gott Israels sagen: »Der Gott eurer Väter, der Gott Abrahams, der Gott Isaaks, der Gott Jakobs« (2. Mose 3,15).

Ganz allgemein sprechen wir heute im Blick auf diese Bezeichnungen von den »Vätergöttern«. Jedem der Patriarchen hatte sich Gott auf eigene und besondere Weise offenbart, und innerhalb der Sippenverbände sprach man dann von dem Gott, der sich dem »Vater« offenbart hatte, dem sich die Sippe zugehörig fühlte. Erst später begriff man diese Einzeloffenbarungen als Werk des einen Gottes Israels, der sich schon den Vätern gezeigt hatte, wie die Stelle 2. Mose 3,15 deutlich macht.

Diese Glaubensform der »Vätergötter«, in der der Gott, den schon die Väter verehrt hatten, den rechten Glauben im Familien- und Sippenverband garantierte, kannte man auch in Syrien, und es ist darum um so wahrscheinlicher, daß die Patriarchen Israels diese Glaubensform von außen mitbrachten. Aber sie wußten sie gleichzeitig mit der einheimischen Religion zu verknüpfen, vor allem mit den Heiligtümern, die sie vorfanden. So wurde beispielsweise die Stätte, die früher einmal Lus hieß (1. Mose 28,19), fortan Beth-El, »Haus Gottes«, genannt, weil Jakob dort im Traum Gott begegnete und darum diese Stätte auch für ihn zum legitimen Heiligtum geworden war.

Anders geschah es am Flusse Jabbok im Ostjordanland, wo Jakob mit einem unbekannten Wesen kämpfte, das ein alter Gott dieses Ortes gewesen sein kann und dessen Überlegenheit Jakob zu spüren bekam (32,23-33). So zeigt diese Szene, daß nicht überall die Anpassung des Väterglaubens an den der Landesbewohner ganz widerstandslos erfolgte. Der Kampf am Jabbok bezeugt deutlich die allmähliche Durchsetzung der Väter und ihres Glaubens im Lande. Um so bemerkenswerter ist es, daß Jakob am Ende dieses Kampfes mit dem Unbekannten den Namen »Israel« erhielt, der ihn damit nun wirklich zum Ahnherrn und Träger einer neuen Entwicklung machte.

Daß die Väter das Land auch mit kriegerischen Mitteln verteidigt hätten, ist freilich wenig wahrscheinlich. Die Annahme beruht auf einer ganz alten, im einzelnen aber nicht mehr aufhellbaren Sagenüberlieferung in 1. Mose 14, nach der fünf Könige von weither gekommen wären und in der Nähe des Toten Meeres in eine Schlacht verwickelt wurden, in die zur Rettung Lots auch Abraham eingegriffen hätte. Einer der Könige, Amrafel von Schinar, wurde von manchen Gelehrten sogar mit dem babylonischen Hammurabi gleichgesetzt. Das trug dazu bei, Abraham schon in die erste Hälfte des 2. Jahrtausends v. Chr. zu datieren. Aber es dürfte sicher sein, daß diese alte Sage erst nachträglich mit Lot und Abraham verknüpft wurde, weil Lot in jenem Raum wohnte, in dem die fünf fremden Könige gekämpft haben sollen.

Jakob erhielt am Jabbok den Namen »Israel« sozusagen als zweiten Namen. Dazu paßt, daß wir aus derselben Zeit, in der die Patriarchen das Land betreten oder schon länger darin gelebt haben könnten, den ältesten inschriftlichen Beleg für den Namen »Israel« kennen. Er steht auf einer Stele (ca. 1219 v. Chr.) des Pharao Merenptah (1224–1204) inmitten der Namen einer Reihe von Städten, die an der Küste und im ephraimitischen Bergland zu suchen sind. Die Schreibung des Namens »Israel« in ägyptischen Hieroglyphen läßt erkennen, daß damit nicht eine Stadt, sondern ein Verband von Menschen gemeint ist. Das würde bedeuten, daß zur Zeit des Merenptah eine Menschengruppe, möglicherweise eine Gruppe von Stämmen, exakt dort existierte, wo später das Kerngebiet des Nordreiches Israel lag.

Ob es sich dabei im Ausgang des 13. Jahrhunderts bereits um jene Leute handelte, die gerade um diese Zeit unter Moses Führung Ägypten erst verlassen haben sollen, ist nicht sehr wahrscheinlich. Wir können auch nicht wissen, ob diese von den Ägyptern »Israel« genannten Leute tatsächlich Angehörige der Jakob-Familie waren. Aber vollkommen auszuschließen ist das nicht, weil Jakob gerade in dieser Gegend auf dem ephraimitischen Gebirge, zwischen Sichem und Bethel, zu Hause war. Jedenfalls hatte der Name »Israel« in diesem Raum einen festen Platz, den die Ägypter der Erwähnung wert hielten.

b) Das Volk der Philister

Doch ein Umschwung der Lage kündigte sich an. Der Einfluß der Ägypter auf Kanaan sank, sie zogen sich zurück und mußten den Philistern Raum geben, die von Norden her in die kanaanäische Küstenebene vordrangen. Sie waren Angehörige der sogenannten

»Seevölker«, einer Reihe von Völkerschaften, die von Westen her teils über Kleinasien, teils aber auch direkt über das Meer nach Syrien einfielen. Die Philister waren die letzten Ausläufer dieser Bewegung, die in der palästinischen Küstenebene Fuß faßten und schon bald zu harten Gegnern Israels werden sollten.

Der Name »Palästina« heißt eigentlich »Philisterland«, eine Bezeichnung, die allerdings erst viel später üblich wurde, als die Perser vom 6.–4. Jahrhundert v. Chr. das Land beherrschten. In der Form »Palaistine« erscheint der Begriff zuerst in griechischer Sprache bei Herodot, Geschichte I,105; II,104; III,5.91; VII,89 und bezieht sich dort auf die gesamte syrische Küste bis nach Ägypten. Die Römer haben den Namen weiterverwendet, als sie nach dem Aufstand des Bar Kochba (132–135 n. Chr.) die Provinz Judäa in »Syria Palaestina« umbenannten. Im christlichen Abendland verstand man unter »Palästina« ganz allgemein das »Heilige Land«. Erst in der jüngsten Vergangenheit ist das Wort »Palästinenser« zu einem politischen Begriff geworden, der die arabische Bevölkerung des Westjordanlandes meint.

c) Die Josefsgeschichte

Das Alte Testament weiß zu berichten, daß der Jakobssohn Josef von seinen Brüdern nach Ägypten in die Sklaverei verkauft wurde (1. Mose 37). Es seien Ismaeliter oder Midianiter gewesen, die Josef nach Ägypten mitnahmen, also Angehörige von Stämmen, die nachweislich im Osten und Südosten Palästinas unterwegs waren. Sie hatten auch Kontakte zu Ägypten. Insofern ist der Anfang der Josefsgeschichte in ein geschichtlich zutreffendes Milieu versetzt. Wir wissen außerdem, daß die Ägypter für die verschiedensten Dienstleistungen im privaten und öffentlichen Bereich gern Sklaven, Kriegsgefangene und vor allem geschickte Handwerker einsetzten, die oft aus dem syrisch-palästinischen Bereich kamen und es in Ägypten bis zu leitenden Stellungen brachten. Allerdings, von einem Semiten namens Josef, der das Land in wirtschaftlich schwerer Zeit erfolgreich als Verwaltungsfachmann des Königs leitete, erfahren wir aus ägyptischen Quellen nichts.

Man sollte aber auch nicht übersehen, daß die Josefsgeschichte eine bestimmte Absicht verfolgt, nämlich zu zeigen, wie es kam, daß ein wichtiger Teil des späteren Volkes Israel sich in Ägypten aufhielt. Jakob sei mit seinen Söhnen durch eine Notlage gezwungen worden, sich in Ägypten am Rande des Ostdeltas anzusiedeln. Für solche Vorgänge erfolgreicher Weidesuche gibt es Zeugnisse in ägyptischen Quellen, die in eben jene Gegend führen, die die Bibel das Land »Goschen« (vgl. 1. Mose 45,10; 46,28) nennt und die man im heutigen Wādi et-tumēlāt sucht, einer fruchtbaren Landschaft im südlichen Deltabereich des Nils.

Die Josefsgeschichte ist nicht in erster Linie eine historische Quelle. Sie ist eine Erzählung von hohem literarischem Wert, die aber mit ägyptischen Verhältnissen vertraut ist und diese verwendet, um das Schicksal Josefs und seiner Brüder auszugestalten.

Hier ist der Augenblick, um nach den näheren historischen Umständen für den sogenannten »Aufenthalt Israels in Ägypten« zu fragen.

3. DER AUSZUG AUS ÄGYPTEN UNTER MOSES FÜHRUNG. WÜSTENWANDERUNG UND GOTTESBERG

Es ist hier nicht möglich, die biblischen Berichte aus dem 2. Mosebuch (Exodus) bis in jede Einzelheit zu verfolgen. Vielmehr sollen ihre Zusammenhänge und Hintergründe aufgehellt werden, um den geschichtlichen Kern dieser Überlieferungen freizulegen. Wir müssen damit rechnen, daß die biblischen Berichte nicht durchweg vollständig sind, daß Einzelheiten vereinfacht dargestellt oder erst in späterer Zeit erzählerisch verbunden worden sind.

a) Mose – Herkunft und Person

So werden wir nicht darüber unterrichtet, woher die Gruppen, die Mose aus Ägypten herausführte, eigentlich kamen. Gott spricht einmal davon, daß Mose die Israeliten aus Ägypten herausführen soll, damit sie »auf diesem Berg« Gott dienen (2. Mose 3,12). Der Berg liegt in der Wüste. Dorthin trieb Mose das Vieh seines Schwiegervaters, des Priesters von Midian (2. Mose 3,1; 18,1). Dort erlebte er seine Berufung am »brennenden Dornbusch«. Das sind Hinweise, die darauf schließen lassen, daß die ursprüngliche Heimat der in Ägypten sich aufhaltenden Leute um Mose die Wüste war, wo sie auch alte Heiligtümer kannten und besaßen.

Wir wissen aus Aufzeichnungen ägyptischer Grenzbeamter, daß Herden aus den Randgebieten Palästinas auf der Suche nach geeigneten Viehweiden Einlaß an der ägyptischen Ostdeltagrenze begehrten und in einem geregelten Grenzverkehr Zugang nach Ägypten fanden. Auch die, die später auszogen, mögen auf solche Weise den Kontakt zu Ägypten gefunden haben.

Schon im Zusammenhang mit der historischen Beurteilung der Gestalt Josefs war darauf hingewiesen worden, daß es verschiedene Möglichkeiten gab, nach Ägypten zu gelangen und in ägyptische Dienste einzutreten. Schon aus der ersten Hälfte des 2. Jahrtausends v. Chr., aus der 13. ägyptischen Dynastie, besitzen wir Listen über die Angestellten eines Hauses, unter denen zahlreiche Leute semitischer Herkunft waren und aus praktischen Gründen sogar ägyptische Namen erhielten. Kaum anders hat es sich einige Jahrhunderte später verhalten.

»Mose« ist ein geläufiger ägyptischer Name, genauer das zweite Element eines solchen Namens, wie es auch in »Thutmose« oder »Ahmose« vorkommt. Daraus ist zu schließen, daß Mose entweder Kind semitischer Eltern war, die schon länger in Ägypten lebten, oder selbst als Semit nach Ägypten gelangte und dort in ägyptischen Diensten seinen ägyptischen Namen bekam. Nicht auszuschließen ist, daß er schon länger mit ägyptischen Verhältnissen vertraut und deshalb für das Unternehmen des Auszugs ein geeigneter und berufener Mann war.

Ein weiteres, für die geschichtlichen Zusammenhänge wichtiges Faktum kommt hinzu, der Bau einer großen neuen Residenz Ramses' II. im Ostdelta. Ihre Reste sind neuerdings bei *tell ed-dab'a* im Großraum von *kantīr* an einem Nilarm im mittleren Ostdelta ausgegraben worden. Der Name der Stadt war »Haus des Ramses« und kommt unter der Kurzbezeichnung »Ramses« neben der ebenfalls gut bezeugten Stadt »Pitom« in 2. Mose 1,11 vor. Beim Bau dieser Städte wurden die Israeliten eingesetzt. Eben dies ist der ägyptische »Frondienst«, die »Knechtschaft«, von der 20,1 spricht.

b) Die Rettung am Schilfmeer

Es ist gut vorstellbar, daß die zu solch ungewohnter Tätigkeit herangezogenen einstigen Wüstenbewohner aus dem Land strebten und in Mose einen tatkräftigen Fürsprecher und schließlich Anführer fanden. Wie schon erwähnt, war die Ostdeltagrenze bewacht und in Richtung auf das Meer durch eine Reihe von Festungen gesichert. Daß von dort aus eine ägyptische Grenztruppe den Fliehenden nachjagte, ist verständlich; daß sie aber schließlich im »Schilfmeer« umkam, grenzte für die Entkommenen ans Wunderbare.

Der Ort des »Meerwunders«, wo die Ägypter versanken, ist ein vieldiskutiertes Problem. Das häufig in Erwägung gezogene »Rote Meer« scheidet aus, denn dort gibt es kein Schilf. Möglicherweise handelt es sich um einen der Seen im Bereich des heutigen Suezkanals oder um den in antiker Zeit sogenannten »Sirbonischen See« (heute *sebchat berdawīl*), eine Nehrung entlang der Mittelmeerküste ostwärts der Nilmündungen, die an ihren Rändern sumpfig und gefahrvoll war. Im Altertum wurde die Gegend für heranrückende Heere mehrfach zum Verhängnis, wie antike Schriftsteller berichten. Diese Umstände mögen dazu beigetragen haben, die ägyptischen Verfolger zu bremsen und die Leute unter Mose entkommen zu lassen. Spätere Sagenüberlieferung übertrieb die Darstellung des Ereignisses und ließ das Meer zu Mauern anstehen (2. Mose 14,22.29), um den Israeliten Durchlaß zu gewähren.

c) Wüstenwanderung und Sinaiaufenthalt

Die sogenannte »Wüstenwanderung«, der Weg Israels ins verheißene Land, führte nicht an der Küste entlang direkt nach Palästina. Die gut bezeugte ägyptische Militärstraße, die durch dieses Gebiet führte, war stellenweise durch kleine Militärposten und Festungen gesichert und darum für die Israeliten voller Gefahren. Die Frage muß offenbleiben, ob Mose tatsächlich seine Leute in einer einzigen Wanderbewegung auf Kanaan zuführte. Es ist mit längeren Aufenthalten an verschiedenen Orten zu rechnen, aber auch damit, daß die aus Ägypten Ausgezogenen nicht allein blieben, sondern daß im Laufe der Zeit auch andere semitische Gruppen auf sie stießen und sich ihnen anschlossen. Als Stätte eines längeren Aufenthaltes und als eine Art Sammelplatz muß die etwa 85 km südlich Beerscheba gelegene Oase Kadesch oder Kadesch-Barnea angesehen werden, vor allem aber der »Gottesberg«, der im Alten Testament entweder »Sinai« oder »Horeb« heißt, ein Bergheiligtum, an dem Mose »das Gesetz« offenbart wurde, besser gesagt: wo er Weisung erhielt für das künftige Zusammenleben seines Volkes.

Die Lage des biblischen Gottesberges ist unbekannt. Der heute als »Berg der Gesetzgebung« verehrte *dschebel mūsa* (»Mose-Berg«, 2244 m) im Süden der Sinai-Halbinsel, an dessen Fuß das Katharinen-Kloster liegt, verdankt sein Ansehen einer christlichen Mönchstradition aus dem 4. nachchristlichen Jahrhundert, die dort den biblischen Gottesberg annahm. Erst damals wurde der Name »Sinai« auf den Berg und die ganze Halbinsel übertragen. Wahrscheinlich lag der Gottesberg der Mosezeit dem palästinischen Kulturland näher. Der Prophet Elia wallfahrtete dahin (1. Könige 19). Nach Richter 5,4 brach Gott vom Gebirge Seïr auf, also von jenen Gebirgszügen, die die Talsenke südlich des Toten Meeres, die sogenannte Araba, im Osten begrenzen. Dort also, fast vor den Toren des Heiligen Landes, wurde zumindest zur Zeit der Richter der Wohnsitz Gottes geglaubt.

Was am Gottesberg geschah, ist historisch schwer auszumachen. Aber einige begründete Vermutungen sind möglich. Die höchst altertümliche Stelle 2. Mose 24,9-11 berichtet über eine heilige Mahlzeit, die auf dem Gottesberg stattfand und an der neben Mose und anderen führenden Männern auch siebzig Älteste beteiligt waren. Daraus ist zu schließen, daß sich auf dem Berg ein altes Wallfahrtsheiligtum befand, an dem häufiger Festfeiern stattfanden (3,12.18). Dort erschien Mose der Gott dieses Berges, der fortan der Gott des ganzen Volkes werden und bleiben sollte und unter dessen Autorität das Gesetz Israels gestellt wurde.

Wie alle Götter der Antike trug auch der Gott vom Sinai einen Eigennamen, dessen originale Form »Jahwe« lautete. 2. Mose 3,14 stellte sich Gott dem Mose mit der Formel »ich werde sein, der ich sein werde« vor, die auch »ich bin, der ich bin« übersetzt werden kann und eine hebräische Interpretation des Namens »Jahwe« darstellt.

In den Bibelübersetzungen wird in der Regel die Namensform »Jahwe« nicht gebraucht, weil es uns ungeläufig ist, Gott noch einen besonderen Namen zu geben. Israel dachte hier anders, aber das spätere Judentum vermied es, diesen Namen auszusprechen, und bediente sich verschiedener Ersatzbezeichnungen (»der Herr«, »der Name«), die auch heute noch benutzt werden.

Die vier Konsonanten des Gottesnamens lauten JHWH; als Kurzform begegnet in der Anrede Jah (in *hallelu-jah*) und als Bestandteil von Eigennamen Jahu (Jeremia hebr. Jirme-jahu). Einige in Hieroglyphen geschriebene ägyptische Texte aus dem 14. und 13. Jahrhundert v. Chr. sprechen von »Beduinenstämmen des JHWA« oder »aus JHWA«. Ob darunter israelitische Stämme zu verstehen sind, ist nicht beweisbar. Bemerkenswert genug aber ist, daß die Namensform des Gottes Israels in einem völlig neutralen außerisraelitischen Text bezeugt ist und dort in Verbindung mit Stämmen der nordöstlichen Sinai-Halbinsel, also etwa im Einzugsgebiet des Gottesberges, vorkommt. Das ist ein bedeutsamer Hinweis auf die grundsätzliche Zuverlässigkeit der biblischen Überlieferung und eine Bestätigung ihres geschichtlichen Hintergrundes.

Der andere Festpunkt in den südlichen Wüsten, an dem sich israelitische Stämme längere Zeit aufhielten, ist die Wüstenoase Kadesch, mit vollem Namen Kadesch-Barnea genannt. Sie war der Ausgangspunkt für mehrere Stämme, die später weiter nordwärts nach Juda vorstießen. Von Kadesch aus hatte Mose Kundschafter ausgesandt, die tief in den judäischen Raum bis nach Hebron gelangten (4. Mose 13f) und von dort als Zeichen der Fruchtbarkeit des Landes eine übergroße Weintraube mitbrachten, die sie an einer Stange geschultert trugen, später ein häufiges Motiv jüdischer und christlicher Kunst (13,23).

Nicht auszuschließen ist, daß einzelne Stämme von Kadesch aus zum Gottesberg wallfahrteten, an dessen Heiligtum sie sich nur vorübergehend aufhielten. In einen engeren Zusammenhang mit Kadesch sind auch die Erzählungen von dem Wasser von Massa und Meriba (2. Mose 17,1-7) und dem bitteren Wasser von Mara zu bringen (15,22-27). Der Kampf Israels gegen die Amalekiter spielte sich nicht zufällig in diesen Bereichen ab, denn dieser Stamm hatte noch in späterer Zeit dort seine Wohn- und Weidegebiete (17,8-16; 1. Samuel 30).

Kadesch ist gern als der Ort verstanden worden, an dem sich jene Stämme trafen, die später von Süden her das Heilige Land erreichten. Die Zahl der Orte, von denen wir aus den Mosebüchern etwas erfahren, nimmt zu, je näher sie dem palästinischen Kulturland liegen. Das bedeutet, daß all die Episoden, von denen wir aus der Wüstenzeit etwas erfahren, im Kreis der Stämme um Kadesch bekannt waren und zu gemeinsamen Traditionen zusammengefaßt wurden. Die oft beklagte Schwierigkeit besteht darin, daß wir über andere Orte, die Ägypten näher lagen, ungleich weniger wissen. Wir müssen damit rechnen, daß die ägyptische Auswanderergruppe nicht sehr groß war. Erst die Stämme aus dem Raum um Kadesch und den Gottesberg mögen zusammen mit den Ägypten-Leuten in der Lage gewesen sein, mit Erfolg ihre spätere Niederlassung in Palästina zu betreiben. Dies setzt intensivere Stammesbewegungen zwischen Kadesch und dem Kulturland voraus, und wir haben dafür sogar vom Alten Testament unabhängige Hinweise.

Für die historische Beurteilung der Stammesbewegungen im nordöstlichen Sinai sind ägyptische Texte aus dem 14. und 13. Jahrhundert beachtenswert, die von umherziehenden Leuten berichten, die unter einer Sammelbezeichnung ägyptisch »Schasu« heißen und mit einem Orts- oder Gebietsnamen näher bezeichnet sind. Unter ihnen befinden sich auch die oben schon erwähnten Schasu-Beduinen von JHWA, aber auch eine Schasu-Gruppe von Seïr. Sie hielt sich also gerade dort auf, wo möglicherweise der Gottesberg lag, von dem Gott »aufbrach« (Richter 5,4). »Schasu« ist ein ägyptisches Wort, dem wir nicht ansehen können, ob die Ägypter auch die israelitischen Stämme darunter verstanden haben könnten. Aber es ist nicht auszuschließen, daß Angehörige des späteren Israel sich unter diesen Leuten befanden, die die Ägypter »Schasu« nannten und die sich im Laufe des 14. und 13. Jahrhunderts dem kanaanäischen Kulturland näherten, um dort Fuß zu fassen. Dann ergäbe sich ein recht überzeugendes, geschlossenes Bild. Die von den Ägyptern beobachteten Schasu-Bewegungen könnten jene Stammesbewegungen umschließen, von denen die Wanderungen der Israeliten ein Teil waren.

Alle diese Überlegungen kann man mit der Überlieferung der Bibel in Einklang bringen. Die alttestamentlichen Texte lassen keinen Zweifel daran, daß die Stämme aus verschiedenen Richtungen vom West- und Ostjordanland Besitz ergriffen. Die beiden Hauptstoßrichtungen kamen aus dem Raum um Kadesch. Die eine führte direkt nach Norden in das spätere Wohngebiet Judas hinein, die andere auf einem beschwerlichen Weg über die moabitische Hochfläche hinweg und schließlich über den Jordan nach Jericho und in das mittlere Westjordanland. Mögen diese Vorgänge im Alten Testament vereinfacht und lückenhaft dargestellt sein, sie fügen sich der geschichtlichen Gesamtsituation ein und ergeben ein nachvollziehbares Bild.

Die Bewegungen der Schasu-Beduinen, die auch anderwärts zu beobachtenden aramäischen Wanderbewegungen aus dem Steppengürtel um Palästina und Syrien in der zweiten Hälfte des 2. vorchristlichen Jahrtausends, das gleichzeitige Vordringen der Philister in die Küstenebenen und das Zurückweichen ägyptischer Vorherrschaft in diesen Ländern zwingen geradezu zur Annahme einer Neuordnung im ganzen palästinisch-syrischen Raum, die für die nächsten Jahrhunderte bestimmend werden sollte. Israels Vordringen, zunächst begrenzt auf die gebirgigen Teile beiderseits des Jordans, war ein Teil dieser großräumigen Umgestaltungen, die die Geschichte Palästinas und Syriens in das hellere Licht der Geschichte rückten.

4. ISRAELS SESSHAFTWERDEN IN KANAAN

Dem Bibelleser vertraut ist das Ende des Wüstenaufenthaltes der Israeliten am Berg Nebo nordöstlich des Toten Meeres, wo Mose starb (5. Mose 34). Er durfte von dort das verheißene Land wohl sehen, aber betreten durfte er es nicht mehr. Sein Nachfolger Josua führte das Volk über den Jordan, die Festung Jericho fiel unter wunderbaren Begleiterscheinungen, aber auch durch die verräterische Mithilfe der Rahab (Josua 6; vgl. Kap. 2). Israels Bewegung setzte sich westwärts fort mitten hinein in das spätere benjaminitische Stammesgebiet nördlich von Jerusalem (Kap. 8–10). Hinter Gibeon im Tale Ajalon kam es zum Kampf mit den einheimischen Kanaanäern (10,12-14), denn dort war das Gebirge überschritten, und der Weg in die Küstenebene öffnete sich.

Hier (10,15) endet die geschlossene Darstellung eines »Einzuges« in das verheißene Land, wie sie in Josua 1–10 mitgeteilt ist. Ein wenig isoliert steht die Einnahme einiger südlicher Orte und Festungen (10,28-43) und, in ganz entgegengesetzter Richtung, die Schlacht an den Wassern von Merom in Galiläa, schließlich die Einnahme der Festung Hazor am Ostrand des galiläischen Hochlandes nördlich des Sees Genezareth (11,1-15). Diese letztlich unbefriedigende, weil unzusammenhängende Berichterstattung ist ein Hinweis darauf, daß es sich mit der Inbesitznahme des Landes westlich des Jordans komplizierter verhalten haben muß, als wir es im einzelnen noch wissen können.

a) Die Siedlungsgebiete der Zuwanderer

Ähnlich wie der Verlauf der Wüstenwanderung in Gestalt einzelner Lokalüberlieferungen dargestellt war, so setzt sich auch die Schilderung der Einnahme des Landes aus verschiedenen Lokalerinnerungen zusammen, die zumeist an bestimmte Orte gebunden sind. Aber diese Einzelerzählungen reichten offenbar nicht aus, um über die Niederlas-

2. Die Zeit der Richter (um 1200 - 1012 v. Chr.)
Bibeltexte: Richter 1-21; 1.Samuel 1-12

Die Wohnsitze der Stämme Israels können nur ungefähr angegeben werden.
Der Stamm Dan siedelte zunächst in Mittelpalästina (Richter 13,2.25), mußte aber vor dem Druck der Philister nach Norden ausweichen (vgl. Richter 18).
Auch der Stamm Simeon scheint ursprünglich in Mittelpalästina seßhaft gewesen zu sein (Richter 1,3-5, 1. Mose 34,25-31).

◉ Städte, die weiterhin im Besitz der Kanaanäer blieben

sung Israels im ganzen Lande vollständig und detailliert berichten zu können.* Statt dessen begnügte sich der Verfasser des Buches Josua damit, in Josua 13–21 wenigstens über die Landverteilung an die einzelnen Stämme zu berichten, die Josua vornahm. In das reichhaltige Listenmaterial sind späterhin Orte und Grenzbeschreibungen aufgenommen worden, die nicht alle bis in Josuas Zeit zurückreichen, sondern teilweise auf Verwaltungsdokumenten der Königszeit beruhen. In Kap. 24 scheint die Verteilung des Landes abgeschlossen.

Um so bemerkenswerter ist es nun, daß in Richter 1 wie in einem »Nachtrag« zum Buche Josua weitere Geschichten über die Landnahme der Israeliten folgen, namentlich über Operationen der Stämme Juda und Simeon im Südteil und des »Hauses Josef« im Mittelteil des Westjordanlandes. Das sind Stämmeerinnerungen, die im Buche Josua keine Aufnahme mehr gefunden haben.

Daran aber schließt sich noch eine höchst eigenartige Liste an (Richter 1,27-36), die Städte und Gebiete nennt, die von den Israeliten *nicht* eingenommen werden konnten und in denen die Kanaanäer wohnen blieben. Dabei handelt es sich hauptsächlich um befestigte Städte in den Ebenen, die Jahrhunderte zuvor bereits die Ägypter innehatten und ausbauten und die dem Schutze des Landes an entscheidenden Punkten dienten. Am deutlichsten tritt ein Festungsgürtel am Südrand der Ebene Jesreel im Norden hervor, zu dem die Städte Megiddo, Taanach und Bet-Schean gehörten, ferner Dor am Mittelmeer südlich des Karmel.

Eine zweite Konzentration solcher Befestigungen diente dem Schutz des Weges nach Jerusalem und erstreckte sich aus der Küstenebene bis nahe an die Ebene von Ajalon heran. Dazu gehörten die Festungen von Geser und Schaalbim und kleinere Orte im Küstengebiet. Es ist gut vorstellbar, daß die Israeliten, die in ihrer Hauptmasse von Süden und Osten kamen, in diese Landesteile vorerst nicht eindringen konnten, weil dort nicht nur kanaanäische Vorbewohner saßen, sondern sich vor allem die Philister als eine junge Bevölkerung niedergelassen hatten, die über die neue Kriegstechnik der eisernen Streitwagen verfügten.

Die Landschaften, die den Israeliten offenstanden und in denen auch die ansässige Bevölkerung schwächer vertreten war, lagen im Süden, wo Wüste und Steppe hart an das Kulturland heranreichten

---

* Ausführlicher werden die Überlieferungen des Josuabuches dargestellt in dieser Buchreihe in dem Band »Die Schriften der Bibel« von Siegfried Herrmann und Walter Klaiber, S. 61–65.

und weder schroffe Gebirge noch nennenswerte Städte den Zugang behinderten; ferner auf der Ostseite des mittelpalästinischen Gebirges, die im Regenschatten lag, weniger fruchtbar und darum auch weniger besiedelt war. Schließlich waren es Galiläa und ein Teil des Ostjordanlandes, besonders die Landschaft Gilead, die eine Neubesiedlung zuließen. Diese unterschiedlichen geographischen Bedingungen werden auch durch die biblischen Nachrichten bestätigt, die über die Siedlungsgebiete der einzelnen Stämme in den eben beschriebenen Gegenden berichten. Dies ist nicht zuletzt auch durch archäologische Untersuchungen bestätigt worden, die eine große Anzahl von alten Ortslagen ermittelt und deren Alter festgestellt haben, so kompliziert die Beweisführung im einzelnen auch sein mag.

Nach Auffassung der Archäologen endet gegen 1200 v. Chr. die sogenannte »Spätbronzezeit«, die besonders in den Küstenebenen, aber auch weiter im Inneren des Landes durch einen Niedergang der städtischen Kultur und, nach dem Rückzug der Ägypter, auch durch einen Verfall der Administration charakterisiert war. Andererseits läßt sich aber gleichzeitig in weiten Teilen des Landes, besonders in Ephraim, eine Zunahme der Besiedlung und ein Anwachsen der Bevölkerung feststellen. Das geht schwerlich allein auf einen natürlichen Wachstumsprozeß innerhalb der im Lande ansässigen Bevölkerung zurück, sondern wurde höchstwahrscheinlich durch Menschen unterstützt und vorangetrieben, die von außen, wesentlich von Süden und Osten, auf das Land zukamen und neue Entwicklungen mit sich brachten. An eine Expansion der Bevölkerung in den Küstenebenen ist nach Lage der Dinge weniger zu denken. Das läßt natürlich nach Zusammenhängen dieser Entwicklung mit der Ankunft der Israeliten im Lande fragen.

b) Der Vorgang der »Landnahme«

Unter historischen Gesichtspunkten sollte man sich von der Vorstellung lösen, daß das Volk Israel in einer einzigen geschlossenen Bewegung das Land betreten und durchweg militärisch »erobert« hätte. Vielmehr hat es alle Wahrscheinlichkeit für sich, daß die sogenannte »Landnahme der Israeliten« in den einzelnen Gegenden unterschiedlich erfolgte, daß sie aber in den meisten Fällen einen friedlichen Charakter hatte. Das bedeutet, daß die kriegerisch nicht ausgerüsteten Gruppen, sei es bereits als fester Stammesverband, sei es auch in lockerer Formation, zunächst neben und zwischen den Städten und der einheimischen Bevölkerung seßhaft wurden, je nachdem es die lokalen Verhältnisse ermöglichten.

Erst nach einer gewissen Zeit des Wohnens im Lande und einer Konsolidierung der Verhältnisse war auch die Übernahme von Städten und ihr Ausbau möglich. In dieser Phase mag es auch zu kriegerischen Übergriffen gekommen sein. Jedenfalls sind anfänglich Städte wie Sichem und Jerusalem nicht in den Besitz der Israeliten übergegangen, sondern erst später unter besonderen Bedingungen und nicht ohne militärischen Einsatz von den Israeliten eingenommen oder übernommen worden. Am deutlichsten ist das im Falle von Jerusalem, das erst David mit seiner Söldnertruppe für sich eroberte (2. Samuel 5,6-9).

Angesichts unserer lückenhaften Quellen ist es nicht möglich, eine geschlossene Darstellung der Seßhaftwerdung der israelitischen Stämme im ehemals kanaanäischen Raum Palästinas zu geben. Würden wir das versuchen, so wären wir klüger als das Alte Testament selbst, das eine solche Darstellung nicht gibt, sondern sich auf Einzelszenen und amtliche Listen beschränkt. Aber die Frage bleibt brisant, wie nun eigentlich das Volk zu dem wurde, was wir kennen, zu dem »Israel« als geschlossene Größe, zu dem »Volksganzen«, zu dem Volk der zwölf Stämme.

Was den Namen »Israel« angeht, so wurde schon gesagt, daß er nach dem Zeugnis der Israel-Stele des Pharao Merenptah an einer mittelpalästinischen Bevölkerungsgruppe haftete, die etwas mit den Angehörigen der Patriarchen zu tun hatte (vgl. S. 21). Denn der Patriarch Jakob erhielt gerade diesen Namen. Die mittelpalästinischen Stämme mögen ihn deshalb zuerst für sich übernommen haben. Ihnen gegenüber stand im Süden als relativ selbständiger Verband Juda, zu dem einige kleinere Stämme gehörten wie Otniel und Kaleb (vgl. Richter 1,9-15). Es ist deshalb nicht abwegig, sich die älteste Entwicklung des Volkes »dualistisch«, d. h. verteilt auf zwei größere Gruppierungen, vorzustellen. Juda, das vom Süden aus dem Raum von Kadesch-Barnea einen Zustrom neuer Bevölkerung erhielt, handelte zunächst unabhängig von jenen Gruppen, die das ephraimitische Gebirge um Sichem und Bethel besiedelten. Dies taten die Stämme Ephraim und Manasse, die aus dem »Haus Josef« hervorgingen (vgl. 1,22-25).

Der Name »Josef« gibt aber einen weiteren Hinweis. Es ist nicht auszuschließen, daß darunter eben jene jüngeren Stammesgruppen zu verstehen sind, in denen auch die Erinnerungen an den Ägypten-Aufenthalt und an Mose und sein Gesetzgebungswerk lebendig waren. Nicht zufällig verpflichtete gerade dort Josua die Stämme auf der großen Versammlung, die man den »Landtag zu Sichem« genannt hat, auf diesen Gott Israels, der das Volk seit Wüstentagen begleitete. Josua selbst bekannte: »Ich aber und mein Haus wollen dem HERRN dienen.« Hinter dem »HERRN« verbirgt sich der Name des Gottes Israels, »Jahwe« (Josua 24,15).

In diesem ephraimitischen Gebiet des »Hauses Josef« entstand sozusagen das Kernland für den Glauben an den Gott des ganzen Volkes, eben dort, wo auch die »Israel«-Bezeichnung nach dem Zeugnis der Israel-Stele des Merenptah einen festen Ort hatte. Später wirkte das in der Form weiter, daß nach Gründung der Monarchie das sogenannte Nordreich den Namen »Israel« beibehielt, der Süden mit Jerusalem aber das Reich »Juda« bildete.

Soweit läßt sich das Seßhaftwerden einzelner Stämme anhand der biblischen Zeugnisse hinreichend gut und überzeugend verfolgen. Das Volk war also von Anfang an keine geschlossene Einheit, sondern ist aus verschiedenen Gruppen erst im Lande selbst durch gemeinsames Handeln zu einer Schicksalsgemeinschaft zusammengewachsen, die wir heute ein »Volk« nennen. Für das Altertum war der Begriff nicht so streng abgegrenzt und zugleich mit politischen Vorstellungen verbunden, wie es heute der Fall ist. Das Gefühl für verwandtschaftliche Bindungen war stärker entwickelt als ein abstrakter Volks- oder Staatsgedanke. Dies gilt für das alte Israel, es läßt sich entfernt auch mit mitteleuropäischen Entwicklungen vergleichen, wo der Gedanke an »Staat« oder gar »Nation« sich erst spät herausbildete und festigte. Vorrangig waren Herrschaftsträger und ihre Ansprüche. So erklärt sich auch das relativ lockere Verhältnis der Reiche Israel und Juda während der Königszeit.

Keine herausragende Rolle hat jenseits der Ebene Jesreel das Land Galiläa gespielt. Es ist in der Regel nicht in die Bewegungen des mittelpalästinischen Kernlandes hineingerissen worden, sondern hat fast immer ein Eigendasein geführt, das weniger mit Israel im Süden als mit den nördlichen Nachbarstaaten Phönizien und Syrien verbunden war; seit der assyrischen Eroberung im 8. Jahrhundert ist es von den auswärtigen Mächten auch politisch unterschiedlich behandelt worden. Galiläa hat im Verband Gesamtisraels eine Sonderentwicklung durchlaufen, die mit seiner Mittellage zwischen Israel und Syrien zusammenhing.

c) Die Religion Kanaans und der Gott Israels

Das Alte Testament läßt keinen Zweifel daran, daß die Schicksale der israelitischen Stämme sehr wesentlich von den Verhältnissen abhängig waren, die schon vor ihrer Ankunft im Lande herrschten. Die Stämme sind im Laufe der Zeit in diese Verhältnisse hineingewachsen, sie haben von der Lebensweise der vorgefundenen Bevölkerung manches übernommen, aber dennoch ihre Eigenart behauptet. Sie hatten vor allem eine eigene Form des Gottesglaubens mitgebracht, die sich überhaupt nicht oder nur teilweise mit der Religion und Kultur der Kanaanäer verbinden ließ.

Der auffälligste Unterschied war, daß sich die kanaanäische Religion schon seit Jahrhunderten als Natur- und Fruchtbarkeitsreligion entwickelt hatte. Ihre Götter waren fest mit dem Vegetationszyklus des Jahres verbunden. Die winterliche Regenzeit und der trockene Sommer wurden eng mit dem Schicksal dieser Götter und ihrem Wesen verknüpft. Die im Alten Testament erwähnten »Ascheren und Astarten« waren Fruchtbarkeitssymbole, die mit ihren Göttern zusammenhingen. An den Hauptgottheiten El und Baal (zu sprechen: Ba'al, also zweisilbig), Aschera und Astarte und einigen weiteren, die wir aus der kanaanäischen Mythologie kennen, wird im Gegenüber von männlichem und weiblichem Prinzip der Typ der Fruchtbarkeits- und Naturreligion deutlich.

Der Gott Israels wird seiner ganzen Wesenheit nach von Anfang an anders verstanden, als ein Gott, der in das Schicksal seines Volkes eingreift, der es ständig begleitet und der zugleich die ganze Hinwendung der Menschen zu ihm und seinen Weisungen erwartet. Erst allmählich begriff Israel die umfassende Größe seines Gottes, der auch der Schöpfer und der Herr der Natur war und also auch den Kampf gegen die kanaanäische Naturreligion aufnehmen konnte.

In neuerer Zeit erregten einige Inschriften aus der frühen Königszeit (etwa 9. oder 8. Jahrhundert v. Chr.) Aufmerksamkeit, die von »Jahwe und seiner Aschera« sprechen, sofern diese Übersetzung mit Sicherheit zutrifft. Bei dieser Aschera handelt es sich freilich nicht um eine selbständige Göttin neben dem Gott Israels, sondern um ein Fruchtbarkeitssymbol (Baum oder Pfahl), das man an Heiligtümern neben dem Jahwe-Altar duldete. Es zeigt, daß noch lange Zeit eine Art Religionsmischung in Israel möglich war, ehe der Glaube an den einen Gott Israels sich vollkommen durchsetzte. In der ausgehenden Königszeit, etwa im 7. Jahrhundert, wurden die Ascheren verboten.

Es war notwendig, an dieser Stelle auf Einzelheiten der Seßhaftwerdung der Israeliten und ihre Folgen so ausführlich einzugehen, weil neuerdings über die Entstehung Israels hauptsächlich aus der Feder amerikanischer Wissenschaftler ganz anders lautende Theorien aufgestellt wurden, die das Ziel verfolgen, das frühe Israel aus bestimmten soziologischen Voraussetzungen zu erklären. Diese Theorien haben allerdings den erheblichen Nachteil, daß sie den Bibeltext weitgehend unberücksichtigt lassen oder als Geschichtsquelle überhaupt ablehnen.

Bei aller Unterschiedlichkeit der Auffassungen im einzelnen ist die Hauptthese, daß Israel keine nomadische Vergangenheit gehabt habe und überhaupt nicht von außen, von den Wüsten und Steppen her, das Land betreten habe, sondern ein Teil der kanaanäischen Bevölkerung gewesen sei. Es seien Menschen gewesen, die von den kanaanäischen Stadtfürsten in ihren Städten und auf dem umgebenden Lande zu Dienstleistungen herangezogen wurden. Mit der sinkenden Macht dieser Stadtfürstentümer bot sich für die abhängige arbeitende Bevölkerung die Gelegenheit, sich zu verselbständigen, sei es auf revolutionäre oder friedliche Weise. Diese frei gewordenen »Unterschichten« hätten sich teilweise sogar als Stämme organisiert und im Vertrauen auf die Hilfe ihres Gottes Jahwe ein Gemeinschaftsbewußtsein entwickelt, das die Grundlage für das spätere Israel bildete. Anregung zu solchen Hypothesen war der Versuch, das frühe Israel in Anlehnung an soziologische Modellvorstellungen verständlich zu machen. Auch bestimmte weltanschauliche Überzeugungen spielten dabei eine Rolle, besonders in der Annahme unterprivilegierter Schichten, die sich angeblich revolutionär gegen etablierte Ordnungen aufgelehnt hätten.

Diese Hinweise mögen hier genügen. Wir haben keinerlei Anhaltspunkte, die diese Hypothesen stichhaltig bestätigen können, besonders nicht in den biblischen Schriften. Wenn es darum gehen soll, das frühe Israel soziologisch einzuordnen, müssen andere Wege beschritten werden und darf vor allem der Bibeltext nicht außer acht gelassen werden, der noch immer die beste Quelle für das frühe Israel darstellt. Außerdem steht das, was sich durch Ausgrabungen archäologisch nachweisen läßt, nicht im Widerspruch zum Bibeltext, sondern läßt sich mit ihm vereinbaren. Dies gilt nun nicht nur für die Periode der Seßhaftwerdung, sondern auch für die weitere Entwicklung Israels im Lande, der wir uns nun zuwenden. Dabei wird deutlich, daß es nicht einfach ist, Israel soziologisch einem bestimmten Modell zuzuordnen, zumal seine Lebensumstände sich auch zu sehr von denen seiner Nachbarn unterschieden.

5. DIE FESTIGUNG DER LEBENS-VERHÄLTNISSE IM LANDE. DIE ZEIT DER »RICHTER«

Dem Buch Josua, das die Inbesitznahme des Landes schildert, folgt das Buch der Richter, das die Schwierigkeiten schildert, denen die Stämme ausgesetzt waren, ehe Saul zum König gewählt wurde. Das Buch der Richter weiß von ständigen Bedrohungen der neuen Landesbewohner durch benachbarte Völkerschaften, die zumeist ebenso wie Israel dauernde Wohnsitze suchten. Nun kam es zu gewaltsamen Auseinandersetzungen, denen Israel auch militärisch standhalten mußte.

Zum Verteidigungskampf berief Gott wiederholt hervorragende Persönlichkeiten, die die Angreifer erfolgreich zurückdrängten. Ihre Bezeichnung »Richter« schließt zugleich ihren militärischen Aufgabenbereich ein. Es sind »charismatische Führer«, wie man sie mit einem geläufigen modernen Ausdruck genannt hat, also Männer, die, von Gott begabt und berufen, die Befreiungskriege führten und nach Beseitigung der Gefahr in ihr normales Leben zurückkehrten. Zwölf dieser »Richter« werden uns genannt, von denen sechs allerdings keine militärischen Führungsgestalten sind, sondern solche, die Israel tatsächlich »richteten«, also die Rechtsprechung unter den Stämmen ausübten. Darunter war eine Frau, die Richterin Debora (Richter 4).

Zu den jungen Bevölkerungen, die in der Umgebung Israels fast gleichzeitig ihr Land auszubauen und zu erweitern suchten, gehörten die Philister im Westen, im Osten aber vor allem die Moabiter und Ammoniter, zeitweise auch die Midianiter. Nun erweckt das Buch der Richter den Eindruck, als ob der zum Verteidigungskampf berufene charismatische Führer in jedem Falle das ganze Israel aufbot und mit ihm zu Felde zog. Aber es zeigt sich, daß die einzelnen Richter stets aus jenen Landstrichen kamen, die unmittelbar bedroht waren. Das läßt annehmen, daß das Aufgebot der Streitkräfte im wesentlichen nur von den direkt betroffenen Stämmen gestellt wurde.

a) Der Sieg am Bach Kischon und das Deboralied

Das interessanteste und zugleich älteste Dokument über die Kämpfe der Richterzeit ist das Lied über die Schlacht am Bache Kischon nördlich des Karmel (Richter 5; Prosabericht Kap. 4). Diese brachte den Sieg israelitischer Stämme über eine Koalition kanaanäischer Stadtstaaten. Es war die »Richterin« Debora, die im »Deboralied«, einem höchst altertümlichen Hymnus, Einzelheiten der Kampfhandlungen besang. Sie lobte die Stämme, die zum Kampf erschienen, sie tadelte die ferngebliebenen. Den Sieg aber schenkte Israels Gott selbst, der »mit den Helden herabstieg«, ja sogar »die Sterne von ihren Bahnen stritten vom Himmel her«. Die Israeliten hatten sich am Rand der Ebene Jesreel am Berg Tabor versammelt, um von da westwärts in den Kampf zu ziehen. Sie trafen am Bach Kischon auf die feindlichen Truppen, die dort in sumpfigem Gelände arg behindert waren.

Das Deboralied gewährt einen genauen Einblick in Organisationsformen des frühen Israel, nachdem es seßhaft geworden war. Der gemeinsame Kampf gegen übermächtige Feinde führte die Sippen und Stämme zusammen. Ihr Selbstbewußtsein wuchs und stärkte sie. Die Abwehr der angreifenden Nachbarn ließ Israel zu einer Schicksalsgemeinschaft werden. Das Deboralied zeigt aber auch, daß dieser engere Zusammenschluß sich zunächst auf den Norden beschränkte. Das südlichere Juda gehörte diesem Verband noch nicht an. Der Kampf der Stämme rings um die Ebene Jesreel lag den südlicher wohnenden Stämmen zu fern, das Heiligtum am Tabor war allein kultisches Zentrum der Stämme im nördlichen Landesteil. Für sie aber wurde der Kampf zur Existenzfrage.

In der Jesreel-Ebene hätten die Israeliten eine vernichtende Niederlage erleben können, wenn es ihnen nicht gelungen wäre, die Kanaanäer dort zu schlagen, wo die Ebene noch schmal und dazu unwegsam war, am Kischon. Er bildete ein natürliches Hindernis für die eisernen Streitwagen, mit denen man die Israeliten in der Ebene hätte leicht überrollen können. So errangen die Schwächeren den Sieg über die technisch Überlegenen. Es war ein Sieg mit Gottes Hilfe, und doch unter Aufbietung aller Kräfte.

b) Die Zwölfzahl der Stämme: Israel als »Amphiktyonie«?

Dieses Funktionieren des richterzeitlichen Israel, das schlagkräftig, aber noch kein Staat, im Lande noch kaum ansässig, aber voll verteidigungsfähig war, erinnert an Organisationsformen, wie sie aus dem alten Griechenland und dem alten Italien bekannt sind. Auch dort gab es Stämme, die sich um ein Heiligtum scharten, wo sie periodisch Dienst taten und dessen Götter verehrten, und die in Ausnahmefällen auch zum gemeinsamen Kampf bereit waren. Die Mitglieder solcher Stämmegemeinschaften hießen in Griechenland »Amphiktyonen«, d. h. Stämme, die um ein gemeinsames Heiligtum wohnten, die, wie man später sagte, zu einer »Amphiktyonie« zusammengeschlossen waren. Zu einer Doppelamphiktyonie gehörten beispielsweise auch die Stämme in der Umgebung des berühmten Orakelheiligtums von Delphi. Die Zahl der Stämme, die sich so zusammenfanden, betrug in der Regel sechs oder zwölf. Das mußte natürlich den Vergleich mit Israels zwölf Stämmen herausfordern. Gab es eine »altisraelitische Amphiktyonie«? Es ist tatsächlich nicht auszuschließen, daß sich Gruppen israelitischer Stämme einem Heiligtum in ihrer Mitte besonders verpflichtet wußten. Wie das Deboralied nahelegt, war der Berg Tabor mit seinem Heiligtum eine solche Stätte gemeinsamer Verehrung. Aber auch um die heiligen Stätten von Sichem und Hebron mögen solche Stämmegruppierungen bestanden haben. Jedoch keine Bibelstelle gibt uns die Gewißheit, daß schon zur Richterzeit alle zwölf Stämme um ein einziges Heiligtum vereinigt waren. Namentlich das im Süden gelegene Juda mit Benjamin stand einer abgerundeten Zwölfereinheit fern. Diese Zwölfzahl muß ähnlich wie die Sechszahl auf eine Idealvorstellung zurückgehen, für die eine größere Menschengemeinschaft dann vollständig war, wenn sie sich aus sechs oder zwölf Mitgliedern zusammensetzte.

Erst unter David erfolgte der endgültige Zusammenschluß von insgesamt zwölf Stämmen, zu denen nun auch Juda und Benjamin gehörten. Das biblische Zwölfstämmesystem hat sich allmählich aus kleineren Verbänden entwickelt, die jeweils ihre eigenen Heiligtümer besaßen. Aber die straffe Organisation einer voll aktionsfähigen Zwölfereinheit hat es in vorstaatlicher Zeit nicht gegeben. Deshalb ist man inzwischen auch davon abgekommen, Israel in der Richterzeit eine »Amphiktyonie« nach griechischem Vorbild zu nennen. Man wird sagen müssen, daß Israel als Volk von zwölf Stämmen nicht von allem Anfang an existierte. Erst im Reiche Davids waren die Voraussetzungen vorhanden, einen Zusammenschluß von zwölf Stämmen Wirklichkeit werden zu lassen.

c) Einzelne Richtergestalten

In der Deboraschlacht war Barak aus dem Stamme Naftali der große Held, den die »Richterin« Debora als Mitstreiter zum Kampf aufforderte. Von all den anderen Richtern erfahren wir noch das meiste über Gideon aus Ofra, das im Stammesgebiet von Manasse südöstlich der Jesreel-Ebene lag. Über Gideon gibt es eine selbständige und ausführliche Berufungsgeschichte, die vom Erscheinen eines Engels Gottes weiß. In das Gebiet von Manasse waren die Midianiter eingebrochen, Kamelnomaden, die Gideon über die nördlichen Jordanfurten zurücktrieb bis weit in das Ostjordanland hinein (Richter 6-8). Dazu hatte er aus der nördlichen Nachbarschaft die Stämme Galiläas (Naftali, Sebulon und Asser) aufgeboten, später aber auch das ganze Ephraim.

Aus dem Ostjordanland stammte der Richter Jeftah, der erfolgreich gegen die von Osten vorstoßenden Ammoniter zu Felde zog (10,6–12,7). Sage und Geschichte vermischen sich in den Erzählungen über Simson (Kap. 13–16) aus dem Stamme Dan. Er errang die erstaunlichsten Erfolge gegen die Philister in den Küstenebenen, aber nicht wie die klassischen Richtergestalten mit großem Heeresaufgebot, sondern als Einzelkämpfer, als eine Heldengestalt mit unglaublichen Kräften. Da zeigt sich, wie die spätere Tradition Einzelgestalten dieser sogenannten »Richter« herauszuheben und mit legendärem Stoff zu umranken wußte.

Ein Sonderfall ist schließlich auch Abimelech (Kap. 9). Er war der Sohn des Richters Gideon, aber selbst nicht zum Richter berufen. Seine Mutter war mit der einheimischen Führungsschicht von Sichem verwandt. Diese Stadt mitten im ephraimitischen Gebirge (heute unter dem Namen Nablus bekannt) spielte schon in kanaanäischer Zeit eine nachweisbar führende Rolle, die sie machtpolitisch auszubauen und zu nutzen verstand. Es war eine aristokratische Gruppe, die zu Abimelechs Zeiten die Stadt beherrschte. Gegen sie nahm Abimelech den Kampf auf, nachdem er seine eigene väterliche Verwandtschaft als mögliche Widersacher beseitigt hatte. Nur einer entkam, Jotam, der mit seiner berühmten Pflanzenfabel (9,8-15) davor warnte, den Ungeeignetsten zum König zu machen.

Dennoch erlangte Abimelech für kurze Zeit die Herrschaft über Sichem und ganz Israel, konnte sich aber nicht halten. Die Übermacht der ansässigen Kanaanäer war noch zu stark, um einem israelitischen Usurpator das Feld zu räumen. Anfänglich siegreich, fiel Abimelech im Kampf um die nahegelegene Stadt Tebez. Seine israelitischen Anhänger verließen ihn augenblicklich. Der Alleingang Abimelechs mit dem Ziel, die Macht in Ephraim an sich zu reißen und die Vorherrschaft eines alten kanaanäischen Stadtstaates zu brechen, war gründlich gescheitert.

Der Vorgang ist charakteristisch für die vormonarchische Zeit. Noch hatten die Kanaanäer das Übergewicht, besonders in den Städten. Die Israeliten siedelten in ihrer Umgebung. Aber zunehmend gewannen sie an innerer Stärke, an Selbstbewußtsein und auch an technischen und militärischen Mitteln, um wenigstens auf dem eigenen Grund und Boden bestehen zu können. Die Zeitumstände kamen ihnen entgegen. Wir wissen, daß um diese Zeit die Kanaanäerstädte in der Küstenregion an Macht und Einfluß verloren und nach Beendigung der ägyptischen Vorherrschaft auch ein allgemeiner kultureller Niedergang erfolgte.

Die neue Macht, die nun aber von der Küste her sich ausbreitete, waren die zugewanderten Philister, die zwangsläufig zu Gegnern Israels werden mußten, als sie auch in das Binnenland vordrangen. Von Osten her drohte gleichzeitig ein Vorstoß der Ammoniter. Angesichts dieser doppelten Gefahr war die alte Einrichtung des »Richtertums« zu schwerfällig, den Widerstand zu organisieren. Israel brauchte eine neue, und zwar stämmeübergreifende Regierungsform auf Dauer, die es in die Lage versetzte, seine Wohngebiete schnell und mit vereinten Kräften unter strenger Führung zu verteidigen. Der Ruf nach einem König wurde laut.

6. VOM RICHTERTUM ZUM KÖNIGTUM

a) Die Herrschaft Sauls

In 1. Samuel 11 wird Saul wie ein Richter berufen und handelt entsprechend. Er ruft Israel zusammen und schlägt die Ammoniter. Nach seinem Sieg wird er im Heiligtum zu Gilgal zum König erhoben. Diese knappe Darstellung kommt der geschichtlichen Wahrheit wohl am nächsten. Ein bewährter Richter, also ein »charismatischer Führer auf Zeit«, wird von der Volksgemeinde lebenslang als Monarch eingesetzt. Es waren besondere geschichtliche Umstände, es war die Bedrohung Israels durch Ammoniter und Philister, die in Israel zur Entstehung des Königtums führten, nicht die Herrschaftsansprüche, die ein einzelner für sich erhob.

So überzeugend das klingt, es ist nach wie vor eine schwierige und strittige Frage, wie das Werden der Monarchie in Israel zu beurteilen ist. Dazu trägt das Alte Testament selbst bei. Denn es sind verschiedene Traditionen, die das 1. Samuelbuch darüber kennt. In 1. Samuel 9,1–10,16 wird Saul völlig unerwartet von Samuel zum König gesalbt, in 10,17-27 durchs Los bestimmt und wegen seiner Körpergröße eindeutig als König erkannt. Ganz anders verfährt Kap. 8. Das Volk wünscht einen König, doch Samuel warnt die Israeliten vor den Lasten, die Könige überall ihren Untertanen auferlegen. Mit dem Wunsch nach einem König, so erklärte Samuel, habe Israel den Alleinherrschaftsanspruch Gottes zurückgewiesen. Doch soll Samuel in Gottes Namen den Wunsch erfüllen helfen.

Diese verschiedenen Überlieferungen lassen erkennen, daß es offenbar in Israel selbst schon früh geteilte Meinungen darüber gab, wie die Rolle des Königs zu verstehen sei. Nicht als uneingeschränkter Machthaber sollte der König auftreten, sondern als ein von Gott selbst berufener und ihm unterworfener Regent. Durch die Salbung wurde er symbolisch als der von Gott gewollte Herrscher eingesetzt, durch den Zuruf »Es lebe der König!« von der Volksgemeinde bestätigt. Die verschiedenen Überlieferungen über Sauls Königswerden haben dies zum Mittelpunkt, daß Gott selbst daran beteiligt war; an der Salbung durch

Samuel und am Losentscheid wurde Gottes Mitwirkung erkannt. Auch die späteren Könige wurden gesalbt und mit Zustimmung des Volkes in ihr Amt eingesetzt. Selten wird ausführlich darüber gesprochen. Die Salbungen Davids und Salomos werden in 2. Samuel 2,4 und 1. Könige 1,39 erwähnt.

Mehrfach bezeugt sind Salbungen im Nordreich Israel, an denen Propheten beteiligt waren, besonders deutlich im Falle des Jehu, der überraschend im Heerlager von einem Schüler des Propheten Elisa gesalbt und von den Männern des israelitischen Heerbannes bestätigt wurde (2. Könige 9,1-13). Die Übernahme des Königsamtes durch den Sohn, die dynastische Erbfolge, war im Nordreich Israel die Ausnahme, im Südreich Juda die Regel. Dort kamen alle Könige aus dem Hause Davids, und die davidische Dynastie blieb bis zum Untergang Judas 587 v. Chr. ungebrochen an der Regierung. Das war eine der Voraussetzungen, daß man in nachexilischer Zeit, als es keine Könige in Israel mehr gab, ihre Wiederkehr aus davidischem Stamm erhoffte und insbesondere den Idealkönig der Zukunft, den Messias, aus dem Hause Davids erwartete.

Das 1. Samuelbuch stellt das Königtum Sauls in zwei Phasen dar. Zunächst ist der König erfolgreich, besonders im Kampf gegen die Philister. Später erscheint er als glückloser Herrscher, der den jungen David als seinen angeblichen Rivalen verfolgt und schließlich im Kampf gegen die Philister den Tod findet. Den Wendepunkt in seiner Regierung schildert 1. Samuel 15. Er hatte sich an der Beute vergriffen, die er nach dem Sieg über die Amalekiter gewann. Das Alte Testament stellt also das persönliche Schicksal Sauls in den Vordergrund und erwähnt die näheren Umstände seines politischen und militärischen Wirkens nur am Rande. Das macht es nahezu unmöglich, den Verlauf seiner Regierung Zug um Zug zu beschreiben und sein Werk historisch angemessen zu würdigen. Die folgenden Tatsachen dürften aber einige Anhaltspunkte geben.

Saul war Angehöriger des Stammes Benjamin, des kleinsten und vielleicht sogar jüngsten unter den Stämmen Israels. Sein Siedlungsgebiet erstreckte sich über das Gebiet um Jericho und Gibeon. Fast gleichzeitig brachen die Philister von der Küstenebene aus in das Landesinnere ein und drangen auf der Höhe von Geser über die Ebene von Ajalon ebenso wie über die Straße von Bet-Horon vor. Angesichts dieser Bedrohung stellte sich Saul mit seinen Benjaminitern den Philistern entgegen. Die philistäischen Posten und »Grenzwachten« reichten tief ins Land hinein. Bis nach Michmas waren sie vorgedrungen, in den

gebirgigen Ostteil des Stammesgebietes, wo es in unwegsamem Gelände zum Kampf kam und Saul und sein Sohn Jonatan in mehreren Treffen gegen die Philister schließlich siegreich blieben (1. Samuel 13f).
Das Stammland Benjamin blieb der engere Wirkungskreis des Königs. Unweit Michmas lag Rama, wo Samuel zu Hause war und das Volk richtete. Saul selbst bezog südlich davon auf der Höhe von Gibea einen festen Platz, ohne die Stadt zu einer regelrechten Residenz auszubauen. Alle diese Orte liegen nur wenig ostwärts der heutigen Hauptverbindungsstraße, die von Jerusalem nach dem Norden auf das heutige Ramallah zuführt. Leicht läßt sich ermessen, welch provisorischer Zustand es war, von dort aus Benjamin und das ganze Ephraim zu regieren; hinzu kam Gilead im Ostjordanland, Asser und Jesreel. So jedenfalls heißt es in 2. Samuel 2,9, wo Sauls Herrschaftsbereich umschrieben wird, der seinem Nachfolger zufiel. Nicht deutlich genug kann gesagt werden, daß Juda dazu nicht gehörte. Saul übte seine Herrschaft in den Kerngebieten des späteren Nordreiches Israel aus. Von einem fest umgrenzten »Staatsgebiet« konnte keine Rede sein. Eine Verwaltung baute Saul nicht auf; er hatte keine Beamten. Er blieb ein Heerkönig, der den aus den freien Bauern zusammengestellten Heerbann anführte.

b) Das Königtum Davids

Sauls »Staat« war ein Herrschaftsbereich mit offenen Grenzen nach allen Seiten. So erklären sich die zahlreichen Übergriffe fremder Bevölkerungen, nicht zuletzt aber auch die lockeren Beziehungen zu Juda. Von dort, aus einem alten Geschlecht in Bethlehem, kam David, der Sohn des Isai (vgl. Rut 4,13-22). Seine ersten Kontakte zu Saul liegen im dunkeln. Einerseits soll er als Spielmann in die Umgebung des Königs gerufen worden sein (1. Samuel 16,14-23), andererseits soll er sich als tüchtiger Krieger hervorgetan haben (17,31). Eigenartigerweise wird der Kampf gegen den philistäischen Einzelkämpfer Goliat ebenso David (Kap. 17) wie einem sonst unbekannten Elhanan aus Bethlehem zugeschrieben (2. Samuel 21,19). Gewiß ist, daß das anfänglich gute Verhältnis zu David getrübt wurde durch die Überlegenheit des jungen Helden. In ihm fürchtete Saul den Rivalen. Er verfolgte David, ohne ihn fassen zu können. David, der inzwischen eine eigene Söldnertruppe befehligte, entschloß sich zu völliger Unabhängigkeit. Er trat in die Dienste des philistäischen Königs Achisch von Gat (1. Samuel 27) und

Von Israels Frühzeit bis zu David und Salomo (bis 926 v. Chr.)

Israel	Assur/Tyrus	Ägypten
um 1230 Seßhaftwerden israelitischer Stämme im Land Kanaan	1274–1244 Salmanassar I.	1290–1224 Ramses II. 1224–1204 Merenptah
etwa 1200–1012 Richterzeit bis auf Samuel; Philisterkämpfe	1115–1077 Tiglat-Pileser I.	
1012–1004 Saul		
1004 Schlacht am Gebirge Gilboa		
1004–998 David König in Hebron		
997–965 David König in Jerusalem	973–942 Hiram v. Tyrus 966–935 Tiglat-Pileser II.	
965–926 Salomo		946–925 Schoschenk I. (Schischak)
962–955 Tempelbau		
926 Teilung des Reiches	932–910 Assurdan II.	

Den Kern von Davids Großreich bilden die von ihm in Personalunion vereinigten Königreiche Juda und Israel mit Davids eigener Hauptstadt Jerusalem. David trägt auch die Krone des eroberten Ammoniterreichs (2. Samuel 12,26-30). Sein Einfluß erstreckt sich darüber hinaus auf die Nachbarreiche Moab, Edom, Tob, Philistäa und Aram/Syrien, die in unterschiedlichen Formen der Abhängigkeit gehalten werden; mit Geschur (2. Samuel 3,3) und Tyrus (5,11; 1. Könige 5,15) ist er freundschaftlich verbunden.

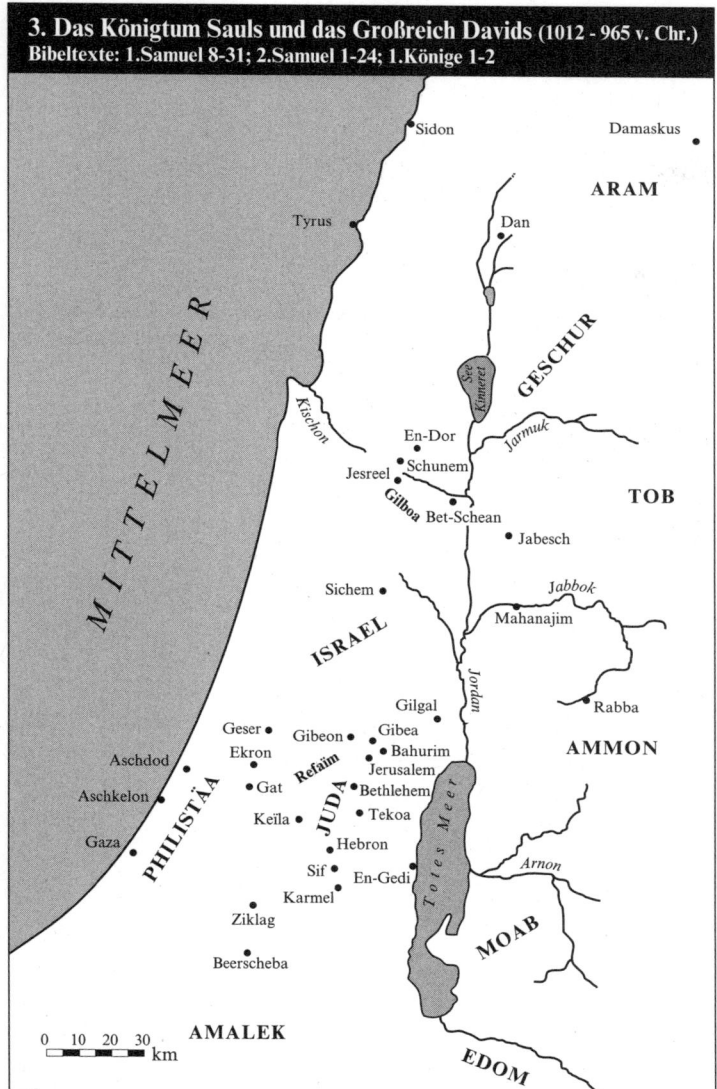

siegte schließlich über die Amalekiter, die von Süden Juda und nicht weniger die Philister bedrängten (Kap. 30).

Inzwischen war es zwischen Saul und seinen Leuten und den Philistern zu lokalen Konflikten gekommen. Sie mögen die Schwäche der Israeliten offenbar gemacht haben. Da setzten die Philister zum Großangriff an, und zwar im Raum der Ebene Jesreel, wo es möglich war, die ephraimitischen Stämme von den galiläischen zu trennen. Die Philister müssen Saul und seine Truppen vor sich hergetrieben haben. Am Fuße des Berges Tabor suchte Saul eine Totenbeschwörerin auf, die ihm vor der Entscheidungsschlacht Gewißheit verschaffen sollte. Aus dem Munde des ihm aus dem Totenreich erschienenen Samuel mußte er die Botschaft der bevorstehenden Katastrophe vernehmen (Kap. 28). Sauls Schicksal war besiegelt. Die Philister schlugen das israelitische Heer am Gebirge Gilboa. In auswegloser Situation stürzte sich Saul in sein Schwert (Kap. 31).

Der Tod des Königs erscheint wie der gottgewollte Schlußpunkt eines tragischen Lebens. Saul, einst mitten herausgerissen aus dem Beruf eines Bauern und als tatkräftige Persönlichkeit an die Spitze eines ganzen Stammesverbandes gerufen, zum König erhoben, der Übermacht eines überlegenen Gegners ausgesetzt, eifersüchtig auf einen jungen Emporkömmling, ohne staatsmännische Erfahrung, war zuletzt ein von Gott verlassener Generalissimus, der von demselben Samuel, der ihn einst salbte, sein und seines Heerbannes Ende vorhergesagt bekam. Ein Mann, dem Untergang geweiht, so hat ihn die Tradition dargestellt, sicher nicht ohne Grund, indem sie das Wesen dieses Mannes und seine Rolle am Beginn eines neuen Zeitalters erfaßte.

Bemerkenswert genug, daß die Folgen dieser tragischen Ereignisse für Israel nicht zur völligen Katastrophe führten. Offenbar haben die Philister ihren Sieg nicht ausgekostet. Sie sind nicht tiefer in das ephraimitische Gebirge vorgestoßen und haben es nicht besetzt. David, der auf Betreiben der Philister am Kampf gegen Israel nicht teilnahm, wechselte abermals die Front. Er kehrte in seine judäische Heimat zurück und wurde von den Ältesten Judas in Hebron zum König gesalbt. Aber mehr als ein König über Juda war er zunächst nicht.

Das Erbe Sauls ging auf einen seiner Söhne, auf Isch-Boschet über, weil der tatkräftige Feldherr aus Sauls Heer, Abner, es so wollte. Für ihn scheint Isch-Boschet, dessen Name ursprünglich Isch-Baal lautete, nur eine Übergangslösung gewesen zu sein. Er suchte die Verbindung zu David. Abners überraschender Tod und die Ermordung Isch-Boschets schufen eine neue Lage. Die Ältesten der Nordstämme trugen nun David auch das Königtum des ehemals saulidischen Herrschaftsbereichs an. Zum ersten Mal waren Israel und Juda vereint unter dem Oberbefehl eines einzigen Mannes, dem befähigtsten von allen, ausgestattet mit militärischer Erfahrung und dem Weitblick des Staatsmannes.

c) Das Großreich Davids

David verstand es, die Gunst der Stunde zu nutzen. Gestützt auf seine Söldner und mit dem aus Judäern und Israeliten zusammengesetzten und dadurch gestärkten Heerbann errang er die Überlegenheit über die feindseligen Nachbarn. Nacheinander bezwang er sie und machte sie von sich abhängig. So gelang ihm die Ausdehnung seiner Herrschaft weit über israelitisches Gebiet hinaus. Er wurde, wie man gern sagt, zum König eines »Großreiches«, in dem Völkerschaften verschiedener Abkunft vereinigt waren.

Den Kern bildeten Juda und Israel, die einst getrennten, nun aber unter David in einer »Personalunion« vereinigten Landesteile. Zum ersten Mal war nun tatsächlich das ganze Westjordanland unter einheitlicher Führung. Das »Heilige Land« hatte den Umfang erreicht, wie er uns geläufig ist, auch unter Einschluß der Küstenebenen. Diese unterwarf David und machte sie damit zu festen Bestandteilen seines eigenen Herrschaftsbereichs.

Nach hartem Kampf gegen die Ammoniter im Ostjordanland nahm er deren Hauptstadt Rabba (vollständig Rabbat-Ammon, heute Amman) ein und krönte sich selbst zum ammonitischen König (2. Samuel 12,30). Von dem südlich angrenzenden Moab forderte er Tribute (8,2), und Edom machte er zur Provinz unter eigenen Statthaltern (8,14). Dieser außergewöhnliche Machtzuwachs bedeutete, daß das Kernland von Juda und Israel im Südosten und Osten durch eine Pufferzone kleinerer Staatswesen abgeschirmt war, die David selbst in strenger Abhängigkeit hielt.

Die Abrundung seines Großreichs nach Norden gelang David, indem er Damaskus bezwang, die Ebenen zwischen den Gebirgszügen des Libanon besetzte, dort den selbständigen Kleinstaat von Aram-Zoba niederwarf und wahrscheinlich tiefer nach Syrien eindrang, vermutlich bis in die Gegend von Hamat. Ob er noch weitere Landesteile Syriens erreichte, läßt die etwas knappe Zusammenfassung der außenpolitischen Erfolge Davids in 2. Samuel 8 nicht sicher erkennen. Soviel aber ist deutlich, daß mit dieser Machtausdehnung, die vom tiefen

Süden unter Einschluß von Edom und Moab bis in die Mitte Syriens reichte, sich die Herrschaft Davids zu einer bedeutenden »Macht der Mitte« zwischen Mesopotamien und Ägypten entwickelte, sicher nicht überall von gleicher Stärke und organisatorischer Geschlossenheit, aber doch ausreichend gefestigt und zentral gelenkt.

Daß dieses größte Machtpotential, das je ein König Israels besaß, überhaupt entstehen konnte, war nicht zuletzt das Geschenk einer historischen Stunde. Die Großmächte am Nil und an Euphrat und Tigris waren geschwächt. Den Assyrerkönig Tiglat-Pileser I. (1112-1074) bedrängten die Aramäer; Assyrien verlor weitgehend seine Vasallenstaaten, besonders in Syrien. Ägypten war nach dem Niedergang der Ramessiden in zwei Hoheitsgebiete gespalten, deren Hauptstädte im südlichen Theben und im nördlichen Tanis lagen. Mit der 21. Dynastie trat die Geschichte Ägyptens in ihre Spätzeit ein. Nur in Ausnahmefällen wagten im Laufe der israelitischen Königszeit einzelne Pharaonen Feldzüge nach Palästina und Syrien. Aber in keinem Fall waren sie auf Dauer erfolgreich. So konnte David, ohne die Großmächte des Südens und des Nordens fürchten zu müssen, seine Herrschaft auf- und ausbauen und tun, woran Saul es hatte fehlen lassen. Er schuf einen Verwaltungsapparat und begann, Juda und Israel mit seinen Stämmen als ein Staatswesen zu organisieren.

David war in Hebron zum König über Juda, später auch über Israel gesalbt worden. Als Regierungssitz über beide Landesteile lag die Stadt zu weit im Süden. Dazu erwählte er einen anderen Platz, den er freilich erst erobern mußte, weil dort noch die einheimischen Jebusiter saßen. Es war Jerusalem, das genau zwischen Juda und Israel lag, aber bisher selbständig war, somit weder zu Juda noch zu Israel gehörte. David eroberte die Stadt mit seinen Söldnern und konnte sie als seine von ihm selbst erkämpfte Residenz betrachten, auf die kein Stamm Anspruch erheben durfte. Eigentlich hätte sie »Stadt Davids« heißen sollen (2. Samuel 5,9). Aber es blieb bei dem alten Namen. David zerstörte die Stadt nicht, er übernahm einen Teil ihrer Einrichtungen und erweiterte sie später nach Norden hin durch den Kauf der »Tenne des Arauna« (24,16-25), um dort Tempel und Palast außerhalb der alten Stadtbesiedelung auf einem höher gelegenen Bergrücken zu errichten. Freilich sollte erst sein Sohn Salomo dieses Werk in Angriff nehmen und vollenden.

Einer der ersten Schritte, auch die Nordstämme enger an Jerusalem zu binden, war die Überführung der Lade Gottes (Bundeslade) dorthin, die als heiliger Gegenstand den Thronsitz des Gottes Israels verkörperte (4. Mose 10,33-36; vgl. 2. Mose 25,10-22) und später im Allerheiligsten des Tempels ihren Platz fand. Daß darin die Gesetzestafeln Moses aufbewahrt wurden, ist erst aus einer späteren Zeit überliefert (1. Könige 8,6-9). Die Lade hatte anfänglich in Silo (Schilo) gestanden, war vorübergehend in die Hände der Philister gefallen und danach an keinem Heiligtum mehr untergebracht worden (1. Samuel 3–6). David brachte sie als ursprüngliches Eigentum der nördlichen Stämme nach Jerusalem (2. Samuel 6) und versuchte dadurch, diese auch in kultischer Hinsicht an die neue Residenzstadt zu binden.

Dennoch aber blieben innerhalb des »Reiches Davids« Spannungen erhalten, auch zwischen Israel und Juda, wie sich mehrfach zeigen sollte. Vor allem versuchte sich diese Spannung einer der Söhne des Königs, Absalom, zunutze zu machen, der selbst nach der Krone strebte und sein Ziel mit Hilfe der Nordstämme zu erreichen hoffte. Aber der »Aufstand Absaloms« (2. Samuel 15–18) scheiterte an Davids Klugheit und der Unerfahrenheit des naiven Absalom. David überließ ihm die Hauptstadt, wich ins Ostjordanland aus und wartete zunächst ab. Als Absalom ihm mit dem aufgebotenen Heerbann Israels folgte, verlor er im Kampf mit Davids erfahrenen Söldnern Schlacht und Leben. David kehrte nach Jerusalem zurück. Später gelang es ihm, einen zweiten Aufstandsversuch niederzuschlagen, der im Nordreich von einem Mann namens Scheba ausgegangen war (Kap. 20).

Die Geschichte Davids, wie sie das 2. Samuelbuch schildert, berücksichtigt zwar die innen- und außenpolitischen Leistungen des Königs, ist aber ab Kap. 7 von der Frage nach dem Nachfolger Davids belastet. Der Tod mehrerer Söhne machte eine Lösung schwierig. Als Rivalen standen zuletzt Adonija und Salomo, der Sohn der Batseba, einander gegenüber. 1. Könige 1 weiß von Konflikten und Parteiungen am Hof des alternden Königs. Unter dem Einfluß Batsebas und mit Unterstützung des Propheten Nathan ließ David den Salomo zum König salben, noch ehe die Anhänger Adonijas zum Zuge kamen.

Bei kaum einer anderen alttestamentlichen Persönlichkeit läßt sich anhand der ausführlichen Überlieferung ein so deutliches Charakterbild entwerfen wie bei David. Wendig und ideenreich, begünstigt vom Glück der Stunde, erfahren im Kriege und klug im Aufbau eines komplexen Staatsapparates, entschlossen zur Tat, aber ebenso zurückhaltend, wo Diplomatie am Platze war, einsichtig und skrupellos gleichermaßen, war David eine weitblickende Persönlichkeit von genialer Einfühlung in das, was die Stunde gebot und ihm ermöglichte. Selbst wenn man der alttestamentlichen Überlieferung unterstellt, sie hätte einen Idealtyp beschreiben oder das Verhalten des Königs rechtfertigen wollen, so muß doch ebenso der Realismus gesehen werden, mit dem die Fehlentscheidungen und Fehltritte des Königs schonungslos erfaßt wurden.

Ungleich plastischer und lebensnäher erscheint, was in den Samuelbüchern über David steht, gegenüber den Einseitigkeiten und der fast dogmatisch verfestigten Zusammenfassung seines Werkes im 1. Chronikbuch. Dort wird David hauptsächlich als Schirmherr und Organisator des erst später verwirklichten Tempelkultes beschrieben. Der geschichtlichen Wahrheit stehen wir in den Samuelbüchern näher. Ihre Darstellung hat bereits der bekannte Althistoriker Eduard Meyer (1855–1930) als Geschichtsschreibung von hohem Rang gerühmt, weil sie erkennen läßt, wie das persönliche Schicksal des Königs mit den Erfordernissen seines staatspolitischen Handelns verflochten war. Mag man an der einen oder anderen Stelle zugunsten des Königs etwas beschönigt haben – es bleibt genug, um Davids Einmaligkeit in der Geschichte Israels zu erkennen.

d) König Salomo und das Ende des Großreichs

Salomo ergriff sogleich nach dem Tode seines Vaters David eine Reihe von Maßnahmen, die der Sicherung seiner Macht, nicht aber gleichzeitig auch dem Erhalt des Großreichs dienten. Zwar konnte Salomo, soweit wir das noch beurteilen können, im wesentlichen den Bestand der davidischen Herrschaft bewahren, aber die Mittel seines Regierungsstils trugen wesentlich zum Zerfall der »Personalunion« bei. Nicht, daß Salomo als ausgesprochener Despot aufgetreten wäre und seine Regierung mit gewaltsamen Mitteln aufrechterhalten hätte. Aber die Vorstellung, der er nacheiferte, war die eines Herrschers, wie er sie aus den Staatswesen seiner Umgebung kannte. Alle Gewalt lag beim Monarchen. Israel hatte bisher die souveräne Führung Davids erlebt, der den Stammesinteressen weitgehend Rechnung zu tragen verstand; aber es kannte noch nicht die Eigengesetzlichkeit einer Monarchie, die dem Herrscher und seinen Ansprüchen zu dienen hatte.

Salomos Regierungsmaßnahmen und Gebietsverluste

Fast jeder Regierungswechsel nach dem Tode eines bedeutenden Regenten brachte im Alten Orient eine Erschütterung der Grundfesten des Staatswesens. Somit mußte auch Salomo gleich zu Beginn seiner

Regierung jene Kräfte ausschalten, die ihm gefährlich werden konnten. 1. Könige 2,13-46 nennt eine Reihe solcher Maßnahmen. Sie richteten sich durchweg gegen die Mitglieder jener Partei, die Adonija zum Thron verhelfen wollte (vgl. 1,7) und von der Salomo am meisten für seine Herrschaft zu befürchten hatte. Adonija selbst ließ er unter einem Vorwand umbringen, den Priester Abjatar verbannte er in das nahe Anatot, an dem Feldherrn Joab, dem schon David zweifachen Mord vorgeworfen hatte, übte er Blutrache. Schimi, der Mann, der David einst fluchte (2. Samuel 16,5-13), erlitt die Todesstrafe, als er gegen die Vereinbarung die Stadt Jerusalem verließ. Erst als all dies geschehen war, sei das Königtum gefestigt gewesen durch Salomos Hand (1. Könige 2,46).

Die harten Maßnahmen am Beginn seiner Regierung, mit denen sich Salomo wenigstens teilweise auf Äußerungen Davids berufen konnte, mögen seine Autorität gestärkt, aber auch die Furcht vor ihm gesteigert haben. Von einer regelrechten Aufstandsbewegung gegen ihn erfahren wir nichts, wohl aber von dem Versuch des Ephraimiten Jerobeam, sich gegen den König zu erheben (11,26). Dieser Jerobeam hatte sich als Bauführer beim Ausbau der Stadt Jerusalem hervorgetan, erregte aber das Mißtrauen des Königs, so daß dieser ihm nachstellte. Jerobeam gelang die Flucht nach Ägypten. Der Vorgang zeigt, daß es während der Regierung Salomos an Widerstand gegen den König nicht fehlte. Die verordneten Fronarbeiten spielten dabei die größte Rolle.

Intensiver noch als David baute Salomo den Beamten- und Verwaltungsapparat aus. Dazu gehörte die Aufgliederung des Nordstaates Israel in zwölf Verwaltungsbezirke, denen eigene Beamte vorstanden (4,7-19). Jeder Bezirk hatte jeweils für einen Monat den königlichen Hof zu versorgen. Juda war von solchen Verpflichtungen befreit. Doch lassen zahlreiche weitere Maßnahmen des Königs, vor allem die Befestigung einer Reihe von Städten, darauf schließen, daß Salomo von allen Untertanen seines Staates Frondienste erzwang, nicht nur von der nichtisraelitischen kanaanäischen Bevölkerung (9,15-23), sondern auch von den Israeliten in beiden Teilstaaten. Der Frondienst war der Hauptgrund für den Zerfall der »Personalunion« nach Salomos Tod und Anlaß für die Errichtung einer selbständigen Königsherrschaft im Nordreich (12,1-19).

Die Verhältnisse im Inneren des Staatswesens machen es verständlich, daß Salomo das »Großreich« Davids nicht in seinem vollen Umfang erhalten konnte. Es erscheint glaubhaft, daß Hadad, ein edomitischer Prinz, der zu Davids Lebzeiten nach Ägypten entkommen war, in

Edom König wurde, ohne daß Salomo ihn daran hindern konnte; gleiches gilt für Reson, einen Offizier aus der Umgebung des Königs von Zoba, der ebenfalls König wurde, und zwar in Damaskus (11,14-25). Er leitete die Periode der Feindschaft von Damaskus gegen Israel ein, die mit wechselnder Intensität über Jahrhunderte währen sollte. Dem König von Tyrus, zu dem Salomo engere Kontakte pflegte, trat er zwanzig Städte in Galiläa ab (9,11-14).

Die wichtige Festung Geser am Rande der Küstenebene am Wege nach Jerusalem überließ der Pharao Salomo als Mitgift für seine Tochter. Zuvor war die Stadt zerstört worden (9,16f). Historisch stellt sich die Frage, was das bedeutete. Weder der Name des Pharao noch der seiner Tochter ist uns bekannt. Es muß damit gerechnet werden, daß besonders in der südlichen Küstenebene, die Ägypten am nächsten lag, alte kanaanäische und philistäische Besitztümer erhalten geblieben waren, die zwar David seiner Herrschaft unterwarf, die aber doch eine gewisse Selbständigkeit behielten oder wiedererlangten. Salomo hätte dann Geser unter allen Umständen für sich in Anspruch genommen, sei es mit oder ohne ägyptische Zustimmung. Von Auseinandersetzungen Salomos mit den Ägyptern erfahren wir sonst nichts.

Salomos Rüstung und Bautätigkeit. Der Tempel

An den Rändern seines Herrschaftsbereichs mußte Salomo zwar zu territorialen Zugeständnissen bereit sein. Aber die israelitisch-judäischen Kernlande suchte er durch den Ausbau einer Reihe älterer Festungen zu schützen. Dazu gehörten nach 1. Könige 9,15-18 Hazor nördlich des Sees Genezareth zum Schutze Galiläas, Megiddo am Rande der Jesreel-Ebene, das bereits erwähnte Geser sowie das untere Bet-Horon, wo der Aufstieg ins Gebirge bis nach Jerusalem möglich war. Salomo baute außerdem Kornspeicher und Garnisonen. Er schuf die Grundlage für eine Streitwagentruppe, für die er entsprechende Gebäude benötigte. Für diese Leistungen hob der König zweifellos Arbeiter aus dem ganzen Lande aus.

Zu den besonderen Vorhaben Salomos gehörte der Ausbau Jerusalems zur königlichen Residenz, die er mit Palast und Tempel ausstattete. Dabei begnügte er sich nicht mit dem Einsatz einheimischer Fronleute, sondern schloß mit dem König Hiram von Tyrus einen regelrechten Vertrag über die Beschaffung von Baumaterial aus dem Libanongebiet (5,15-32). Die von Salomo überall im Lande ausgehobenen Fronarbeiter wurden nach Phönizien geschickt, damit sie dort

mit einheimischen Arbeitern zusammen Hölzer und andere Materialien vorbereiteten, die sie dann nach Jerusalem brachten. Dieses »internationale« Zusammenwirken phönizischer und israelitischer Handwerker, zu denen auch die Architekten zu rechnen sind, übte seinen Einfluß auch auf die Bauweise und die Tempelarchitektur aus. Phönizische und syrische Erfahrungen spielten dabei eine wesentliche Rolle. Die funktionale Einheit von Tempel und Palast, die den Tempel als ein Staatsheiligtum erscheinen ließ, entsprach den damals geläufigen Vorstellungen einer großen Hofhaltung.

Tempel und Palast werden in 1. Könige 6 und 7 ausführlich in ihren Baugliedern mit ihrer Ausstattung beschrieben. Das Tempelhaus war nach dem sogenannten »syrischen Tempeltyp« gestaltet. Es war ein Langhaus mit Vorhalle, Hauptraum und dem »Allerheiligsten«; letzteres nahm die Lade Gottes (Bundeslade) auf. In den Nachbarreligionen war dies der Platz für das Gottesbild. Den Eingang des Tempelhauses in Jerusalem flankierten zwei freistehende Säulen, die die Namen Jachin und Boas trugen. Auch von nichtisraelitischen Tempeln dieser Zeit sind solche Säulen bezeugt. Die Tempelanlage umgaben abgegrenzte Höfe, die sprichwörtlich gewordenen »Vorhöfe des Tempels« (Psalm 84,3). Im Vorhof der Priester stand der Altar für die Brandopfer. Die Vorhöfe der Männer und der Frauen hielten die »Gemeinde« des Volkes auf Distanz zum Tempelhaus, das nur den Priestern zugänglich war.

Dieser Tempel Salomos, der auch gern der »erste Tempel« genannt wird, ist zusammen mit der Stadt Jerusalem im Jahre 587 v. Chr. von den Babyloniern zerstört worden. Keinerlei Reste haben sich davon erhalten. Doch hat sich der »zweite Tempel«, der 515 v. Chr. vollendet wurde und dessen Anlage Herodes in den Jahren vor Christi Geburt großartig erweiterte und prachtvoll ausstattete, im Prinzip nicht von dem Tempel Salomos unterschieden. Die Tempelbaupläne wurden in einem idealen Entwurf im Buch des Propheten Hesekiel (Kap. 40–44) zusammengefaßt.

Salomos Weisheit und Nachruhm, seine Schwächen

Salomos Bauten haben den Ruhm seiner Herrschaft und den Glanz seiner Hofhaltung gesteigert. Darüber hinaus aber weiß die Überlieferung zu berichten, daß er, der im Unterschied zu David kein Feldherr und Krieger war, sich um so mehr als ein Mann von Klugheit und Scharfsinn hervortat. Allerdings verschwimmt gerade das, was ihn in dieser Hinsicht so berühmt gemacht hat, im Nebel sagenhafter Darstellungen, wie man sie gern von großen Herrschern erzählt. Salomo bewährte seine »Weisheit« beim Besuch einer schönen und reichen Frau, der aus Südarabien kommenden Königin von Saba (1. Könige 10,1-13) und in der Funktion des Richters beim bekannten »Salomonischen Urteil« (3,16-28). Der König als Richter ist ein geläufiges Motiv, aber gerade für Israels Könige nicht typisch.

Hinter dem Besuch der Königin von Saba standen zugleich wirtschaftliche Interessen, die den Austausch wertvoller Güter betrafen. Das kann durch 1. Könige 10,10 bestätigt werden. Hölzer und Edelsteine ließ Salomo auch zu Schiff über das Rote Meer heranschaffen und über den Golf von Akaba nach Jerusalem einführen. Hiram, der König von Tyrus, stellte dazu seine Schiffe zur Verfügung (10,11).

Solche Importe sollten freilich nicht so verstanden werden, als ob damit Israel in einen blühenden internationalen Handel einbezogen wurde. Es ging durchweg um Luxusgüter, an denen der König interessiert war und die sein Prestigebedürfnis befriedigten. Keineswegs dienten Wirtschaftsbeziehungen in dieser Zeit einem geregelten Güteraustausch, der einer allgemeinen Anhebung des Lebensstandards zugute kommen sollte. Das mag nur in Ausnahmefällen so gewesen sein.

Die Schattenseiten salomonischer Herrschaft und der dem Geschmack der Zeit angepaßte Lebensstil des Königs werden im Alten Testament nicht verschwiegen. Vor allem werden Salomos Frauen hervorgehoben, die (infolge politisch motivierter Heiraten) aus den Ländern der Nachbarschaft kamen und ihre vertrauten Kulte mitbrachten. Ihre Heiligtümer wurden hauptsächlich am Hang des Ölbergs errichtet (11,1-13). Wenn das Alte Testament darin ein besonderes Verschulden des Königs erblickt, so beurteilt es den König nach den strengen Maßstäben, die sich allmählich in Israel herausbildeten und keinerlei Fremdkult im Lande duldeten.

Eine fortlaufende Geschichte der Regierung Salomos läßt sich nicht schreiben. Die alttestamentliche Überlieferung von 1. Könige 2–11 bietet keinen dramatischen Ablauf von Ereignissen, wie es in den Samuelbüchern über David der Fall war. Es sind nur kurze Erzählungen, es sind Listen von Ereignissen und Taten, die wir über Salomo besitzen. Dennoch hat sich strahlender Glanz im Andenken der Menschheit über diesen König gebreitet, der Davids Reich übernahm und in angeblich friedvoller Zeit nur mit Werken des Friedens als Bauherr, Organisator und weiser Fürst beschäftigt war. Der Name Salomo, der den Wortstamm von *schalom*, also »Frieden«, enthält, erschien als der rechte Name für ihn; ursprünglich hieß er Jedidja (2. Samuel 12,25). »Salomo« ist wahrscheinlich sein Thronname, den er erst später annahm.

Von dem glänzenden Bild Salomos, das er hauptsächlich der nachbiblischen Tradition verdankt und das sich bis heute erhalten hat, wird man einige Abstriche machen müssen. Gern wird er der Bewahrer des davidischen Erbes genannt. Aber das trifft nicht zu. Zwar hat er Israel und Juda noch zusammenhalten können, aber von den weiterreichenden Eroberungen Davids mußte viel abgetreten werden, wahrscheinlich sogar mehr, als uns überliefert ist. Salomo hat zweifellos das Land als Staatswesen weiterentwickelt, seine Verwaltung verbessert, den Verteidigungsapparat modernisiert, die Truppen vermehrt, aber gleichzeitig durch Frondienste die Bevölkerung überfordert und wenig dazu beigetragen, den Zusammenhalt der Stämme zu festigen, insbesondere die Verbindung zwischen Juda und Israel zu stärken.

Was seinen Nachruhm begründete, Tempelbau, Weisheit und internationale Beziehungen, waren Angelegenheiten, die sein persönliches Prestige und das der Jerusalemer Hofhaltung steigerten, aber dem Land nicht direkt zugute kamen. Nicht einmal der Tempel wurde zu einem unumstrittenen und bleibenden Mittelpunkt für alle Stämme. Zwar wußte man die Bundeslade in Jerusalem, aber sie blieb im Allerheiligsten des Tempels den Blicken entzogen. Der Tempel war nicht das Heiligtum der Stämme, sondern das Eigentum des Königs, wie auch das ganze Jerusalem als eine Stadt des Königs galt, die David zwischen Juda und Israel für sich erobert hatte. Der Kult an den Heiligtümern der Stämme ging ungebrochen weiter, bis er erst sehr viel später, bei der Reform des Königs Josia (622 v. Chr.), in Jerusalem konzentriert wurde und nur noch dort die Opfer darzubringen waren.

Die »Reichsteilung«

Die für den Zusammenhalt des ganzen Israel wenig förderliche Politik Salomos macht es verständlich, daß Davids Reich nach Salomos Tod zerbrach, daß Israel sich von Juda trennte. Zwar scheint Rehabeam ohne Schwierigkeiten die Nachfolge seines Vaters in Jerusalem (und Juda) angetreten zu haben, aber auf einer Stämmeversammlung in Sichem, auf der er auch zum König Israels gemacht werden sollte, war er ungeschickt genug, dem Rat der jungen Generation zu folgen und noch härtere Frondienste als unter Salomo anzukündigen. Augenblicklich kam es zum Bruch. Der Minister für die Frondienste Adoniram

(Adoram) wurde gesteinigt, Rehabeam erreichte mit Mühe seinen Streitwagen und floh nach Jerusalem (1. Könige 12,1-19). Das Nordreich Israel hatte sich von Juda, Jerusalem und dem davidischen Königshaus getrennt.

Juda und Israel als selbständige Königreiche (926–722 v. Chr.)

Juda	Israel	Umwelt
926–910 Rehabeam	926–907 Jerobeam I.	922 Palästinischer Feldzug Schischaks von Ägypten
910–908 Abija	907–906 Nadab	
908–868 Asa	906–883 Bascha	873–842 Ittobaal (Etbaal) von Tyrus
	883–882 Ela	
	882–878 Kampf zwischen Tibni und Omri	
	882–845 Omri-Dynastie	
	882–871 Omri	
868–847 Joschafat	876 Gründung Samarias	858–824 Salmanassar III. von Assur
	871–852 Ahab Prophet Elia	ca. 830 Mescha-Stele
852 Joram Mitregent	852–851 Ahasja	
847–845 Joram	851–845 Joram	
845 Ahasja	845 Revolution des Jehu	845–801 Hasaël von Damaskus
845–840 Atalja	845–747 Jehu-Dynastie	
	845–818 Jehu	
840–801 Joasch Tribut an Adadnirari III.	841 Tribut an Salmanassar III.	
	818–802 Joahas	818 Feldzug Hasaëls gegen Juda
	802–787 Joasch	
801–787 (773) Amazja	787–747 Jerobeam II. Prophet Amos Prophet Hosea	nach 801 Benhadad von Damaskus
ca. 788 Kampf zwischen Amazja und Joasch		
787–736 Asarja (Usija)	747 Sacharja (6 Monate)	
756–741 Jotam Mitregent und König	747 Schallum (1 Monat)	
	747–738 Menahem	745–727 Tiglat-Pileser III. (Pul) von Assur
741–725 Ahas Mitregent und König	738 Tribut an Tiglat-Pileser III.	734 Zug gegen die Philister
736 Tod Usijas, Berufung des Propheten Jesaja	737–736 Pekachaja	733–732 Züge gegen Damaskus und Israel
	735–732 Pekach	
733 Syrisch–ephraimitischer Krieg	732–723 Hosea	
725–697 Hiskia	722 Eroberung Samarias Ende des Reiches Israel	726–722 Salmanassar V. von Assur

Die Grenze zwischen Juda und Israel verschiebt sich im Lauf der Zeit mehrfach. Die gestrichelte Linie zeigt den Verlauf zur Zeit König Asas von Juda. Die kriegerischen Auseinandersetzungen zwischen Israel und den Königen von Damaskus im 9. und 8. Jahrhundert v. Chr. erstreckten sich tief in das Ostjordanland und berührten vor allem die Gebiete von Ammon und Moab.

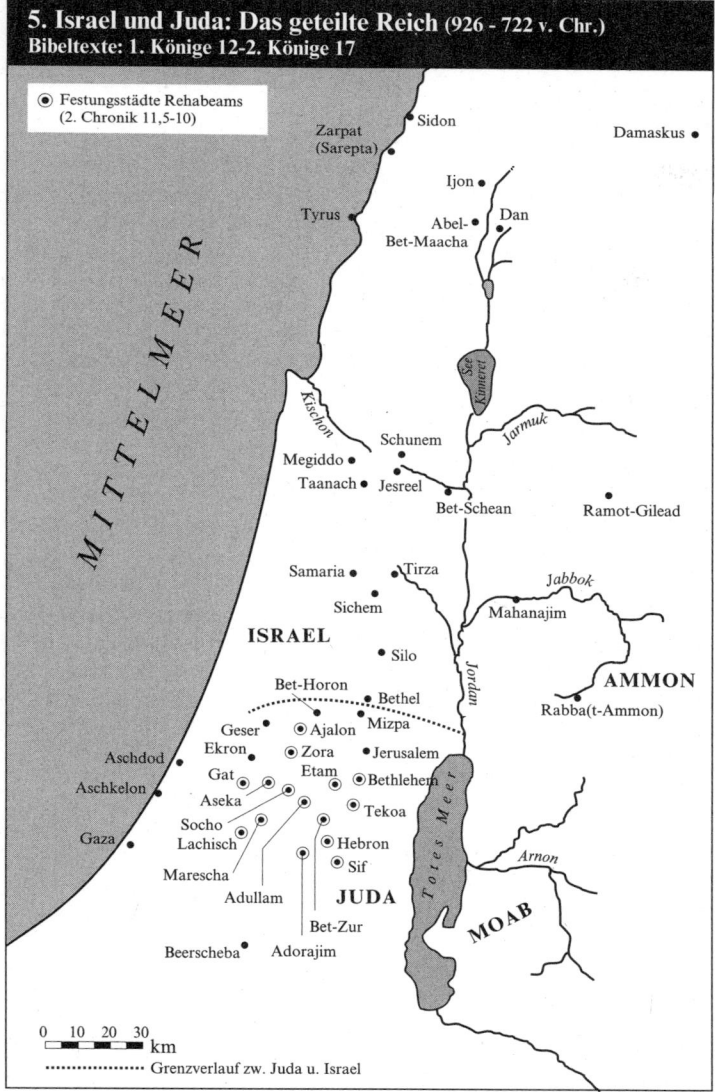

7. JUDA UND ISRAEL ALS SELBSTÄNDIGE KÖNIGREICHE

a) Die Darstellung der Königszeit im Alten Testament

Die Erzählungen und Berichte über die Könige sind in den beiden Königsbüchern in ein festes Rahmenschema eingefügt. Anfang und Ende eines jeden Herrschers sind mit den gleichen Worten beschrieben. Es werden knappe Mitteilungen über seine Regierungszeit gemacht, über Vorgänger und Nachfolger und über den gleichzeitig im Nachbarstaat, sei es Juda oder Israel, regierenden König. Dazu findet sich aber in den meisten Fällen noch die Notiz, daß man mehr über den betreffenden König »in der Chronik der Könige von Juda bzw. Israel« lesen könne. Das Wort »Chronik« bezieht sich hier keineswegs auf die beiden Chronikbücher im Alten Testament, sondern meint »Tagebücher«, die am Hof über jeden Herrscher und seine Taten geführt wurden (vgl. als Beispiele 1. Könige 14,19: Chronik der Könige von Israel; 14,29: Chronik der Könige von Juda). Leider besitzen wir von diesen offiziellen »Regierungstagebüchern« keine Zeile, es sei denn, die biblischen Verfasser haben etwas wörtlich aus diesen Dokumenten übernommen. Das aber ist nicht nachweisbar. Es bleibt sehr zu bedauern, daß diese Tagebücher verloren sind. Sie enthielten sicher viel Aufschlußreiches. Aber die biblischen Autoren trafen eine Auswahl. Nicht eine vollständige Königsgeschichte wollten sie liefern, sondern allein das festhalten, was ihnen für das Verhältnis der Herrscher zum Gott Israels wichtig war.

Mit höchster Wahrscheinlichkeit entnahmen sie den Tagebüchern oder »Chroniken« die Regierungszeiten der Könige. Diese Zahlen erlauben uns im Vergleich mit anderen altorientalischen Quellen aus Ägypten und dem Zweistromland auch eine absolute Datierung, die sich in unsere Zeitrechnung einbauen läßt, so daß wir in der Lage sind, die Regierungsjahre der Könige in Jahreszahlen »vor Christus« auszudrücken. Daß die Zeittafeln, die gewöhnlich den Bibelausgaben beigegeben sind, in älterer und jüngerer Zeit dennoch geringfügig voneinander abweichen, hängt teilweise mit dem Fortschritt unserer Erkenntnisse zusammen, teilweise aber auch mit Unsicherheiten der Überlieferung. Gerade bei wichtigen Perioden der Geschichte Israels, wie etwa im 8. Jahrhundert, sind wir mehrfach auf Vermutungen angewiesen. Im wesentlichen kann jedoch die Chronologie der Königszeit als gesichert angesehen werden. Die in deutschen Bibelausgaben und in wissenschaftlichen Abhandlungen heute bevorzugte Chronologie beruht auf den Berechnungen von Prof. Joachim Begrich aus dem Jahre 1929. Sie wurde 1964 von Prof. Alfred Jepsen überarbeitet und verfeinert.

Was die biblischen Verfasser außer den chronologischen Angaben den »Tagebüchern« entnahmen, kann nur vermutet werden. Es mögen Angaben über verwaltungstechnische und militärische Maßnahmen und Unternehmungen der Könige gewesen sein. Was sie ihnen aber sicher nicht entnahmen, sondern von sich aus hinzufügten, waren Bewertungen der Könige hinsichtlich ihres kultischen und religiösen Verhaltens. Es überwiegt der Tadel. Die meisten hätten sich nicht an das Gesetz Gottes gehalten, sondern hätten die Heiligtümer fremder Götter und ihren Kult geduldet. Kanaanäischen Gottheiten, vor allem Baal und der Göttin Aschera, hätten sie vorbehaltlos gedient. Allein die Könige, die solchen Kult abschafften, werden gelobt, darunter der König Hiskia (2. Könige 18,1-7), vor allem aber der König Josia (Kap. 22 und 23,1-30), der das »Gesetz Moses« voll zur Geltung brachte.

b) Die Maßstäbe des Deuteronomiums (5. Buch Mose)

Die Kritik an den Königen beruht auf Grundsätzen, die im 5. Buch Mose (Deuteronomium) zusammengefaßt sind. Dieses Buch verlangt einen einzigen Ort für den Opferkult in ganz Israel und die strikte Ablehnung jeglicher Fremdgötterverehrung. Seit der Reform des Königs Josia (622 v. Chr.), wie sie in 2. Könige 23 zusammengefaßt ist und wie sie längere Zeit nachwirkte, fühlte man sich in Juda und Jerusalem an die Gesetze des Deuteronomiums in besonderer Weise gebunden. Wie es dort festgelegt war, so sollte der Gottesdienst in Israel aussehen und so hatte man dem Gott Israels gehorsam zu sein.

Das Deuteronomium wurde zum einflußreichsten Werk der nachexilischen Gemeinde und des gesamten späteren Judentums. Seine Überzeugungen und Anordnungen galten auch für die rechte Beurteilung der Geschichte Israels. Wenn beispielsweise König Jerobeam I. mit der

Aufstellung der goldenen Kälber in seinem Herrschaftsbereich religionspolitisch ausgleichend zwischen Kanaanäern und Israeliten wirken wollte (1. Könige 12,20-32), so war dieser politische Grundsatz im späteren Urteil der »Deuteronomisten« eine Verfehlung. Sie hätten es lieber gesehen, wenn der Gott Israels schon damals konsequent als der eine Gott ohne fremde Kultsymbole verehrt worden wäre. Darum wird »die Sünde Jerobeams, des Sohnes Nebats« wiederholt als schlimmes Beispiel zitiert.

Diese Maßstäbe des Deuteronomiums sind in allen Geschichtsbüchern von Josua bis 2. Könige (dem deshalb so genannten »Deuteronomistischen Geschichtswerk«) angewendet worden. Aber glücklicherweise ist das sehr behutsam geschehen. Meist sind alte Quellen unverändert in die Geschichtsbücher aufgenommen worden. Die beiden Bücher der Chronik, die ein eigenes Geschichtswerk bilden, sind von den Samuel- und Königsbüchern abhängig. Sie beschränken sich auf die Geschichte Judas, fügen manches Neue hinzu und unterscheiden sich überhaupt in Aufbau und Absicht von den Samuel- und Königsbüchern. Das hängt damit zusammen, daß sie erst nach dem Exil geschrieben wurden, als das südliche Juda Anspruch auf das Erbe des alten Israel erhob und als auf den Tempel in Jerusalem und auf seine Ordnungen noch mehr Gewicht gelegt wurde als in der Königszeit.

c) Die Folgen der Reichsteilung

Jerobeam I. im Nordreich Israel

Auf die Nachricht vom Tode Salomos kehrte jener Jerobeam, der einst vor dem König nach Ägypten geflohen war (1. Könige 11,40), nach Israel zurück. Ihn machten nun die Nordstämme zu ihrem König, einen Ephraimiten, wie einst Saul einer war. Aus dem Mund des Propheten Ahija von Silo hatte er die Berufung zur Herrschaft über Israel (11,29-39) erhalten. Jerobeam (gewöhnlich »Jerobeam I.« genannt im Unterschied zu »Jerobeam II.« aus dem 8. Jahrhundert) setzte Maßstäbe, die für das Königtum des Nordstaates Israel charakteristisch und richtungsweisend bleiben sollten.

In viel höherem Grade als der Südstaat Juda war Israel von kanaanäischer Bevölkerung durchsetzt und den Einflüssen ihrer Religion preisgegeben. Die Könige des Nordstaates versuchten deshalb einen Ausgleich zwischen beiden Bevölkerungen und ihrem Glaubensdenken herzustellen, indem sie die religiösen Vorstellungen Israels und der Kanaanäer vor allem in der Kultsymbolik einander annäherten. Die Bundeslade stand in Jerusalem und führte dort ein Eigenleben. Israel brauchte selbständige Kultorte und Symbole, an die es sich gebunden fühlte. So stellte Jerobeam an den Heiligtümern von Bethel und Dan goldene Kälber auf und erklärte dazu, daß da der Gott Israels sei (12,26-30; vgl. 2. Mose 32,1-6).

Die ganze Unternehmung war ein religionspolitischer Kompromiß. Zumeist auf Stieren stehend bildete man in Syrien und sogar im kleinasiatischen Land der Hetiter die Götter ab. Jerobeam beschränkte sich in Bethel und Dan darauf, nur das tragende Tier als Kultobjekt zu benutzen, über dem man sich den unsichtbaren und unabbildbaren Gott Israels vorzustellen hatte. So entsprach der König der kanaanäischen Vorstellung des göttertragenden Tieres und überließ es den Israeliten, sich ihren Gott oberhalb der Kälber oder unmittelbar auf ihnen stehend zu denken. Die eigenartige Form dieser Kompromißlösung zwischen zwei Glaubensvorstellungen hat nach dem Untergang des Nordstaates im Jahre 722/1 v.Chr. keine Fortsetzung gefunden. Nirgends mehr hat man dem Gott Israels goldene Kälber errichtet.

Es war nur konsequent, daß Jerobeam an diesen Heiligtümern Priester einsetzte, die nicht aus den Priesterfamilien der Leviten stammten. Bethel und Dan galten als königliche Staatsheiligtümer (vgl. Amos 7,13), und ihre Priester waren vom König abhängige Staatsbeamte. Außerdem wurde eine Reihe von Heiligtümern auf den Höhen eingerichtet, wie sie die Kanaanäer kannten; auch dort taten königliche Priester ihren Dienst.

Zunächst wählte Jerobeam Sichem zu seinem Regierungssitz, ging aber sodann in das Ostjordanland, um den Ort Pnuël als Festung auszubauen (1. Könige 12,25). Der Grund war offenbar die Sicherung Israels gegen Südosten, wo von den wieder selbständig gewordenen Ammonitern und den erstarkten Moabitern Gefahren drohten, wie sich später auch bestätigen sollte. Nicht zuletzt aber war Pnuël auch als Fluchtburg im Ostjordanland geeignet, wenn das ephraimitische Kernland westlich des Jordans angegriffen wurde.

Rehabeam im Südreich Juda

Parallel zu Jerobeam regierte in Juda Rehabeam. Das einzige herausragende Ereignis, das uns aus seiner Regierungszeit in den Königsbüchern mitgeteilt wird (1. Könige 14,25-28), ist der Feldzug des ägyptischen Königs Schischak nach Jerusalem. Er erfolgte im 5. Regierungsjahr Rehabeams, also etwa um das Jahr 922 v. Chr. Schischak habe den Tempel seiner Schätze und wertvoller Einrichtungsstücke beraubt. Von einer Zerstörung der Stadt ist nichts gesagt. Glücklicherweise sind wir über diesen Feldzug aus einer ägyptischen Inschrift genauer unterrichtet.

Der Pharao, dessen Namen das Alte Testament zu »Schischak« verkürzt hat, heißt in seiner volleren ägyptischen Form »Schoschenk« oder in Anlehnung an die griechische Übersetzung (griech. Sesonchis) »Scheschonk«. Er war der erste Herrscher der 22. Dynastie (Bubastiden). Die Familie kam aus Libyen und hatte Grundbesitz in Bubastis im Delta. Schoschenk I. begann um 945 v. Chr. zu regieren. Sein Feldzug nach Palästina ist auf dem »Bubastiden-Portal« des großen Amun-Tempels in Karnak in Gestalt einer Städteliste bezeugt, wie wir sie schon von früheren Pharaonen kennen. Auf kleinen Schilden werden alle Städte aufgezählt, die die ägyptischen Könige im Ausland eroberten. Die Städteliste Schoschenks ist deshalb so interessant, weil sie Orte aus dem ephraimitischen Gebirge, an der Ebene Jesreel und im Jordangraben nennt. Der Feldzug muß also ein Ausmaß gehabt haben, wie es allein aus dem Alten Testament nicht ablesbar ist. Eine Bestätigung erfährt die ägyptische Städteliste durch ein Relieffragment, das in Megiddo gefunden wurde und den Namen des Pharao Schoschenk trägt. Bemerkenswert vor allem aber ist, daß die Stadt Jerusalem in der Städteliste fehlt. Das ist schwerlich ein Zufall und läßt sich mit 1. Könige 14,25f in der Form vereinbaren, daß Schoschenk die Stadt nicht eroberte, sondern die Schätze des Tempels als Tribut des Königs Rehabeam empfing, der damit die Stadt freikaufte.

Über das Ende des Schoschenk-Feldzuges wissen wir nichts. Wenn es zu einer längeren Besetzung Israels gekommen wäre, hätte das sicher seinen Niederschlag im Alten Testament gefunden. Schoschenk wollte wohl auf den erfolgreichen Spuren der großen Pharaonen des ägyptischen »Neuen Reichs« nach Palästina und Syrien vordringen. Aber die Zeiten hatten sich geändert. Jetzt waren diese Länder von neuen Bevölkerungen bewohnt, denen die Ägypter auf Dauer nicht mehr gewachsen waren. Der Schluß der Städteliste nennt viele unbekannte Namen, die in den Raum südlich von Juda und in edomitisches Gebiet weisen. Damit könnte der Rückzugsweg Schoschenks nach Ägypten dokumentiert sein.

Wenn auch dieser Feldzug Schoschenks nach Juda und Israel ohne nachhaltige Wirkung für das Land blieb, ein warnendes Zeichen war er dennoch. Mit feindlichen Übergriffen mußte ständig gerechnet werden, und längst waren die Zeiten Davids vorüber, der jeden Gegner erfolgreich zurückschlug. Rehabeam fürchtete Feinde, die ihn von Süden und Südwesten bedrängen konnten. Jedoch nur das 2. Chronikbuch (11,5-12) weiß von einem größeren Befestigungssystem, das der König in weitem Bogen im Süden und Westen Judas anlegte, um Land und Hauptstadt großräumig zu sichern. Bis zum heutigen Tag ist archäologisch noch nicht erwiesen, ob bereits Rehabeam alle diese Festungen anlegte und voll funktionsfähig machte. Auch spätere Könige können daran mitgewirkt haben. Aber allein die Anordnung der Festungen zeigt, auf welche Weise ein wirkungsvoller Schutz Judas erreichbar und nötig war.

Thronwirren im Nordreich –
stabile Thronfolge des Hauses David im Südreich

Das Ende der Regierungszeit Rehabeams und Jerobeams fiel in die Jahre 910–907 v. Chr. Dies war etwa hundert Jahre nach David. Als Bilanz dieses Zeitraumes kann nur ein ständiges Schwinden der Macht Israels festgestellt werden. Das einstige »Großreich« war zerfallen, Juda und Israel hatten sich wieder verselbständigt, ihre Verteidigungskraft war geschwächt. Der Tempel zu Jerusalem war nicht zum Mittelpunkt des alten Stämmeverbandes geworden. Er hatte den Rang eines Staatsheiligtums des Königs erhalten, dem die mit kanaanäischen Attributen (Stierbilder bzw. goldene Kälber) ausgestatteten königlichen Heiligtümer von Bethel und Dan im Norden selbständig gegenüberstanden. Kein Versuch wurde gemacht, die alte »Reichseinheit« wiederherzustellen. Die Geschichte Israels war eingetreten in die Zeit der getrennten »Reiche« mit unterschiedlichen Königtümern.

Die lückenhafte Darstellung der Königszeit macht sich nun in den Kapiteln 1. Könige 15 und 16 schmerzlich bemerkbar. Zwar werden die Könige, die auf Rehabeam in Juda und Jerobeam in Israel folgten, mit ihren Regierungszeiten genannt, aber über Einzelheiten der inneren Entwicklung in den beiden Königreichen erfahren wir kaum etwas. Immerhin sind die wenigen Mitteilungen über das Verhältnis der beiden jungen Staatswesen bemerkenswert.

Noch zu Lebzeiten Jerobeams war in Jerusalem der Sohn Rehabeams, Abija, für drei Jahre auf den Thron gekommen. In 1. Könige 15,7 wird berichtet, es habe Krieg gegeben zwischen ihm und Jerobeam. Man ist erstaunt über diese Entwicklung. Worum es bei diesen Kämpfen ging, wird deutlich aus den Notizen über Abijas Sohn und Nachfolger Asa, der 41 Jahre regierte. Die Könige von Israel wollten die südliche Grenze ihres Herrschaftsbereichs möglichst nahe an Jerusalem heranschieben, um gegen Übergriffe der Judäer geschützt zu sein. Der energische König Bascha (in älteren Übersetzungen: Baesa) von Israel rückte gegen das 8 km nördlich von Jerusalem gelegene Rama vor, um von dort aus die Zugänge von und nach Jerusalem zu kontrollieren. König Asa von Juda antwortete nicht mit einem Gegenangriff, sondern mit einem diplomatischen Akt. Gegen entsprechende Zahlungen aus den Schatzkammern von Tempel und Palast forderte er den König von Damaskus auf, sich mit ihm gegen Bascha zu verbünden. Der Schachzug hatte Erfolg. König Benhadad von Damaskus brach augenblicklich in Galiläa ein und zwang damit Bascha zum Rückzug von Rama.

Dorthin stieß nun Asa vor, eignete sich das von Bascha aufgehäufte Baumaterial an und benutzte es seinerseits, um die weiter nordwärts gelegenen Städte Geba und Mizpa auszubauen. Dabei schob er sich bedeutend näher an Israel heran.

Die Vorgänge erscheinen belanglos, aber sie passen in die Zeitverhältnisse. Unübersehbar sind die Spannungen zwischen Israel und Juda. Aber noch stärkere Kräfte standen im Hintergrund. Der König von Damaskus, Israels Grenznachbar, benutzte die sich bietende Gelegenheit, Israel anzugreifen. Was aber veranlaßte den Geschichtsschreiber im 1. Königsbuch, gerade diese Vorgänge so genau mitzuteilen? Er wollte die Überlegenheit des Königs von Jerusalem zeigen, der, mit welchen Mitteln auch immer, hier jedenfalls auf listige Art, Israel in seine Schranken zu weisen verstand.

Bascha war gewaltsam zur Regierung gekommen. Die Einzelheiten bleiben im dunkeln. Nur dies wird überliefert in 1. Könige 15,25-34: Nadab, der Sohn und Nachfolger Jerobeams I., regierte kaum zwei Jahre über Israel. Er kämpfte bei Gibbeton gegen die Philister, die längst die Schwäche des Nordreiches erkannt hatten und ihr Gebiet im Großraum von Geser zu erweitern suchten. Dorthin brach Bascha, ein Mann »aus dem Haus Issachar«, auf und erschlug Nadab, wurde König und rottete auch noch die anderen Mitglieder der Familie Jerobeams aus. Immerhin hat dieser Bascha 24 Jahre in Tirza regiert, wo schon Jerobeam sich zeitweise niedergelassen hatte (vgl. 14,17). Die Stadt lag im nordöstlichen Ephraim, gut befestigt, mit Verbindungen nach Sichem und zum Jordangraben durch leicht passierbare Talzüge.

Gegen Bascha aber erhob sich der Prophet Jehu, Sohn des Hanani, und kündigte dem König den völligen Untergang seines Hauses an, ebenso wie es dem Hause Jerobeam ergangen war. Ungeachtet dessen aber wurde Baschas Sohn Ela sein Nachfolger, freilich nur für zwei Jahre. Einer seiner Streitwagenkommandanten namens Simri erschlug ihn während eines Gelages in Tirza, vernichtete das ganze Haus Baschas und erhob sich zum König. Aber er blieb es nur sieben Tage. Der Heerbann Israels, noch immer im Feldlager bei Gibbeton, war über Simris Tat erschrocken und machte sogleich im Lager den Feldherrn Omri zum König. Dieser belagerte Tirza. Als Simri dort seine aussichtslose Lage erkannte, zündete er selbst den Königspalast an und stürzte sich in die Flammen. Doch war Omri noch nicht der unbestrittene Herrscher. Ein Gegenkönig, Tibni, hatte die Sympathien der Hälfte Israels anfänglich auf seiner Seite; dabei blieb es nicht, Omri wurde favorisiert. Der Tod Tibnis machte ihm den Weg endgültig frei, und er wurde der neue König.

Was steht hinter dieser schrecklichen Königsgeschichte in Israel von Nadab bis Omri? Wie sind die raschen Regierungswechsel mit ihren blutigen Begleiterscheinungen zu erklären?

Es wäre sicher zu einfach, wollte man die Vorgänge nur als Palastrevolutionen verstehen, als Machtkämpfe unter rivalisierenden Persönlichkeiten. Für Israel war es entscheidend, daß jeder König von Gott für sein Amt bestimmt wurde. Dies geschah durch prophetisches Wort und den Akt der Salbung, wie es schon bei Saul, David und Salomo zu beobachten war. Jerobeam konnte sich auf das Wort des Propheten Ahija von Silo berufen (1. Könige 11,29-39). Über Bascha wird zwar kein prophetisches Wort mitgeteilt, wohl aber der Untergang seines ganzen Hauses durch den Propheten Jehu, Sohn des Hanani, vorausgesagt (16,1-4). Baschas Haus wurde durch Simri vernichtet. Dieser aber war nicht prophetisch autorisiert. Darum wurde er von den freien Männern des Heerbannes nicht anerkannt und Omri alle Macht übertragen. Tibni konnte trotz der ihm entgegengebrachten Sympathien gegen Omri nicht aufkommen. Nur die Männer, die die prophetische Verheißung hatten (Jerobeam, vielleicht auch Bascha) oder vom Volk ausdrücklich bestätigt wurden (Omri), behielten die Herrschaft für längere Zeit. Trotzdem gelang es Jerobeam und Bascha nicht, das Königtum in der eigenen Familie fortzusetzen und eine Dynastie zu gründen. Das war erst Omri und seinem Haus beschieden, aber nicht auf lange Zeit.

Man wird also einen engen Zusammenhang zwischen prophetischer Königsbestimmung und Thronnachfolge im Nordreich Israels sehen müssen. Dort war man, beginnend mit Saul, der festen Überzeugung, daß nur derjenige rechtmäßiger König sei, der auch von Gott dazu berufen wurde, der über den »Geist«, das »Charisma« verfügte. War dies nicht der Fall, war sein Königtum gefährdet oder überhaupt dem Untergang geweiht. Propheten wirkten entscheidend dabei mit. Allerdings können wir kaum mehr mit Sicherheit sagen, welche Entwicklungen es im einzelnen waren, die den Untergang eines Königs auslösen konnten. Die Königsbücher verweisen in der Hauptsache auf die Duldung von Fremdkult im Lande. Dies sei das Hauptübel gewesen, das auch die Propheten beklagten. In der Tat mögen Kultfrevel eine Rolle gespielt haben, sicher aber wirkten auch Machtinteressen mit, über die wir nichts erfahren.

Dieser ungewissen Entwicklung in Israel stand das judäische Königtum ungleich gefestigter gegenüber. Dort war seit David die Erbfolge gesichert; aus dem »Hause Davids« kamen die Könige durch die Jahrhunderte hindurch. Das davidische Königshaus war der ruhende Pol in der Verfassung Judas. Dies war nicht zuletzt eine der Voraussetzungen dafür, daß man auch nach dem Exil, als die Könige nicht mehr regierten, einen Herrscher »aus Davids Stamm« für eine große Zukunft erwartete. Das stabile judäische Königtum ermöglichte die Hoffnung auf den »Messias«.

d) Omri und seine Dynastie in Israel

Politik des Ausgleichs, Gründung Samarias

Der Erfolg der Regierung Omris beruht hauptsächlich auf zwei entscheidenden Tatsachen, die aber eng miteinander zusammenhängen. Von außen her scheint eine Beruhigung für das Nordreich Israel eingetreten zu sein. Von Kämpfen gegen die Philister wird nichts mehr mitgeteilt. Das gab dem König die Möglichkeit, eine ausgleichende Politik nach innen zu betreiben, und das heißt, mit den im Lande wohnenden Kanaanäern zu einem Einvernehmen zu kommen. Ein wesentlicher Beitrag dazu war ein Wechsel des Regierungssitzes. Omri kaufte von einem Kanaanäer namens Schemer einen günstig gelegenen Bergrücken, um darauf die Stadt Samaria zu errichten. Der Name »Samaria« ist von »Schemer« abgeleitet; hebräisch hieß die Stadt »Schomeron«. Ihre Lage, etwa 8 km nordwestlich von Sichem, war nicht nur landschaftlich hervorragend, sondern auch aus innenpolitischen Gründen gut gewählt. Dort berührten sich israelitisches und kanaanäisches Gebiet.

Nach den ersten sechs Jahren seiner Regierung verließ Omri das tief im ephraimitischen Gebirge gelegene Tirza und schlug seine Residenz auf dem bis dahin unbesiedelten Bergrücken von Samaria auf. Zwar haben wir keine Nachrichten darüber, wie die kanaanäische Bevölkerung der näheren Umgebung darauf reagierte, doch dürfte diese Annäherung der israelitischen Residenz an die Küstenebene und damit an die Wohnsitze des kanaanäischen Bevölkerungsteils etwas Verbindendes gehabt haben, ähnlich der Entscheidung Davids, der Jerusalem eroberte, um von dort aus, mitten zwischen den beiden Landesteilen Juda und Israel, von einem zentralen Platz aus wirkungsvoll regieren zu können.

Daß diese Ausgleichspolitik des Königs mit den Kanaanäern ihm später harte Kritik seitens des Geschichtsschreibers im 1. Königsbuch eintrug (16,19.25), ist verständlich. Der Ausgleich war sicher auch mit kultischen Zugeständnissen verbunden. Später erfahren wir sogar von dem »Kalb von Samaria« (Hosea 8,5f), ohne freilich genau zu wissen, ob dort ebensolch ein goldenes Kalb wie an den Heiligtümern von Bethel und Dan errichtet wurde. Bei aller Kritik sollte man aber doch den staatspolitischen Erfolg sehen, den Omri zweifellos hatte.

Diese Politik setzte sein Sohn Ahab fort und ging darin noch einen Schritt weiter. Er heiratete eine phönizische Königstochter, Isebel, deren Vater Etbaal (wohl richtiger: Ittobaal) die Stadt Sidon regierte (1. Könige 16,31).

Von »Ittobaal, dem König von Tyrus«, spricht der jüdische Schriftsteller Flavius Josephus, der die älteste und zu seiner Zeit vollständigste Geschichte Israels in griechischer Sprache schrieb (um 100 n. Chr.). Der Name »Ittobaal« ist wohl sprachlich zutreffender. Daß er bei Josephus König »von Tyrus« und nicht »von Sidon« heißt, kann durchaus richtig sein, weil Tyrus dem Nordreich Israel näher lag und schon Salomo seine Kontakte zum König von Tyrus pflegte (1. Könige 5,15). Allerdings könnte das auch zu dem Irrtum verleitet haben, Tyrus statt Sidon anzunehmen.

Ahab baute in Samaria dem Baal einen eigenen Tempel und richtete dort ein Ascherabild auf. Seine Frau blieb dabei, die Götter Phöniziens zu verehren, und entwickelte sogar einen Haß auf die Propheten des Gottes Israels, während sie die Propheten Baals förderte. Es war ein Gipfel der Religionsmischung in Israel. Entsprechend fällt das Urteil über den König aus (16,33).

Der Prophet Elia und die Baalsreligion

Diese außerordentliche Entwicklung mußte die prophetische Opposition auf den Plan rufen. Ihr bedeutendster Vertreter, von dem wir aus dieser Zeit wissen, war der Prophet Elia (Elija). Über ihn besitzen wir eine breite Überlieferung (1. Könige 17–19; 21; 2. Könige 1; 2,1-18). Das ist verständlich genug für den Geschichtsschreiber, der in Elia einen Mann vorstellen konnte, der kompromißlos für den Gott Israels eintrat und in Ahab und Isebel harte und energische Widersacher hatte.

Die Elia-Überlieferung setzt sich aus verschiedenen kleineren und größeren Einheiten zusammen. Am bekanntesten sind der Bericht über das »Gottesurteil auf dem Karmel« und die Geschichte von Nabots Weinberg. Das Karmel-Geschehen läßt sich geschichtlich besonders gut verstehen. Das liegt an der Lage des Berges und seiner religionsgeschichtlichen Bedeutung.

Der Höhenzug des Karmel, der sich an der Südseite der heutigen Stadt Haifa hinzieht und nach Westen ein wenig in das Mittelmeer vorspringt, ist schon früh besiedelt gewesen. Nur nebenbei sei hier vermerkt, daß in Höhlen auf der Westseite des Karmel prähistorische Funde gemacht wurden; darunter war das Skelett einer Frau, die zum Typ des »Neandertalers« zu rechnen ist. Schon in ältesten Zeiten lud der Berg zur Gottesverehrung ein. Viele Heiligtümer hat er nacheinander getragen, nachweislich bis in die Römerzeit. Schon David hatte den Berg eingenommen und richtete dort dem Gott Israels einen Altar auf. Danach aber hatten die Phönizier nach Süden ausgegriffen, den Karmel in Besitz genommen und sein Heiligtum dem Baal geweiht.

Elias Kampf richtete sich gegen Baal. Um aber das Karmelheiligtum für den Gott Israels zurückzugewinnen, mußte sich Elia mit den Propheten Baals auseinandersetzen und sie davon überzeugen, daß der Gott Israels der wahre Gott des Karmel-Berges sei. Vergeblich riefen die Propheten Baals ihren Gott. Als Elia rief, antwortete Gott mit Feuer und entzündete die aufgeschichteten Opfer. Zweifellos spielt Sagenhaftes in diese Erzählung hinein. Ihr geschichtlicher Kern aber ist das Ende des Baal-Kultes auf dem Karmel und die Durchsetzung des Gottes Israels dank der hohen Autorität Elias (18,20-40).

Ein anderes Schlaglicht auf die Zeitumstände wirft die Erzählung über Nabot und seinen ererbten Weinberg, den er dem König Ahab abtreten sollte (Kap. 21). Nach israelitischem Bodenrecht war Grundbesitz nicht käuflich, und seine Übereignung konnte auch nicht erzwungen werden. Gott hatte Israel das Land geschenkt, und jeder freie Israelit hatte Anspruch darauf, sein Erbteil zu behalten. Isebel, vertraut mit phönizischem Recht, das dem König jede Maßnahme erlaubte und ihm auch das Verfügungsrecht über das Land gab, begriff nicht die Zurückhaltung Ahabs. Sie sorgte auf heimtückische Weise für die Abtretung des Weinbergs an den König, indem sie Nabot steinigen ließ. Daraufhin eignete sich Ahab tatsächlich das Grundstück an.

Der Vorfall veranlaßte einen Auftritt Elias. Er sagte dem Hause Ahabs den Untergang voraus, wie einst schon nach der Reichsteilung Propheten einzelnen Königen entgegentraten, um ihnen und ihren Familien den Verlust von Thron und Leben anzukündigen. Der Grund für den prophetischen Eingriff wird hier überdeutlich. Der König hatte das Recht Israels mißachtet und mit Unterstützung Isebels fremdem Recht Raum gegeben. Die so oft den Propheten nachgesagte Sozialkritik hat hier ein herausragendes Beispiel. Der Israelit sollte vor Willkür geschützt sein, und dem Recht des Gottes Israels sollte zum Durchbruch verholfen werden.

Israel in Bedrängnis durch Mächte im Norden

Das Nordreich Israel hatte seit Omri einen neuen und erfolgreichen Weg eingeschlagen, um das Kanaanäerproblem zu lösen. Omri schenkte durch den Auf- und Ausbau Samarias dem Staatswesen ein neues Zentrum, das den Kanaanäern zugewandt war; Ahab heiratete eine Phönizierin und sicherte damit seine Macht an der Nordwestseite Israels. Doch hatte gleichzeitig im Nordosten das Königtum von Damaskus an Stärke und Einfluß gewonnen und begann Israel hart zu bedrängen.

1. Könige 20 weiß von unmäßigen Forderungen, die Benhadad, der

»König von Syrien«, an Israel richtete und damit Samaria unmittelbar bedrohte. Mit 32 Königen, wie es heißt, sei Benhadad verbündet gewesen. Es waren durchweg syrische Stadtfürsten, von denen wir auch aus syrischen Quellen des 9. Jahrhunderts v. Chr. wissen. Unter der Vorherrschaft von Damaskus hatten sie sich zusammengeschlossen. Darum konnte Benhadad mit relativem Recht »König von Syrien« genannt werden.

Ahab scheint anfangs gegen diese starke Koalition erfolgreich gewesen zu sein. Er schlug die Syrer mehrfach in die Flucht. Darum ging vom König von Damaskus die Anregung zu vertraglichen Regelungen aus, auf die Ahab einging. Gebietsteile wurden zurückgegeben und Handelsniederlassungen in Damaskus und Samaria vereinbart (20,34). Aber die Interessen der Syrer richteten sich nicht nur auf Galiläa und Samaria westlich des Jordans, sondern ebenso auf ostjordanische Besitzungen. Sie waren zwischen Israel und den Syrern auch weiterhin umkämpft. In Kap. 22 wird sogar von einem Bündnis Israels mit dem König Joschafat von Juda berichtet. Der »König von Israel«, dessen Name zwar in Kap. 22 nicht genannt ist, der aber wohl kein anderer als Ahab gewesen sein wird, wandte sich an das südliche Nachbarreich um Hilfe. Zur Schlacht kam es bei Ramot in Gilead, also im Ostjordanland. Israel erlag der syrischen Übermacht, nachdem der Prophet Micha, Sohn des Jimla, die Katastrophe bereits vorausgesagt hatte. 400 Berufspropheten aus der Umgebung des Königshofes hatten zuvor das Gegenteil behauptet. In hartem Wagenkampf fiel der »König von Israel« und wurde in Samaria beigesetzt.

Israel geriet mehr und mehr in Bedrängnis durch das Übergewicht der stärkeren Mächte in seiner näheren und ferneren Nachbarschaft. Das sollte sein Schicksal in den kommenden Jahrhunderten bleiben. Im Grunde waren Israel und Juda, ähnlich wie die Kleinstaaten Syriens, auf sich gestellte Fürstentümer. Wie sich zeigte, gab es in diesem 9. Jahrhundert v. Chr. auch ein gelegentliches Zusammengehen von Israel und Juda. Aber die Regel war das nicht. So blieben die beiden Königtümer relativ isoliert und wenig geneigt, sich mit anderen zusammenzuschließen.

Auf Ahab folgte sein Sohn Ahasja. Aber erst unter Joram fand die Dynastie Omris ein jähes Ende, wie es Elia vorausgesagt hatte. Die näheren Umstände dieses Regierungswechsels werden im Alten Testament ungewöhnlich plastisch beschrieben. Sie können hier nur mit wenigen Worten nachgezeichnet und verständlich gemacht werden.

e) Zwei Revolutionen: Jehu in Israel und Atalja in Jerusalem

Jehu und seine Regierung

Seinen Ausgang nahm der Umsturz im Nordreich im Lager des israelitischen Heeres, das auch jetzt wieder im Kampf gegen die Syrer bei Ramot in Gilead stand (2. Könige 9,14b). Dort erschien im Auftrag seines Meisters einer der Jünger des Propheten Elisa (Elischa) und salbte überraschend Jehu, einen Truppenführer, zum König über Israel (9,1-13). Das Heerlager jubelte und bestätigte durch Akklamation die göttliche Bestimmung. Die Männer breiteten ihre Gewänder aus. Auf ihnen stehend nahm Jehu die Huldigung entgegen, die ihn rechtmäßig zum König machte. Sofort ergriff er die Initiative. In rasender Fahrt steuerte er auf seinem Streitwagen der Sommerresidenz der israelitischen Könige in Jesreel zu. Dort weilte gerade der König von Juda, Ahasja, um dem bei Ramot verwundeten Joram einen Besuch abzustatten. Beide Könige eilten dem wilden Streitwagenfahrer Jehu entgegen, beide brachte er durch Pfeilschuß ums Leben, ehe er in Jesreel ankam und dort Isebel aus dem repräsentativen »Erscheinungsfenster« der Residenz in den Hof hinabstürzen ließ (9,15-33). Der vehemente neue Throninhaber sah nun den Weg frei zu eigenen Entscheidungen.

Jehu vollzog, was ihm nötig und rechtens erschien. Er ließ die Nachkommen der Familie Ahabs umbringen, die sich allesamt in Samaria aufhielten, und zog schließlich selbst in die Stadt ein. Dort versammelte er unter dem Vorwand einer großen Festfeier zu Ehren Baals die Priester dieses Gottes aus dem ganzen Land und rief sie im großen Baalstempel, den einst Ahab errichtet hatte, zusammen. Nachdem die Opferhandlungen vollzogen waren, ließ Jehu den Tempel umstellen und sämtliche Baalspriester umbringen. Der Tempel selbst wurde dem Erdboden gleichgemacht (Kap. 10).

Das grausame und blutige Vorgehen Jehus war abscheuerregend, obwohl er sich auf dem Boden israelitischer Tradition bewegte. Denn die Ausrottung der Familie des Vorgängers gehörte seit den Tagen der ersten Könige Israels nach der Reichsteilung zur festen Regel, sobald ein Prophet ein neues Königshaus berief. Die Salbung ermächtigte den neuen Herrscher zur Sicherung seines Königtums. Aber Jehu folgte diesen Grundsätzen mit ungewöhnlicher Brutalität und Konsequenz. Deshalb hat er etwa hundert Jahre später auch die Kritik des Propheten Hosea gefunden (Hosea 1,4f).

Daß das 2. Königsbuch Schritt für Schritt diese »Revolution« des

Jehu so ausführlich beschreibt, hat letztlich den Grund, Jehu als konsequenten Widersacher Baals hinzustellen, der aktiv die kanaanäische Religion bekämpfte und vor nichts zurückschreckte. Die plastische Schilderung der Mordtaten enthält aber auch den unausgesprochenen Vorwurf, daß der König in der Wahl seiner Mittel zu weit ging und persönliche Schuld auf sich lud. Es muß freilich auch damit gerechnet werden, daß Einzelheiten bewußt überzeichnet sind, um die Radikalität des Kampfes gegen Baal zu betonen und zu steigern. Es fällt nämlich auf, daß Jehu es doch an letzter Konsequenz fehlen ließ. Die goldenen Kälber von Bethel und Dan schaffte er nicht ab, obwohl das am nächsten gelegen hätte. Er bekam deshalb auch nicht das Lob des Geschichtsschreibers, das man erwarten sollte (10,28-32). Über die Persönlichkeit Jehus erfahren wir sonst nichts. Auch über seine innenpolitischen Leistungen während der 28 Jahre seiner Regierung schweigt das 2. Königsbuch völlig.

Die wenigen Worte zur Außenpolitik (10,32f) deuten auf harte Auseinandersetzungen hin. Der König von Damaskus schlug Israel im Ostjordanland in seiner vollen Erstreckung bis zum Fluß Arnon ostwärts des Toten Meeres, wo die Grenze zu Moab verlief. Tatsächlich sind wir durch außeralttestamentliche Quellen besser über die Bedrohungen Israels in dieser Zeit unterrichtet. Die syrischen Kleinstaaten standen im Kampf gegen die Assyrer unter Salmanassar III. Darüber wird im folgenden Abschnitt zusammenfassend zu sprechen sein. Hier soll zunächst, dem alttestamentlichen Text von 2. Könige 11 folgend, über eine »Revolution« im Südreich Juda berichtet werden, die einen ganz anderen Verlauf nahm als die im Nordstaat.

Ataljas Usurpation und Ende

Die Mordtaten Jehus hatten auch Juda nicht verschont. Nicht nur Israels König Joram, sondern auch Ahasja, der davidische König aus Jerusalem, der Joram gerade besuchte, war Jehus Opfer geworden. Vor den Toren Jesreels hatten beide Könige tödliche Wunden erlitten. Die guten Kontakte zwischen den Königshäusern beruhten zu dieser Zeit nicht zuletzt darauf, daß Ahasjas Mutter Atalja eine Prinzessin aus Israel war.

Umstritten ist freilich, wessen Tochter sie war, weil wir unterschiedliche Nachrichten darüber besitzen. 2. Könige 8,26 und 2. Chronik 22,2 nennen sie eine Tochter Omris; 2. Könige 8,18 und 2. Chronik 21,6 sprechen von der Tochter Ahabs; 2. Könige 8,27 sagt, daß Ahasja mit dem »Hause Ahabs« verwandt war. Dem vermutlichen Lebensalter nach war Atalja wohl doch Tochter Ahabs.

Jehu brachte auf seiner Fahrt nach Samaria aber auch 42 judäische Prinzen um, die nichtsahnend nach Jesreel unterwegs waren und vom Tode der beiden Könige noch nichts wußten (10,12-14). Unter diesen Umständen war die judäische Thronfolge gefährdet. Atalja als Mutter des Königs ergriff jetzt die Initiative und handelte, wie man im Nordreich Israel nach dem Tode des regierenden Herrschers und seines Hauses zu handeln berechtigt war. Ohne Rücksicht auf das dynastische Königtum der Davididen bestieg sie selbst den Thron und brachte um, wessen sie aus dem Hause Davids habhaft werden konnte.

Trotz der turbulenten Ereignisse gelang es, Joasch, den Sohn des Ahasja, der noch ein Säugling war, im Tempel zu verstecken. Der Priester Jojada war unterrichtet. Er sann auf den Augenblick, Joasch zum König zu salben. Im 7. Jahr der Herrschaft Ataljas zeigte er den zuvor vereidigten Leibwächtern im Tempel den Königssohn und arrangierte unter Ausnutzung des Zeitpunktes der Wachablösung, als genügend Männer unauffällig zur Verfügung standen, die Salbung des Prinzen. Atalja hörte den allgemeinen Jubel und erschien im Tempel. Sie wurde sofort ergriffen, aus dem heiligen Bezirk herausgeführt und außerhalb der Tempelanlage umgebracht. Nun hatte Jerusalem wieder einen König aus Davids Stamm, und die dynastische Erbfolge war gerettet.

Kaum deutlicher läßt sich der strukturelle Unterschied der beiden Königtümer erkennen. Juda hielt unbeirrt am dynastischen Prinzip fest und setzte es durch. Ataljas eigenwilliger Versuch, nach israelitischem Recht in Juda zu regieren, schlug unweigerlich fehl. Schließlich war sie auch nicht von einem Propheten zur Herrscherin bestimmt und gesalbt worden. Hatte Jehu sich in Israel im Bewußtsein prophetischer Legitimation durchsetzen und eine Dynastie ins Leben rufen können, fehlten Atalja dazu alle Voraussetzungen. Wenn sie auch eine Königstochter und Königsmutter war, für Judäa war das Herrscheramt einzig und allein in der Gestalt eines Davididen vorstellbar und gesichert. Das Volk im Lande jubelte über den gelungenen Staatsstreich, während Jerusalem sich stille verhielt, um jeglichen neuen Aufruhr zu vermeiden (11,20).

f) Die Vormacht Syriens und die assyrische Bedrohung

Gebietsverluste im Ostjordanland. Der Mescha-Stein

Seit Salomos Tod hatten die kleineren Mächte und Bevölkerungsgruppen in der Umgebung Israels und Judas an Macht zugenommen. In der Küstenebene brachen von neuem Kämpfe mit den Philistern aus, vor allem aber erstarkte das Reich von Damaskus, das im Nordosten zum gefährlichen Gegner des Nordreiches Israel werden sollte. Die Syrer (nach ihrer Volkszugehörigkeit auch »Aramäer« genannt) drangen von Damaskus aus zunächst in das Ostjordanland vor, um sich dort an israelitischem Besitz zu bereichern. Südlich davon waren Moabiter und Edomiter dabei, ihre Macht erneut zu festigen und auszubauen.

Während der Dynastie Omris war es gelungen, die Westseite Israels hinreichend zu befrieden. Die Auseinandersetzungen mit den Philistern nahmen ab, und nach Nordwesten hin konnte mit den Phöniziern durch Bündnis- und Heiratspolitik eine Beruhigung der Verhältnisse erzielt werden. Eine ähnliche Politik des Ausgleichs gelang jedoch Ahab mit dem König von Damaskus nicht. Zwar räumte man sich gegenseitig das Recht auf eigene Handelsniederlassungen in den Hauptstädten ein (1. Könige 20,34). Die Kämpfe hörten aber damit keineswegs auf. In 1. Könige 22 hat es den Anschein, als ob es König Ahab war, der dort im Kampf gegen die Aramäer fiel. Es könnte aber auch einer seiner Nachfolger gewesen sein. Jedenfalls berichten mehrere Erzählungen aus der Zeit des Propheten Elisa von Kämpfen gegen die Aramäer (2. Könige 5–8), wenn auch zuweilen in stark sagenhafter Ausmalung. König Joram von Israel kämpfte gegen die Aramäer bei Ramot in Gilead, und Jehu wurde dort zum König gesalbt. Aber gerade aus seiner Regierungszeit werden starke Gebietsverluste im Ostjordanland verzeichnet (10,32f).

Über die Auseinandersetzungen Israels mit Moab östlich des Toten Meeres besitzen wir durch den Zufallsfund eines Missionars mit Namen Klein aus dem Jahre 1868 eines der interessantesten zeitgenössischen Dokumente zur Geschichte Israels, das die alttestamentlichen Nachrichten hervorragend ergänzt. Es ist die Inschrift des moabitischen Königs Mescha, die er auf einer Stele (aufgerichtetes Steinmonument) von etwa einem Meter Höhe in kanaanäischer Schrift zu seinem Ruhm einmeißeln ließ. Der (teilweise ergänzte) Stein befindet sich heute im Louvre (hervorragende Aufnahme: M. Avi-Yonah [Hg.], Geschichte des Heiligen Landes, 1971, S. 89). Zunächst spricht Mescha davon, daß Omri von Israel und seine Söhne den Norden Moabs besetzt hielten; nun aber sei Israel zugrunde gegangen und er, Mescha, habe das Land wieder eingenommen. Der Hinweis auf den Untergang Israels meint wohl das Ende der Omri-Dynastie. Also wird die Inschrift zur Zeit Jehus entstanden sein. Sie spricht auch von der Zerstörung eines israelitischen Heiligtums und erwähnt die »Geräte Jahwes«. Hier ist in einem nichtisraelitischen Text der alttestamentliche

Gottesname genannt, und zwar mit den vier Konsonanten JHWH, wie es das Alte Testament regelmäßig tut.

Die Mescha-Stele bestätigt also die Erfolge der israelitischen Könige unter der Omri-Dynastie und den Verlust des von ihnen besetzten Gebietes zur Zeit Jehus. Der König Mescha wird auch im Alten Testament erwähnt (2. Könige 3,4-27). Die verbündeten Könige von Israel, Juda und Edom seien gegen ihn zu Felde gezogen. In höchster Gefahr habe Mescha seinen erstgeborenen Sohn geopfert. Daraufhin hätten sich die feindlichen Mächte zurückgezogen. Das wird eine möglicherweise sagenhafte Ausschmückung der Tatsache sein, daß Mescha letztlich den Sieg davontrug und Israel ihm weichen mußte, ganz wie es auch die Inschrift bezeugt. Mescha gewann das Gebiet nördlich des Arnons zurück. Vielleicht setzte er sich im Süden auch gegen die Edomiter durch.

Dem entsprechen die in 2. Könige 10,32f mitgeteilten Nachrichten, daß zu Jehus Zeit Israel schwere Verluste im Ostjordanland erlitt, wodurch die auf der Mescha-Stele vorausgesetzten Lage bestätigt wird. Denn Aroër am Fluß Arnon wird in Vers 33 als ehemals israelitischer Besitz angesprochen, und eben dieser ging jetzt verloren, und Moab dehnte sich über den Arnon hinweg nach Norden aus.

Unter Jehus Nachfolgern hielten die Spannungen zwischen Israel und den Syrern an. Die Könige Hasael und Benhadad von Damaskus werden als Gegner Jehus genannt. Dazwischen findet sich in 2. Könige 13,5 aber auch die Notiz, daß Gott den Israeliten »einen Retter gab, der sie aus der Gewalt der Aramäer befreite«. Genaueres über diesen Mann erfahren wir nicht. Sein Erfolg war wohl nur begrenzt. Aufregend genug liest sich 13,6, daß das Ascherabild in Samaria stehenblieb. Unter Jehus Nachfolger Joahas wurde offenbar der kanaanäische Kult in der Hauptstadt von neuem eingerichtet und scheint sich auch weiterhin behauptet zu haben.

Abwechselnde Bedrohung durch Assyrer und Syrer. Der Tribut Jehus

Die Auseinandersetzungen mit den Syrern mögen hart gewesen sein. Aber sie hatten eine noch viel größere Gefahr zum Hintergrund: die Assyrer. Ihre Herrscher brachen mit ihren Heeren aus der Gegend des mittleren Tigris zu gewaltigen Feldzügen auf, die sie auch nach Syrien führten und über Damaskus hinaus schließlich auch Israel und Juda bedrohten.

Die Geschichte der Assyrer, deren Aufstieg bereits in der ersten Hälfte des 2. Jahrtausends v. Chr. begann, ist sehr bewegt und im einzelnen auch sehr kompliziert. Das hing damit zusammen, daß ihr Herrschaftsbereich im mittleren Mesopotamien von allen Seiten bedroht und schon um die Mitte des 2. Jahrtausends wiederholt das Ziel verschiedenster Völkerbewegungen war. Von Norden drangen aus dem medisch-persischen Hochland junge Völker in die fruchtbare Tigrisebene vor, ja selbst die Hetiter (sprachlich richtiger: Hettiter, so auch engl. Hittites) aus Kleinasien bedrängten die Assyrer. Von Süden her waren es hauptsächlich aramäische Stämme, die in den letzten Jahrhunderten des 2. Jahrtausends aus der syrisch-arabischen Wüste kamen und nicht nur Syrien, sondern auch weite Teile des Zweistromlandes besetzten. Danach erstarkte Assyrien von neuem, und im 9. Jahrhundert war es zu weit ausgreifenden Unternehmungen wieder in der Lage.

Als Begründer dieses neuassyrischen Großreichs ist König Assurnasirpal II. (883–859) anzusehen. Die Erfolge der assyrischen Kriegführung, die in den folgenden Jahrhunderten erzielt wurden, beruhten auf der straffen Organisation eines aus Berufskriegern bestehenden Heeres, auf einer für ihre Zeit hervorragenden Ausrüstung der Soldaten und einer bis dahin nicht gekannten Rigorosität der Kriegführung. Dazu gehörte die Praxis, die Bevölkerungen eroberter Gebiete in andere Teile des Großreichs zu verpflanzen. Später haben auch die Babylonier diese Praxis der Exilierungen in gemilderter Form übernommen. Besonders durch Entwurzelung der führenden Schichten suchte man jeglichen Widerstand zu brechen. Für Israel und Juda sollte dieses Vorgehen noch verheerende Folgen haben.

Zwar drang Assurnasirpal II. tief nach Syrien vor und empfing sogar Tribute der Phönizier. Erfolgreicher war jedoch sein Sohn Salmanassar III. (859/8–824), der freilich nicht in der Bibel erwähnt wird, von dem wir aber assyrische Texte besitzen. Aus ihnen geht hervor, daß sich die syrischen Kleinfürsten zu Koalitionen gegen die Assyrer zusammenschlossen. Dadurch konnten sie einen nicht unerheblichen Widerstand gegen die Eroberer organisieren. Unter den syrischen Fürsten waren die Könige von Damaskus und Hamat, aber auch »der Israelit Ahab«. So steht es auf der »Monolith-Inschrift« Salmanassars III., die von einem gewaltigen Sieg des Königs über die Koalition spricht. Die Schlacht fand 853 bei Karkar im mittleren Syrien statt, hat aber nur vorübergehende Wirkung gehabt. Denn in den folgenden Jahren zogen die Assyrer wiederholt nach Syrien.

Auf seinem sogenannten 4. Feldzug gegen Damaskus in den Jahren 842/41 kam Salmanassar sehr dicht an israelitisches Gebiet heran. In Damaskus hatte sich König Hasael gewaltsam des Thrones bemächtigt (2. Könige 8,7-15). Dies bestätigen die assyrischen Quellen und berichten, daß Salmanassar den König in Damaskus eingeschlossen und schwere Zerstörungen an den Baumgärten der umliegenden Gegend angerichtet habe. Die Stadt selbst vermochte er offenbar nicht zu bezwingen.

Die Fortsetzung des assyrischen Textes spricht davon, daß Salmanassar zum Hauran-Gebirge im Südosten von Damaskus und schließlich westwärts zur Mittelmeerküste weiterzog. Dort habe er an einem Vorgebirge sein Bildnis »aufgestellt«. Dabei handelte es sich um ein Felsrelief, das den König darstellte und das an der Mündung des Nahr-el-Kelb (»Hundsfluß«), 10 Kilometer nördlich von Beirut, in die Wand der dort ins Mittelmeer vorspringenden Felsnase eingehauen ist. In sehr verwittertem Zustand ist es noch heute erhalten.

Am Schluß seines Berichtes sagt Salmanassar: »Damals empfing ich die Abgabe der Städte Tyrus und Sidon und des Jehu von Israel.« Von diesem Tribut erfahren wir aus dem Alten Testament nichts. Vielleicht stand darüber etwas in der »Chronik der Könige Israels« (2. Könige 10,34). Der Weg des assyrischen Heeres zwischen Damaskus und dem Meer hatte unmittelbar an der Nordgrenze Israels entlanggeführt und Jehu veranlaßt, hohen Tribut zu zahlen, um sein Land vor der Besetzung zu retten. Mit seinem Tribut erwies sich Jehu als Vasall der Assyrer.

Die Tributübergabe Jehus ist auf einem der berühmtesten assyrischen Denkmäler im Bild festgehalten, auf dem sogenannten »Schwarzen Obelisken«, einem Basaltmonument aus der Stadt Nimrud (Kalach), das sich heute im Britischen Museum befindet. Dort sieht man in einer Reihe von Szenen, die an den Seiten des vierkantigen Obelisken angebracht sind, Jehu in gebückter Haltung am Boden vor Salmanassar III., gefolgt von den Tributträgern. Dabei steht der Text: »Als Abgabe des Jehu von Bit-Chumri (fälschlich ist hier Jehu noch als Angehöriger des »Hauses Omri« bezeichnet) empfange ich (der assyrische König): Silber, Gold, eine Schale aus Gold, eine Schüssel aus Gold, Kelche aus Gold, Schöpfeimer, Zinn, ein Szepter für die Hand des Königs (und) ... Waffen.« Es ist die einzige Abbildung eines Königs von Israel, die wir besitzen. Der »Schwarze Obelisk« ist in vielen Bildbänden wiedergegeben; hervorragende Nahaufnahmen des Königs Jehu und der Tributzahler in: Lessing/Westermann, Gott sprach zu Abraham, 1976, S. 120; eindrucksvoll die Bilder mit sämtlichen Tributträgern in M. Avi-Yonah (Hg.), Geschichte des Heiligen Landes, 1971, S. 98 f.

Salmanassar III. konnte seine Positionen in Syrien nicht halten. Das bedeutete, daß der Aramäerstaat von Damaskus wieder erstarkte und von neuem schwere Kämpfe gegen Israel und Juda entbrannten. Sie beschränkten sich nicht nur auf das Ostjordanland; die Syrer sollen bis in die Küstenebene und in den judäischen Raum vorgedrungen sein. Es heißt, daß König Hasael die Stadt Gat einnahm und König Joasch von Juda Jerusalem durch hohen Tribut habe freikaufen müssen (2. Könige 12,18 f).

Die Lage besserte sich, als die Assyrer von neuem Damaskus angriffen und dadurch die Kräfte gegen Israel gebunden waren. König Adadnirari III. (810–782) führte einen schweren Schlag gegen die Aramäer. Seine Mutter war eine Babylonierin und eine bedeutende Frau. Ihr Name Schammuramat ist in seiner griechischen Form »Semiramis« weltbekannt geworden durch die Anlage sogenannter »hängender Gärten« in Babylon, einer in Stufen angelegten Gartenanlage. Die Sage hat ihren Ruhm gesteigert. Adadnirari III. kam zwar in Syrien auch nicht weiter als Salmanassar III.; aber nach dem Zeugnis einer assyrischen Stele empfing er Tribute des Königs Joasch von Samaria. Nach wie vor blieb also Israel bedroht und mußte nicht nur neue Einbrüche der Syrer und der Assyrer, sondern sogar der Ammoniter aus dem Osten fürchten.

Gern wird gesagt, daß Israel und Juda in der ersten Hälfte des 8. Jahrhunderts unter den Königen Jerobeam II. und Asarja (Usija) eine ruhige Zeit, eine Art »Spätblüte«, erlebt hätten, ehe die Assyrer in ihre Länder einbrachen. Tatsächlich wurden in dieser Zeit assyrische Kräfte durch Völkerschaften aus den nördlichen Bergländern gebunden, namentlich durch die Urartäer, die ein eigenes Staatswesen (Urartu) auf der Hochebene um den Van-See aufgebaut hatten und den Vorstoß auf assyrisches Gebiet wagen konnten. Die Folge war, daß der Expansionsdrang der Assyrer nach dem Süden zwar gebremst wurde, aber dadurch Israels Nachbarstaaten wieder freie Hand bekamen, um ihren Druck auf Israel zu verschärfen. Die harten Worte, die der Prophet Amos in seinen »Fremdvölkersprüchen« (Amos 1,3–2,16) gegen Aramäer, Philister, Ammoniter und Moabiter fand, wurden durch die schweren Angriffe verursacht, die diese Völkerschaften zur Zeit der Dynastie Jehus bis hin zu Jerobeam II. gegen Israel richteten. Die Rede von einer »Spätblüte« in Israel zur Zeit Jerobeams II. ist deshalb nicht am Platze.

Wirtschaftliche und soziale Verhältnisse

Die beständigen Auseinandersetzungen mit feindlichen Nachbarn mußten ihre Auswirkungen auch auf die innere Verfassung Israels und Judas haben. Woher nahmen die Könige ihre hohen Tribute, um sich und ihre Länder freizukaufen? Welche Leistungen mußten die Bauernschaften erbringen, um sich am Leben und das Gemeinwesen funktionsfähig zu erhalten? Die Königsbücher des Alten Testaments schweigen darüber und geben keinerlei Einblicke in die wirtschaftlichen und sozialen Verhältnisse dieser Zeit; aber sie haben zu Mißständen geführt, wie sie vielfach aus den Büchern der Propheten abgelesen werden können. Es ist kein Zufall, daß die Propheten Amos, Hosea, Jesaja und Micha in diesem 8. Jahrhundert auftraten, nicht nur weil die außenpolitischen Bedrohungen immer schwerer wurden, sondern weil es auch im Inneren des Landes zu wirtschaftlichen Spannungen kam, die sich aus der Notsituation der Menschen im Angesicht beständiger Kriegsgefahr ergaben. Bedrückung, Betrug, Übervorteilung, Ungerechtigkeiten der verschiedensten Art beherrschten den Alltag, Gottvergessenheit und Lästerung, Überhebung und die Selbstgewißheit, Israel könne nichts passieren, waren verbreitet. Die Propheten redeten dagegen an. Was sie erreichten, erfahren wir nicht.

Die Voraussetzungen der Mißwirtschaft lagen in einem verfehlten Wirtschaftssystem, das aber zu dieser Zeit nicht anders zu erwarten war. Solange der ererbte Grund und Boden in den Händen der angestammten Familien und Sippen blieb, mag ein ordentliches Wirtschaften sichergestellt gewesen sein. Aber die erhöhten Ansprüche der Könige und eines rasch aufgestiegenen und privilegierten Beamtenstandes belasteten die bäuerliche Wirtschaft in hohem Maße und verschärften die sozialen Gegensätze. Reichtum und Luxus auf der einen Seite und eine Verarmung der arbeitenden, aber unterprivilegierten Schichten auf der anderen Seite beklagten die Propheten oft, ohne einen Wandel herbeiführen zu können. Zuweilen spricht man von einer Feudalherrschaft während der Königszeit. Aber von regelrechten Belehnungen erfahren wir nichts; allenfalls ist damit zu rechnen, daß die Könige in freier Verfügung Grund und Boden an ihre Beamten zur Verwaltung übergeben konnten. Sie waren in erster Linie für die Versorgung des Hofes verantwortlich, so daß man die anvertrauten Ländereien gern mit »Krongütern« verglichen hat.

In der zweiten Hälfte des 8. Jahrhunderts sollte es nun zu schicksalsschweren Veränderungen kommen. Die Assyrer fielen erneut in Syrien ein und machten vor Israel und Juda nicht mehr halt. Israel sollte ihnen ganz zum Opfer fallen.

g) Israel und Juda bis zum Fall von Samaria (722/721 v. Chr.)

Tiglat-Pilesers Feldzüge nach Syrien und Philistäa

Den Umschwung leitete die Thronbesteigung des assyrischen Königs Tiglat-Pileser III. im Jahre 745 ein. Er strebte wie kein anderer vor ihm den systematischen Auf- und Ausbau eines funktionierenden assyrischen Großreichs an. Wir sind über die Stadien seiner Herrschaft, über seine Feldzüge und über die Provinzeinteilung eroberter Gebiete hinreichend gut unterrichtet. Vor allem aber lassen sich die assyrischen Texte in hervorragender Weise mit zahlreichen Einzelheiten in Verbindung bringen, über die auch das Alte Testament berichtet. Tiglat-Pileser trägt dort den babylonischen Thronnamen Pul (2. Könige 15,19; 1. Chronik 5,26).

Soweit wir unterrichtet sind, begann er die Eroberung Nordsyriens im Jahre 740. Der erste umfassende Feldzug fand aber erst 738 statt. Unter den Tributären dieses Jahres erscheinen auch König Rasunnu von Damaskus, den das Alte Testament unter dem Namen Rezin kennt, und König Menahem von Israel. Sein Tribut an »Pul« wird in 2. Könige 15,19 f ausdrücklich erwähnt.

Die Geschichte des Nordreiches Israel hatte nach dem Tode König Jerobeams II. ungewöhnliche Formen angenommen, die an die Zeit der großen revolutionären Bewegungen erinnerten. Schallum hatte den letzten Vertreter der Dynastie Jehus, den Sohn Jerobeams II., König Secharja, nach sechsmonatiger Regierung erschlagen. Aber schon nach einem Monat ermordete Menahem den Schallum und machte sich selbst zum König. Er hielt sich immerhin zehn Jahre an der Macht (wahrscheinlich 747–738). Die Hintergründe dieser raschen Regie-

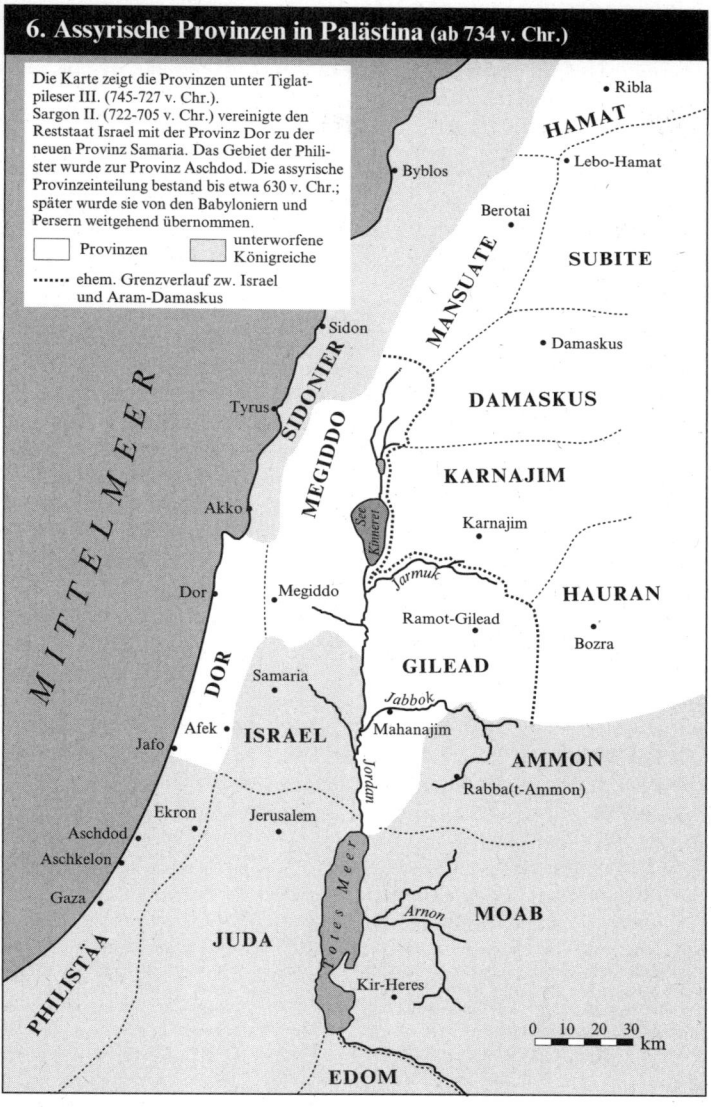

rungswechsel bleiben dunkel. Menahem brachte seinen erwähnten Tribut durch eine Kopfsteuer auf. Jeden freien Grundbesitzer ließ er 50 Silberschekel zahlen (2. Könige 15,20). Man hat die Zahl dieser Grundbesitzer auf etwa 60000 berechnet.

Als Tributär und damit zugleich als Vasall des Großkönigs konnte Menahem sein Land frei vom Feind halten. Dennoch muß im Jahre 734 Tiglat-Pileser III. israelitisches Territorium zumindest berührt haben. Assyrische Texte berichten von einem Feldzug »nach Philistäa« und darüber hinaus zum »Bach Ägyptens«. Dies ist keineswegs der Nil, es ist das heutige Wadi el-Arisch, jene südlichste Grenze der Küstenebene auf dem Weg nach Ägypten. Das Ziel der Operation der Assyrer war es, sich möglichst nahe an die ägyptische Grenze heranzuschieben. Die Sinaihalbinsel passierten sie freilich nicht. Merkwürdig bleibt, daß das Alte Testament mit keinem Wort diesen Feldzug erwähnt, obwohl doch der Zugang zur Küstenebene kaum anders als durch israelitisches Gebiet führen konnte. Wahrscheinlich haben sich die Könige von Israel und Juda absolut neutral verhalten und jede Berührung mit den Assyrern vermieden. Dagegen wurde das Jahr 733 für sie zu einem Schicksalsjahr.

Der Syrisch-Ephraimitische Krieg und die Zerschlagung des Nordreichs

Damaskus machte damals den Versuch, sich aus der Abhängigkeit von den Assyrern zu lösen und mit Hilfe einer Koalition sein eigenes Machtpotential zu vergrößern. Zu den Verbündeten zählte auch das Nordreich Israel unter dem Nachfolger Menahems, dem König Pekach; nicht aber gehörte dazu Juda unter seinem König Ahas, der sich der Koalition mit Damaskus und Israel verweigerte. Dies veranlaßte König Rezin von Damaskus mit Pekach, »dem Sohn Remaljas« (Jesaja 7,4), gegen Juda zu Felde zu ziehen und Jerusalem zu belagern, jedoch ohne Erfolg (2. Könige 15,37; 16,5). Dieser eigenartige Kleinkrieg, den Syrer und Israeliten gegen Juda führten, wird gern der »Syrisch-Ephraimitische Krieg« genannt, wobei der Name »Ephraim« für das ganze Nordreich steht.

Diese politisch bedeutungslose Auseinandersetzung könnte fast übergangen werden, wenn nicht einige der bedeutendsten Stellen und Worte im Jesajabuch mit diesem Krieg in Verbindung stünden. Jesaja 7 nimmt direkt darauf Bezug. König Ahas inspizierte die Jerusalemer Verteidigungsanlagen, als Jesaja ihn warnte, sich auf einen Waffengang einzulassen. Binnen kurzem werde die Gefahr gebannt sein. Das »Glaubt ihr nicht, so bleibt ihr nicht« (Jesaja 7,9) hat hier seinen geschichtlichen Ort, und die Geburt des »Immanuel« wird das Zeichen sein, das die Gewißheit eines guten Endes bringt (7,14-17).

Nicht auszuschließen ist, daß die Schilderung des Abzugs assyrischer Truppen und die Ankündigung eines neuen Königs, so daß »das Volk, das im Finstern wandelt, ein großes Licht sieht« (9,1-6), in die gleiche Zeit gehört. Die Befreiung der Nordprovinzen vom Feind ließ den Propheten eine Ausweitung judäischer Macht auch über das Nordreich für möglich halten. Freilich gehören diese Jesaja-Stellen zu den schwierigsten im ganzen Alten Testament. Die Texte haben mancherlei abweichende Deutungen erfahren. Das gilt besonders für das Verständnis der Mutter des »Immanuel«. Sie wird in Jesaja 7,14 eine »Jungfrau« genannt. Das beruht aber erst auf der griechischen Übersetzung des betreffenden Wortes, das im hebräischen Text lediglich »junge Frau« heißt. Die modernen Übersetzungen verfahren unterschiedlich. Wenn sie »Jungfrau« sagen, möchten sie nicht in Vergessenheit geraten lassen, daß das Dogma der Jungfrauengeburt von dieser Stelle seinen Ausgang nahm. Denn Jesaja 7,14 wird mit Bezug auf Jesu Geburt in Matthäus 1,22f zitiert.

Das Ende des Syrisch-Ephraimitischen Krieges wurde vermutlich durch die bedrohliche Nähe des assyrischen Heeres erzwungen, dem man auch in einer Koalition nicht widerstehen konnte. Entgegen dem Rat Jesajas wartete König Ahas von Juda die Entwicklung nicht ab, sondern unterwarf sich freiwillig dem assyrischen König. Er schickte ihm ein Huldigungsgeschenk und bekannte sich damit als sein Vasall. Anders erging es dem Nordreich Israel. Es galt als aufsässig und wurde entsprechend behandelt. Aus den assyrischen Quellen wissen wir, daß Tiglat-Pileser das Land besetzte und in drei Provinzen aufteilte. Allein der Hauptstadt Samaria mit Umgebung beließ er eine begrenzte Selbständigkeit. König Pekach sei dort von den Israeliten selbst gestürzt worden. Tiglat-Pileser habe daraufhin Hoschea zum König von Israel gemacht.

Die gleichen Vorgänge haben auch in 2. Könige 15,29f ihren Niederschlag gefunden. Dort werden verschiedene Landschaften genannt, die Tiglat-Pileser »weggenommen« und deren Bewohner er in »die Gefangenschaft« nach Assur geführt habe. »Die Landschaften« entsprechen in etwa den in den assyrischen Quellen genannten Provinzen Megiddo einschließlich Galiläa, Dor an der Küste und Gilead im Ostjordanland. In geradezu beispielhafter Weise läßt sich die assyrische Eroberungspraxis in ihren einzelnen Stadien am Schicksal des Nordreiches Israel ablesen. Der aufsässige Tributärstaat wird zerschlagen und zu Provinzen gemacht; nur seine Hauptstadt bleibt mit einem assurergebenen König erhalten. In einem Punkt allerdings unterscheiden sich assyrischer Bericht und Altes Testament. Pekach wurde nicht von den Israeliten gestürzt, sondern nach einer Verschwörung von Hoschea ermordet, ehe dieser selbst König wurde (15,30).

Erst nach diesen Ereignissen eroberten die Assyrer im Jahre 732 Damaskus und verwüsteten es. Weitere Feldzüge Tiglat-Pilesers III. im palästinischen Raum sind uns nicht bekannt. Sein Reich erschien an dieser südlichsten Grenze ausreichend abgesichert.

Eroberung Samarias und Ende des Nordreichs Israel

Das Nordreich Israel war bis auf den sogenannten »Rumpfstaat Ephraim« mit Samaria als Hauptstadt zerschlagen, seine Bevölkerung aus dem Land geschafft und durch fremde Siedler ersetzt. Die südlichen Kleinstaaten: Juda, das Philisterland im Westen, Ammon, Moab und Edom im Osten, blieben selbständig, aber tributpflichtig.

Der Tod Tiglat-Pilesers III. erschütterte im Jahre 727 das Großreich. Ihm folgte Salmanassar V. (727–722). Jeder Thronwechsel ließ die abhängigen Staaten auf Veränderungen hoffen und machte sie einer antiassyrischen Bündnispolitik geneigt. 2. Könige 17,1-6 berichtet mit knappen Worten, daß Hoschea von Samaria tatsächlich seine Tributzahlungen einstellte und Verbindung mit dem König von Ägypten suchte. Er wurde daraufhin von den Assyrern ins Gefängnis geworfen und Samaria angeblich drei Jahre belagert. Vielleicht geschah das mit Unterbrechungen. Die Stadt fiel jedenfalls erst 722/1. Salmanassar erlebte wohl selbst noch das Ende der Stadt; wichtige Nachrichten darüber verdanken wir aber ebenso seinem Nachfolger Sargon II. (722–705).

Die Eroberung Samarias entspricht dem letzten Stadium im Rahmen assyrischer Eroberungspraxis. Der verbliebene Rest eines bereits in Provinzen aufgeteilten Staatswesens wurde liquidiert, wenn sein König die Treue aufkündigte. Dies war geschehen. Die Bevölkerung wurde zum guten Teil weggeschafft, besonders die Oberschicht (2. Könige 17,6 sagt, wohin sie kam), und durch Menschen aus ganz anderen Gegenden ersetzt (17,24). Aus verstreuten Nachrichten des Alten Testaments wissen wir, daß später noch weitere Bevölkerungsgruppen im Nordreich angesiedelt wurden (vgl. Esra 4,2.10).

Diese assyrischen Maßnahmen waren der Anfang einer tiefgreifenden Entfremdung zwischen Juda und seinem nördlichen Nachbarland. Sie führte später, nach Beendigung der babylonischen Fremdherrschaft im 6. Jahrhundert und in der nachfolgenden Perserzeit, zu einer selbständigen, von Jerusalem ganz unabhängigen Entwicklung in Samaria und zur Bildung der Gemeinde der Samaritaner, die nur den Pentateuch, die fünf Bücher Mose, als ihre Heilige Schrift übernahmen. Spätestens seit Alexander dem Großen im 4. Jahrhundert trennte sich diese Gemeinde, deren Heiligtum auf dem Berge Garizim bei Sichem lag, endgültig von Jerusalem. Mit Alexander und seinen Heeren kamen auch griechische Kolonisten ins Land. So erklären sich die Anfänge des ethnischen und religiösen Gegensatzes zwischen Jerusalem und den Samaritanern, der noch im Neuen Testament nachwirkt. Der barmherzige »Samariter« ist in dem bekannten Gleichnis (Lukas 10,25-37) nicht nur deshalb ein Außenseiter, weil er hilfsbereit ist, sondern außerdem einer von den Jerusalemern nicht geachteten Gemeinschaft angehört. Reste der Gemeinde der Samaritaner haben sich in Sichem (Nablus) bis heute erhalten. Aber die von den Assyrern 722/1 weggeführten Israeliten sind in den Bevölkerungen des assyrischen Großreichs aufgegangen und haben dort keine nachweisbaren »Exilsgemeinden« gebildet.

Der Untergang des Nordreiches Israel ist der tiefste Einschnitt in der Geschichte der Königszeit. Fast ein ganzes Kapitel (2. Könige 17) ist diesem Ereignis, seinen Folgen und seiner Deutung eingeräumt. Hätte sich das Südreich Juda nicht durch hohe Tribute der assyrischen Besetzung entzogen, es wäre ebenso ein Opfer der Verpflanzungspolitik geworden und im assyrischen Großreich untergegangen.

Nun aber wurde Juda allein zum Träger und Bewahrer israelitischen Lebens und seines Gottesglaubens. Mit dem Untergang des Nordreiches »Israel« verselbständigte sich die Geschichte der »Judäer«, begann strenggenommen die Geschichte der »Juden«. Aber »Israel« blieb als Ehrenname erhalten, der das Wissen um das einstige Zwölfstämmevolk in der Erinnerung hielt. Es ist deshalb von tiefer Symbolkraft, wenn der moderne Staat sich »Israel« nennt und sich nicht auf »Judäa« oder »Juda« beschränkte, zumal er die Territorien der beiden einstigen Königreiche auf der Westseite des Jordans umfaßt.

h) Das Schicksal Judas bis zum Tode des Königs Josia (609 v. Chr.)

Die Versuche Hiskias, sich von der assyrischen Oberherrschaft zu befreien

Mit erstaunlicher Widerstandskraft versuchten die syrisch-palästinischen Kleinstaaten, das assyrische Joch abzuschütteln. Die Jahre nach dem Fall des Nordreiches Israel sind gekennzeichnet durch eine Reihe von Aufstandsbewegungen, die an verschiedenen Orten losbrachen, während Juda, etwas abseits der großen Heerstraße durch die Küstenebene und so der unmittelbaren Gefahr entrückt, sein Land durch Bündnisse zu sichern suchte. Auch dies war gefährlich, und mehrfach mußte der Prophet Jesaja vor trügerischen Hoffnungen auf fremde Hilfe warnen. »Im Stillesein und Hoffen wird eure Kraft bestehen« (Jesaja 30,15) mag ein Wort aus dieser Zeit sein.

In Mittelsyrien erhob sich im Jahre 720 das einst bedeutende Staatswesen von Hamat. Nach dem Aufstand von 738 war es ähnlich dem Nordreich Israel verkleinert worden. Nun verlor es auch den Rest seiner Selbständigkeit. Ein weiterer Aufstand brach in der Stadt Gaza aus. Mit ägyptischer Hilfe versuchte König Hanno von Gaza den Assyrern zu widerstehen, unterlag aber in einem Gefecht bei Raphia südlich von Gaza und wurde gefangengenommen. Zum ersten Mal trafen hier ägyptische Truppen mit den Assyrern zusammen.

Ein größerer Aufstand ging 713–711 von der Philisterstadt Aschdod aus. Wir lesen von einer antiassyrischen Koalition, an der auch Juda, Edom und Moab beteiligt waren. Gleichzeitig gab es Hoffnungen, daß auch Ägypten in diese Abwehrfront gegen Assur eintreten würde. Bot-

Juda bis zur Zerstörung Jerusalems (722–587 v. Chr.)

Juda	Assyrien/Babylonien	Ägypten
725–697 Hiskia	721–705 Sargon II. von Assur	**25. Dynastie**
		713–698 Schabaka
701 Belagerung Jerusalems durch Sanherib Prophet Micha	711 Entsendung des Tartan gegen die Philister (Jesaja 20,1)	
696–642 Manasse	704–681 Sanherib von Assur	690–663 Tirhaka (Taharka)
641–640 Amon	680–669 Asarhaddon von Assur	
639–609 Josia Prophet Zefanja	671 Ägypten (Memphis) erobert	
628 Beginn der Reform des Josia	668–626 Assurbanipal	**26. Dynastie**
		664–610 Psammetich I.
627 Berufung des Propheten Jeremia		
622 Auffindung des Gesetzbuches; Zentralisation des Opferkultes in Jerusalem		
609 Josia fällt im Kampf gegen Necho bei Megiddo; Joahas König	612 Eroberung Ninives durch Babylonier und Meder	609–594 Necho
608–598 Jojakim		
605/4 Niederschrift eines Teils der Reden des Propheten Jeremia	605 Sieg des Kronprinzen Nebukadnezar II. über die Ägypter bei Karkemisch	
604 Jojakim unterwirft sich Nebukadnezar II.	604–562 Nebukadnezar II. von Babylon	
	604 Zug gegen Syrien; Einnahme Aschkelons (Jeremia 36,9)	
601 Abfall Jojakims	601 unentschiedener Kampf Nebukadnezars gegen Ägypten	
598/97 Jojachin (4 Monate)	598/97 Erster Zug Nebukadnezars gegen Jerusalem	
16.3.597 Einnahme Jerusalems, 1. Wegführung		
597–587 Zedekia		
594 Koalition gegen Babylon (Jeremia 27)		594–588 Psammetich II.
589 Erneuter Abfall von Babylon		
Mitte Jan. 588 Beginn der Belagerung Jerusalems durch Nebukadnezar		
588 Die Ägypter unter Hofra von den Babyloniern zurückgeschlagen	588 Zweiter Zug Nebukadnezars gegen Jerusalem	588–569 Hofra (Apries)
ca. Aug. 587 Jerusalem erobert; 2. Wegführung		

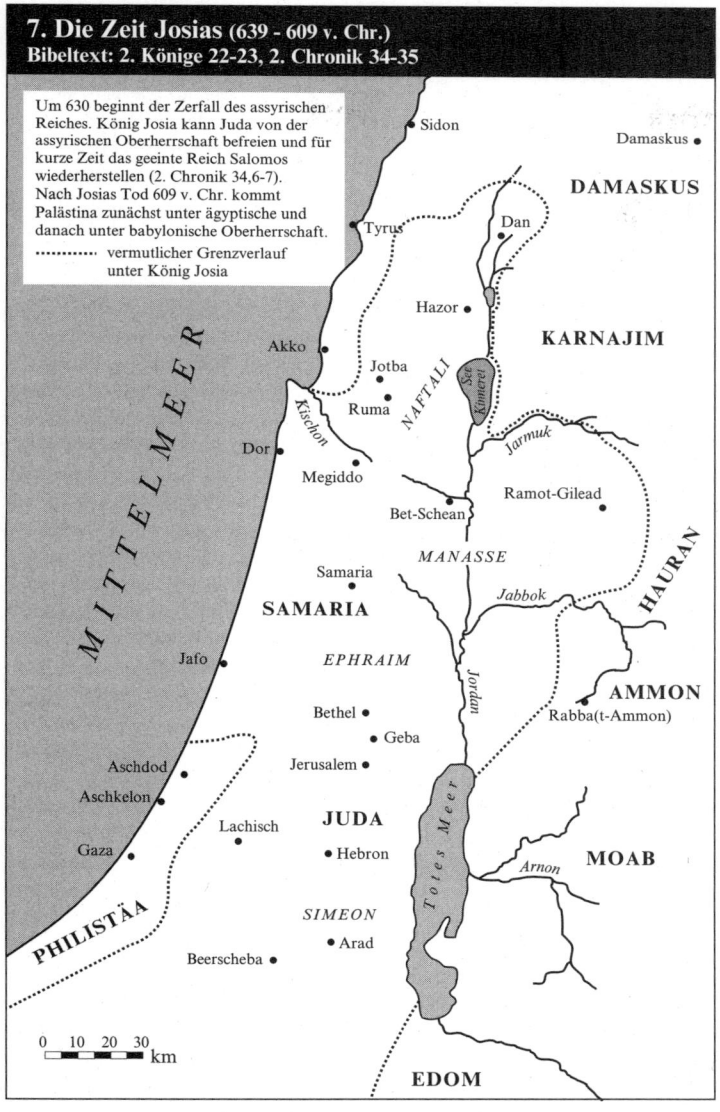

schafter aus dem tiefen Süden Ägyptens, aus dem Lande Kusch, erschienen zu Verhandlungen mit König Hiskia in Jerusalem. Jesaja erhob seine Stimme und forderte sie auf, in ihr Heimatland zurückzugehen. Ihre Bemühungen seien nutzlos; der Assyrer werde unerbittlich gegen sie vorgehen (Jesaja 18,1-6). Ebenso lautete seine Botschaft während des Aufstandes von Aschdod (20,1-6). Mit entblößtem Oberkörper und barfuß ging der Prophet umher. So werde der Assyrer alle wegführen, die sich ihm nicht beugten, auch die Ägypter und die Kuschiten.

Daß zu dieser Zeit gerade die Leute aus Kusch, deren Land später Äthiopien hieß, eine besonders führende Rolle spielten, hängt damit zusammen, daß die in Ägypten herrschende 25. Dynastie aus dem Süden kam und deshalb oft mit dem Beinamen »die Äthiopen« versehen wurde. Ihr bekanntester Vertreter war König Schabaka (ca. 712–698 v. Chr.).

Den Aufstand von Aschdod schlugen die Assyrer nieder. Juda, Moab und Edom blieben davon unberührt. Mit dem Tode Sargons II. im Jahr 705 v. Chr. änderte sich die Lage. Nachfolger wurde sein Sohn Sanherib (705–681). Die Erschütterung des ganzen assyrischen Reiches ermutigte auch König Hiskia in Jerusalem, seine Tributzahlungen einzustellen. Mehr noch, er beseitigte assyrische und kanaanäische Kultsymbole, die als Zeichen der Herrschaft der Assyrer galten. Auch ein anderes Symbol beseitigte er, das Bild einer ehernen Schlange mit Namen »Nehuschtan«, das zwar an Mose erinnert haben soll (vgl. 4. Mose 21,8f), aber doch als fremdartiges Kultobjekt eingeschätzt wurde. Hinter diesen Unternehmungen Hiskias stand die entschiedene Absicht, sich assyrischen Vorstellungen und Forderungen zu entziehen und Juda auch in religiöser Beziehung wieder selbständig zu machen. Darum lobt ihn der biblische Verfasser (2. Könige 18,5f).

In Hiskias Pläne gegen Assur paßt auch der Besuch einer Gesandtschaft aus Babylon in Jerusalem (20,12-15). Ihr werden die Waffenlager und die Schätze des Königs gezeigt. Jesaja habe dies mit äußerstem Befremden beobachtet. Der erwähnte babylonische König Merodach-Baladan ist in der babylonischen Überlieferung als Marduk-apla-iddina II. (722–711 und 703) bekannt.

Sanheribs Einfall in Juda und die unerwartete Rettung Jerusalems

Die Schwierigkeiten, die Sanherib bei seinem Regierungsantritt hatte, waren in seinem ganzen Reich erheblich. In der palästinischen Küstenebene erhoben sich Aschkelon und Ekron. Aber erst im Jahre 701 erschienen die Assyrer dort, und zwar im Rahmen eines umfangreichen Feldzuges nach Syrien und Palästina, über dessen Einzelheiten wir aus einer ganzen Reihe von assyrischen Quellen gut unterrichtet sind. Auch das Alte Testament befaßt sich ausführlich mit den Ereignissen hauptsächlich in Jerusalem und seiner unmittelbaren Umgebung. In diese Berichte ist auch der Prophet Jesaja einbezogen. Es ist der seltene Fall, daß einer der großen Propheten, von denen wir sonst nur die Prophetenbücher kennen, in einer Geschichtsdarstellung vorkommt. Der große Bericht 2. Könige 18,13-37 und 19 ist weitgehend identisch mit Jesaja 36–37.

Sanherib ging zunächst mit ganzer Kraft gegen Ekron und Aschkelon vor. Ein von Süden kommendes ägyptisches Entsatzheer schlug er bei Elteke (Altaku), und es gelang ihm sodann, den Widerstand von Ekron und Aschkelon zu brechen. Zu den abtrünnigen Tributären gehörte diesmal auch Hiskia von Juda. So geschah, was bisher noch kein assyrischer König getan hatte. Aus der Küstenebene heraus schwenkte Sanherib ostwärts unmittelbar auf das judäische Gebirge zu und besetzte es. Der Widerstand war nicht unerheblich. Der König rühmt sich, »46 der festen ummauerten Städte sowie die zahllosen kleinen Städte in ihrem Umkreis« belagert und erobert zu haben. Zu diesen festen Städten gehörte auch die schwer einnehmbare Festung Lachisch im Hügelland zwischen der Küstenebene und dem Gebirge.

Belagerung und Eroberung von Lachisch hat Sanherib auf Reliefbildern in Ninive darstellen lassen. Sie gehören zu den berühmtesten historischen Dokumenten, die die Assyrer hinterlassen haben. In Einzelszenen werden hintereinander die Phasen des Kampfes, die Beschießung und Erstürmung der Festung, die Beute und die Gefangenen, die Huldigung für den Großkönig und das assyrische Lager vorgeführt. Man sieht den Einsatz von Belagerungsmaschinen, von kampfwagenähnlichen Gefährten, von Mauerbrechern und anderen Geräten damaliger Kriegstechnik, die plastisch und überaus genau wiedergeben sind.

Das Original des Reliefs befindet sich im Britischen Museum, eine Kopie im Israel-Museum in Jerusalem. Markante Teilstücke sind häufig abgebildet worden; die genaueste Wiedergabe findet sich bei Y. Yadin, The Art of Warfare in Biblical Lands II, 1963, S. 428–437. Eine ausführliche Schilderung der Belagerung und Zerstörung von Lachisch mit einer der Orientierung dienenden Nachzeichnung des Reliefs bieten im Rahmen eines Studien-Reiseführers O. Keel/M. Küchler, Orte und Landschaften der Bibel, Bd. 2: Der Süden, 1982, S. 893–903).

Wie einst beim Nordreich Israel wandte sich der assyrische König zunächst nicht der Hauptstadt zu, sondern besetzte zuerst das umgebende Land. Aus dieser Landschaft Juda, aus dem Ort Moreschet-Gat, stammte der Prophet Micha (Micha 1,1.14). Das Prophetenbuch Micha bietet in 1,8-16 eine sehr spröde Aufzählung von Orten, die schwer zu deuten ist. Der Prophet nennt die Städte, deren Untergang er vor Augen sieht und in kaum übersetzbaren Wortspielen ankündigt. Sie liegen fast durchweg in der näheren Umgebung seines Heimatortes in der Nähe von Lachisch. Die Aufzählung der Orte mag nur kurze

Zeit vor der Eroberung Judas durch Sanherib zusammengestellt worden sein.

Bemerkenswert ist, daß das Land Juda nicht in Provinzen aufgeteilt, sondern an treu gebliebene Philisterfürsten vergeben wurde, die in assyrischer Abhängigkeit standen, aber nicht gestürzt wurden.

Wahrscheinlich noch während der Belagerung von Lachisch setzte Sanherib seine Truppen auf Jerusalem an, wo sich König Hiskia aufhielt. Mit drastischer Deutlichkeit sagt Sanherib in seinem Annalentext: »Ihn selbst (Hiskia) schloß ich wie einen Käfigvogel in Jerusalem, seiner Residenz, ein.« Der Prophet Jesaja beschreibt die gleiche Situation mit den Worten: »Übrig geblieben ist allein die Tochter Zion wie eine Hütte im Weinberg, wie ein Nachtquartier im Gurkenfeld.« (1,4-9) Zuvor hatte Jesaja über Juda gesagt: »Euer Land ist verwüstet, eure Städte sind mit Feuer verbrannt; Fremde verzehren eure Äcker vor euren Augen.«

Dennoch, die Stadt Jerusalem blieb verschont, sie wurde nicht zerstört, und König Hiskia blieb an der Regierung. Das mußte den Jerusalemern wie ein Wunder vorkommen. So spricht denn auch 2. Könige 19,35-37 von einem Eingriff des Engels Gottes, der die Assyrer in ihrem Lager schlug. Jedoch berichtet 18,13-16 von einem großen Tribut, den Hiskia gezahlt habe. Davon spricht auch ein assyrischer Text, aber in der bemerkenswerten Form, daß der König von Jerusalem diesen Tribut Sanherib nach Ninive nachgesandt habe und gleichzeitig seine Unterwerfung erklären ließ. Vermutlich waren es doch Vorgänge im assyrischen Lager, die einen raschen Abbruch der Belagerung Jerusalems erzwangen. Die Ermordung Sanheribs durch seine Söhne (19,37) erfolgte freilich nicht unmittelbar nach dem Palästina-Feldzug, sondern erst zwanzig Jahre später (681 v. Chr.).

Niedergang des Assyrerreichs, Aufstieg der neubabylonischen Dynastie

Über die Vorgänge in Juda, die der Regierungszeit des Hiskia folgten, sind wir durch das 2. Königsbuch schlecht unterrichtet. Während der langen Herrschaft des Königs Manasse (696–642 v. Chr.) sei mancherlei fremdes Kultwesen nach Juda eingedrungen. Das läßt darauf schließen, daß man assyrische und kanaanäische Götter duldete und dadurch der fremden Macht seine offizielle Anerkennung erwies. Die schlechte Beurteilung, die Manasse erfuhr, wird durch seine Assur ergebene Politik veranlaßt worden sein, die der König durchzusetzen wußte. Von Aufstandsversuchen erfahren wir nichts, wohl aber, daß Propheten gegen den König aufstanden und unschuldiges Blut vergossen wurde.

Man mag sich deutlich machen, daß seit dem harten Eingriff Sanheribs in die judäischen Verhältnisse das Land verkleinert und geschwächt war, Tribute fällig wurden und die Kraft zum Widerstand fehlte. Dennoch muß es während der langen Zeit Manasses bis zum Regierungsantritt Josias (639 v. Chr.) Veränderungen gegeben haben, über die wir nur indirekte Nachrichten besitzen.

Im Laufe des 7. Jahrhunderts wird ein Teil des judäischen Landes, das Sanherib von der Hauptstadt abgetrennt hatte, an das Königshaus in Jerusalem zurückgefallen sein. Nach dem Mord an König Amon (2. Könige 21,24) trat das »Volk des Landes« wieder in Erscheinung und sorgte dafür, daß ein Davidide auf den Thron kam, nämlich Josia (Joschija; 639–609 v. Chr.).

Archäologische Untersuchungen und Ausgrabungen der jüngsten Zeit in Jerusalem haben gezeigt, daß die Stadt während des 7. Jahrhunderts nicht unerheblich erweitert wurde, namentlich an der Nordwestseite in jenem Raum, der heute dem Tempelplatz und der Klagemauer gegenüberliegt. Es wird nicht ausgeschlossen, daß Teile der Bevölkerung aus den Gebieten des ehemaligen Nordreiches Israel nach Jerusalem und Juda übersiedelten. Was in 2. Könige 22,14 der »zweite Bezirk« heißt, umfaßt im wesentlichen diese Stadterweiterung.

Mit einem Seitenblick soll hier wenigstens die weltpolitische Entwicklung im 7. Jahrhundert in ihren größeren Zusammenhängen berücksichtigt werden. Das assyrische Weltreich erlebte den Gipfel seiner Machtentfaltung. 671 v. Chr. gelang die Niederwerfung Ägyptens durch einen assyrischen Feldherrn. König Asarhaddon (680–669), der Nachfolger Sanheribs (vgl. 2. Könige 19,37), ein kranker Mann, versuchte seinem Feldherrn zu folgen, starb aber, bevor er Ägypten erreichte. Sein Nachfolger Assurbanipal (669–630/27) konnte Ägypten auf Dauer nicht halten. Er scheiterte am ägyptischen Widerstand. Vor allem aber beanspruchten die Auseinandersetzungen mit Babylon ein hohes Maß seiner Kräfte. Dort war sein eigener Bruder Schamasch-schum-ukin als Vizekönig eingesetzt; ihn mußte er hart bekämpfen. Assurbanipal konnte zwar den Sieg davontragen, aber das Assyrische Großreich hatte den Höhepunkt seiner Entwicklung bereits überschritten. Binnen weniger Jahrzehnte sollte es in raschem Abstieg seine ganze Macht verlieren.

In Ägypten leitete der tatkräftige Psammetich I. (664–610) die 26. Dynastie ein, die aus der Deltastadt Saïs hervorging (»Saïten«). Es waren Fürsten des Deltas und kleinasiatische und griechische Söldner, mit deren Hilfe Psammetich 656 v. Chr. die Assyrer endgültig aus dem Lande vertrieb. Zwar konnte sich Assurbanipal im Osten und Südosten seines Reiches mit Hilfe seiner Generale gegen Babylon und gegen Völkerschaften der arabischen Halbinsel behaupten, aber der Sieg über Elam (639) ist das letzte sichere Datum, das wir über ihn und seine Taten besitzen. Zwischen 630 und 627 wird das Todesjahr Assurbanipals vermutet.

Inzwischen sammelten sich in den nördlichen Bergländern aggressive Völkerschaften, die neue Wohnsitze suchten und auf ihren Zügen nach dem Süden mit angestammten Bevölkerungen und Königtümern zusammenstießen. Sie trugen wesentlich zum Zerfall des Assyrerreiches bei. Es handelte sich im Westen um die Kimmerer, die sich in Kleinasien festsetzten. Ihre Bündnispartner waren weiter östlich die Meder, die das assyrische Kernland unmittelbar bedrohten. Aus dem iranischen Hochland brachen die Skythen hervor. In Babylonien gelang es dem General Nabopolassar, die Herrschaft an sich zu reißen (626) und die neubabylonische Dynastie (Chaldäer) zu gründen. Sein Nachfolger wurde im Jahre 605, also schon nach dem Untergang des Assyrischen Reiches (612), sein Sohn Nebukadnezar.

Fast gleichzeitig mit der Machtübernahme Nabopolassars brachen von Norden her die Meder gegen die Assyrer auf. Aber noch war Sin-schar-ischkun, der letzte Assyrerkönig, stark genug, um mit Hilfe eines skythischen Entsatzheeres die Meder zu besiegen. Das geschah etwa Ende der zwanziger Jahre des 7. Jahrhunderts.

König Josia, sein Reformwerk und sein zu frühes Ende

Um diese Zeit regierte in Juda der König Josia, der die Schwierigkeiten durchschaute, in die das Assyrerreich gekommen war. Die günstigen Zeitumstände wußte er zu nutzen. Zwei Aufgaben sah er vor sich: eine allmähliche Loslösung Judas aus der assyrischen Abhängigkeit und eine gründliche Neugestaltung der innenpolitischen Verhältnisse, verbunden mit einer Reform der religiösen und kultischen Belange. Er wollte die rechte Verehrung des Gottes Israels nach der Zeit der assyrischen Überfremdung wiederherstellen. Beide Aufgaben hat der König energisch in Angriff genommen, und das Alte Testament verschweigt seine Aktivitäten nicht. Sie sind in 2. Könige 22–23 zusammengefaßt.

Namentlich die ausführliche Schilderung der Vorgänge in Kap. 22 fesselt den Leser. Im Mittelpunkt steht die Auffindung »eines Buches«, wahrscheinlich in Gestalt einer großen Schriftrolle, die im Tempel zutage kam. Der Hohepriester übergab das Schriftstück einem königlichen Beamten mit den Worten: »Ich habe dieses Gesetzbuch gefunden im Hause des Herrn« (22,8). Später liest Josia aus dem »Buch des Bundes« vor, das »im Haus des Herrn gefunden war«. Die verständliche Frage, um welches »Buch« es sich dabei handelte, ist im Alten Testament selbst mit keinem Wort ausdrücklich beantwortet. Doch schon zu Zeiten der Kirchenväter und späterhin in der europäischen Aufklärung, als die Frage unter historischen Gesichtspunkten erneut aufgegriffen wurde, war es eine verbreitete Ansicht, daß dieses »Buch« das 5. Buch Mose (Deuteronomium) gewesen sein müsse, oder doch mindestens einen Kern seiner wichtigsten Aussagen und Überlieferungen enthalten habe. Sowohl die hier in Kap. 22–23 gebrauchte Sprache als auch die entscheidenden Taten Josias stimmen in der Tat mit den zentralen Anliegen und Forderungen des Deuteronomiums überein.

Zu verehren ist danach der Gott Israels allein (5. Mose 13), und dieser Gott soll nur an der Stätte seine Opfer empfangen, die er selbst dazu erwählen wird (5. Mose 12). Josia verstand diese Anordnung so, daß die fremden, die kanaanäischen und assyrischen Götter und ihre Bilder aus dem Lande zu entfernen sind und daß der Ort, wo die Tieropfer dargebracht werden sollten, allein der Tempel in Jerusalem sein müsse. Der König ließ also die fremden Götter und ihre Idole vernichten, beseitigte die Opferaltäre im Lande und konzentrierte den Opferkult auf den Tempel zu Jerusalem. Dies ist der Kern der sogenannten »Kultreform des Königs Josia«.

Mit der Abschaffung fremder Götter sagte er sich zugleich von der Oberhoheit der Assyrer los. Dies bedeutete die Rückgewinnung staatlicher Souveränität für das Land Juda. Das »Reformwerk« verfolgte insofern auch handfeste staatspolitische Ziele. Die Zentralisation des Kultus in Jerusalem verstärkte die Bindung des Landes Juda an die Hauptstadt und nötigte die Bewohner, sich dem Tempelkult in hohem Maße verpflichtet zu fühlen. Die Landheiligtümer verloren ihre selbständige Bedeutung, und ihre Priester wurden in Jerusalem zusammengezogen, freilich ohne die Rechte der alten, in Jerusalem ansässigen Priesterschaft zu erhalten (entgegen der Forderung 5. Mose 18,1-8). Auf solche Weise straffte Josia die Organisation des Staatswesens nach innen und war darum auch stark genug, angesichts der sinkenden assyrischen Macht sich außenpolitisch unabhängig zu machen.

So wagte denn der König noch einen weiteren Schritt. Er dehnte seine Maßnahmen auch auf das ehemalige Nordreich Israel aus, beseitigte den Altar zu Bethel und zerstörte diese heilige Stätte (2. Könige 23,15), er machte den Höhenheiligtümern Samarias ein Ende und soll sogar ihre Priesterschaften ausgerottet haben (23,19f; vgl. dazu auch 2. Chronik 34,6f). Diese Übergriffe nach dem Norden legen es nahe, daran zu denken, daß Josia ein »ganzes Israel«, wie es im 5. Buch Mose häufig heißt, vorschwebte, also auch die staatspolitische Wiederherstellung der Personalunion von Juda und Israel wie zu Davids Zeiten.

Nimmt man dies alles zusammen, die Zentralisation des Opferkultes in Jerusalem, die Privilegien für die Tempelpriester, die Verpflichtung des Volkes auf das Gesetzbuch (23,1-3), die Beseitigung fremder Kultstätten im Nordreich, besonders in Samaria, so zeichnet sich ein abgerundetes Programm ab. Dem König stand ein einziges und einiges Volk vor Augen, das seinem *einen* Gott vorbehaltlos diente, das den Fremdgöttern und mit ihnen dem Einfluß fremder Mächte widerstand, ein Groß-Israel, das Juda und Israel unter gemeinsamer Regierung des Königs von Jerusalem vereinte.

Man wird diese großartige Konzeption sich vor Augen halten müssen, auch wenn am Anfang nicht alles ideal gewesen sein mag, soweit überhaupt unter Josia dieses Programm seine volle Verwirklichung fand. Unverkennbar aber ist, daß Josia in Verbindung mit den Grundsätzen des 5. Mosebuches (Deuteronomium) die Grundlagen für den Zusammenhalt des jüdischen Volkes geschaffen hat, das in allen Stürmen der Zeit die Jahrhunderte überdauern konnte.

Die Bindung an Jerusalem wurde verstärkt durch die Beschränkung des Opferkultes auf den Tempel. Denn wenn das Passalamm einmal im Jahr geschlachtet werden mußte, dann war das fortan Anlaß für eine Wallfahrt nach Jerusalem. Das Essen der ungesäuerten Brote fand weiterhin zu Hause statt, aber das Tieropfer mußte am Tempel dargebracht werden. 2. Könige 23,21-23 spricht von dem großen Passa zu Josias Zeit, so wie es zuvor noch nie gefeiert worden war. Gemeint ist das Passafest als großes Wallfahrtsfest, wie es nun üblich wurde, solange der Tempel stand.

Über Josias weitere Regierungstätigkeit erfahren wir leider nicht mehr viel. Die Durchführung des großen Reformwerkes soll in seinem 18. Regierungsjahr, also 622/1 v. Chr., erfolgt sein. Es begann mit dem Akt eines Bundesschlusses (23,1-3). Ob man sich freilich alle diese Vorgänge so konzentriert denken darf, wie sie dann in 2. Könige 23 geschildert sind, kann man fragen. Die königlichen Maßnahmen werden sich über eine längere Zeit erstreckt haben, sie mögen aber auch anfangs nicht durchweg jene durchschlagende Kraft besessen haben, die der König sich wünschte. Immerhin ist diese Zeit Josias nicht zu unterschätzen. Rund zwei Jahrzehnte vor dem unvorhersehbaren Untergang des Staates Juda hat dieser König eine Reform gewagt, noch ehe das Assyrische Reich vollkommen zusammenbrach, eine Reform, die Juda und Israel zusammenfassen und damit an Davids Staatsgründung anknüpfen wollte.

Der Verlauf der Geschichte wurde durch überraschende Ereignisse in eine andere Richtung gelenkt. Im Jahre 612 wurde Ninive zerstört. Assyriens letzter König Sin-schar-ischkun starb in seinem brennenden Palast. Das Bündnis von Medern und Babyloniern hatte den Sturz des Assyrischen Reiches herbeigeführt. Immerhin blieb im obermesopotamischen Harran ein assyrischer Reststaat unter Aschur-uballit für einige Jahre erhalten, wahrscheinlich bis 606. Ihn gegen die Babylonier zu stärken, brachen ägyptische Truppen unter Pharao Necho II. (610–595) auf; er war der Nachfolger Psammetichs I. Die ägyptische Expedition hatte keinen Erfolg. Als aber Necho auf seinem Zug nach Norden die Küstenebene passierte und bei Megiddo den Paß zur

Ebene Jesreel überschritt, warf sich ihm Josia mit einer kleinen Truppe entgegen (2. Könige 23,29f). In erster Linie suchte er wohl sein eigenes Territorium an der Nordflanke Israels vor einem ägyptischen Einbruch in das Binnenland zu schützen. Ob ihm das weiter gesteckte Ziel, die Ägypter an der Unterstützung Aschur-uballits zu hindern, vor Augen stand, ist möglich. In dem kurzen Gefecht gegen Necho am Paß bei Megiddo fand Josia den Tod. Ein weitblickender Monarch war gefallen, gerade in dem Augenblick, in dem eine Neuordnung der Kräfteverhältnisse zwischen Mesopotamien und Ägypten bevorstand.

j) Das Ende Judas und die Zerstörung Jerusalems (587 v. Chr.)

Nebukadnezar verdrängt Ägypten aus Syrien und Palästina

Pharao Necho zog nach dem Gefecht bei Megiddo unbeirrt nach Norden weiter, vermochte aber dem letzten Erben assyrischer Macht, dem Prinzen Aschur-uballit, nicht zur Herrschaft zu verhelfen. Nach harten Kämpfen mit den babylonischen Truppen am oberen Euphrat und im Raum von Harran (zur Namensform vgl. die Anmerkung S. 4) setzte sich Necho nach Süden ab und suchte sich in Syrien und Palästina zu halten. Bis zu einem gewissen Grade gelang das auch. Wir wissen, daß Necho in die Jerusalemer Verhältnisse eingriff und dafür sorgte, daß ein ihm genehmer König zur Regierung kam.

Zunächst war Joahas seinem Vater Josia gefolgt, wohl weil er bereit schien, dessen Reformpolitik fortzusetzen. Aber Necho entthronte ihn nach dreimonatiger Regierungszeit und setzte seinen älteren Bruder Eljakim zum König in Jerusalem ein. Er änderte sogar dessen Namen in Jojakim; Joahas ließ er nach Ägypten bringen. Auf sein Schicksal spielt Jeremia 22,10-12 an, wo er unter dem Namen Schallum erscheint.

Nur wenige Jahre konnte Necho über Syrien und Palästina herrschen. Meder und Babylonier teilten sich das einstige Assyrische Reich, soweit es nicht schon in fremder Hand war. Die Babylonier beherrschten große Teile des Zweistromlandes und versuchten, Syrien und Palästina den Ägyptern wieder zu entreißen. Im Jahre 605 v. Chr. kam es in und um Karkemisch am Euphrat zu einer Schlacht, in der die Babylonier den Ägyptern eine schwere Niederlage beibrachten. Die Ägypter mußten sich zurückziehen und ganz Syrien und Palästina aufgeben. Bis tief nach Syrien hinein wurden sie von den Babyloniern verfolgt. Diese standen bereits unter dem Oberbefehl von Nebukadnezar, noch bevor er König wurde. Der kranke Nabopolassar hatte seinem Sohn den Oberbefehl übertragen.

<small>Den Sieg der Babylonier über Necho erwähnt Jeremia 46,2. Er wird aber auch in der Babylonischen Chronik ausführlich berücksichtigt, die uns in Bruchstücken in babylonischer Keilschrift vorliegt. In Übereinstimmung damit stehen Bemerkungen des jüdischen Geschichtsschreibers Flavius Josephus (gest. um 100 n. Chr.) in seinem Werk »Jüdische Altertümer«, Buch X,11.1. Alle drei Quellenzeugnisse ergänzen sich hervorragend, so daß auch hier ein unmittelbares Zeugnis für die Vertrauenswürdigkeit biblischer Nachrichten vorliegt.</small>

Als die Babylonier die Reste des ägyptischen Heeres in Syrien verfolgten, erreichte Nebukadnezar die Nachricht vom Tode seines Vaters Nabopolassar. Er eilte nach Babylon und bestieg dort nach dem Zeugnis der Babylonischen Chronik am 7. September 605 den Thron. Dann aber setzte er die militärischen Operationen in Syrien unverzüglich fort und erschien da fast in jedem Jahr. Nicht alle seiner Feldzüge sind bekannt. Wahrscheinlich 604 schlug er einen Aufstand in Aschkelon nieder. Wie sich zu dieser Zeit König Jojakim in Jerusalem verhielt, wissen wir nicht genau. 2. Könige 24,1 spricht von einer dreijährigen Unterwerfung des Königs unter die Babylonier. Tatsächlich kann Jojakim um das Jahr 600 sich von ihnen gelöst haben, als Nebukadnezar eine schwere Niederlage in Ägypten erlitt, von der wir nur aus der Babylonischen Chronik wissen.

Erste Eroberung Jerusalems 597 v. Chr., erste Deportation

Jojakim wird als selbstsichere, brutale und wenig zugängliche Persönlichkeit geschildert. Prunkliebend sei er gewesen und habe unschuldiges Blut vergossen (vgl. 2. Könige 24,4; Jeremia 22,13-19). Bekannt ist die Szene, in der er in seinem Palast in Jerusalem eine Schriftrolle mit den Worten Jeremias, die man ihm vorlas, stückweise zerschnitt und ins Feuer warf (Jeremia 36). Der König starb wahrscheinlich im Januar 597 zu einem Zeitpunkt, als Nebukadnezar auf dem Wege nach Syrien und Palästina war. Der Tod Jojakims kann einer der Gründe gewesen sein, warum Nebukadnezar in die Jerusalemer Verhältnisse eingriff. In einem Winterfeldzug – damals höchst außergewöhnlich – erschien Nebukadnezar vor Jerusalem und belagerte die Stadt. Ihre Einnahme erfolgte gemäß den Angaben in der Babylonischen Chronik am 16. März 597. Zu dieser Zeit war der regierende judäische König bereits Jojakims Sohn Jojachin.

Der Fall Jerusalems hatte schwerwiegende Folgen. Von Plünderungen im Tempel und hohen Tributzahlungen wird berichtet. Vor allem aber werden Jerusalem und Juda nun ähnlich wie das Nordreich Israel Opfer der Deportationspraxis, die die Babylonier, wenn auch in etwas gemilderter Form, von den Assyrern übernahmen. Sie verstreuten die Menschen nicht in die einzelnen Teile des Großreiches, sondern hielten sie in eigenen Siedlungen beieinander. Nach Babylonien weggeführt wurden König Jojachin selbst, seine Mutter, seine Frauen und Palastbeamten. Hinzu kamen die Vornehmen des Landes Juda sowie 7000 wehrfähige Leute. 2. Könige 24,14 weiß zu berichten, daß die Zahl der Deportierten insgesamt 10 000 betrug. Das sind die sprichwörtlich gewordenen »obersten Zehntausend«, bei denen es sich wirklich um gehobene Schichten, Beamte und handwerklich ausgebildete Spezialisten handelte.

Unter den Deportierten des Jahres 597 befand sich auch der Prophet Hesekiel (Ezechiel), der vom Augenblick der Gefangennahme Jojachins die Jahre des Exils zählte (vgl. Hesekiel 1,2). Seine Berufung zum Propheten erfolgte allerdings erst im Jahre 593, und zwar östlich von Babylon an einem der Kanäle, wo er inmitten der anderen Weggeführten in dem Ort Tel-Abib (3,15) lebte. Der Name diente als Vorbild für das 1909 gegründete Tel Aviv an der Küste des heutigen Staates Israel.

Eroberung und Zerstörung Jerusalems 587 v. Chr., zweite Deportation

An die Stelle Jojachins setzte Nebukadnezar einen Mann namens Mattanja ein, einen Sohn Josias und Onkel Jojachins (2. Könige 24,17). Er erhielt den Namen Zedekia (Zidkija) und sollte der letzte der Könige Judas auf dem Throne Jerusalems werden (597–587/86), ein glückloser Herrscher, keine starke Persönlichkeit, wie sich besonders aus dem Buch Jeremia erkennen läßt (Jeremia 37,17-21; 38,14-27). Er war es, der sich beim Propheten Jeremia heimlich Rat erbat, ihn aber später in die Zisterne werfen ließ. Er war unsicher, und dort, wo er Entscheidungen wagte, entbehrten sie der klaren Vorausschau.

In seinem 9. Regierungsjahr wagte es Zedekia, den Babyloniern die Treue aufzukündigen. Wodurch er dazu ermutigt wurde, läßt sich schwer sagen. Es gab Unruhen in Tyrus und Sidon. Aber es gab auch Hoffnungen auf ägyptische Unterstützung. Pharao Psammetich II. (595–589) ist mindestens einmal in Palästina erschienen, ohne daß wir freilich Näheres darüber wissen. Vom 9. bis zum 11. Regierungsjahr Zedekias, also zwischen 589 und 587/86, sollen die Babylonier Jerusalem belagert haben, möglicherweise mit Unterbrechungen. Denn es ist schwer vorstellbar, daß die bereits 597 heimgesuchte Stadt so lange der babylonischen Übermacht trotzen konnte.

Die biblischen Nachrichten über die letzten Jahre Jerusalems vor seiner endgültigen Eroberung durch die Babylonier sind wenig ergiebig. Nach Jeremia 37,5 sei tatsächlich ein ägyptisches Entsatzheer herangerückt. Das kann die Babylonier veranlaßt haben, wenigstens vorübergehend die Belagerung Jerusalems aufzugeben. Wahrscheinlich regierte zu dieser Zeit bereits der Nachfolger Psammetichs II., der Pharao Apries (589–570), der in Jeremia 44,30 unter dem Namen »Hofra« erwähnt ist.

Angesichts der mageren biblischen Nachrichten aus dieser Zeit ist ein außergewöhnlicher archäologischer Fund von höchster Bedeutung. Es sind die sogenannten Briefe oder Ostraka (Krugscherben) aus der Festung Lachisch, die schon 701 eine Rolle gespielt hatte. In einer Toranlage der Stadt hat man 21 beschriftete Ostraka gefunden, die als Schreibmaterial für kurze Nachrichten dienten und militärische Anweisungen und Mitteilungen an den Festungskommandanten enthielten. Die Ostraka sind greifbare Zeugen dieser bewegten Zeit vor dem Untergang Jerusalems. Neben bloßen Namenslisten fanden sich hier auch Mitteilungen über die Stimmung in der Hauptstadt und die Lage in ihrer Umgebung. Eine Mitteilung spricht von der Entsendung eines hohen Offiziers nach Ägypten. Sein Auftrag ist nicht näher bezeichnet. Aber sicherlich ging es um ein Hilfeersuchen angesichts der immer bedrohlicher werdenden Zustände im Lande. Gewöhnlich datiert man die Lachisch-Briefe in das Jahr 588.

Die Babylonier müssen die Stadt am Ende regelrecht ausgehungert haben (2. Könige 25,3). Es gelang ihnen schließlich, eine Bresche in die Stadtmauer zu schlagen und in das Innere der Stadt vorzudringen. König Zedekia konnte aus der Stadt ausbrechen und in Richtung auf den Jordangraben durch die judäische Wüste fliehen. Aber bei Jericho stellten ihn die Babylonier und nahmen ihn gefangen. Sie brachten ihn in das Hauptquartier Nebukadnezars nach Ribla im mittleren Syrien. Dort blendete man ihn und brachte ihn in Ketten nach Babylon (25, 4-7).

Jerusalem wurde geplündert und samt dem Tempel zerstört. In einer zweiten Wegführung nach der ersten im Jahre 597 deportierte man die Hauptmasse der Jerusalemer Bevölkerung nach Babylonien. Ein Teil der Oberschicht erlitt das Schicksal des Königs; in Ribla wurden sie umgebracht. Auf dem Lande in der engeren und weiteren Umgebung Jerusalems blieben Bauern zur Bewirtschaftung des Bodens zurück. Die beste Quelle über das Ausmaß der Deportationen aus Jerusalem und der Landschaft Juda bietet Jeremia 52,28-30. Die dort mitgeteilten Zahlen erscheinen auffallend niedrig, verdienen aber gerade deshalb Vertrauen. 832 Jerusalemer seien weggeführt worden. Es ist mit einem niedrigeren Bevölkerungsbestand in Juda zu rechnen als seinerzeit in Israel, als das Nordreich zugrunde ging. Daß der Eingriff tief genug war, um dem normalen Leben im Lande ein Ende zu machen, steht außer Zweifel.

Zweifel sind jedoch angemeldet worden, ob das Jahr der Zerstörung Jerusalems 587 oder 586 war. Entscheidend ist bei diesen Berechnungen, ob man das erste offizielle Regierungsjahr Zedekias noch vor dem Sommer 597 oder erst im Herbst 597 ansetzt. Danach richtet sich (da der Jahreswechsel zum Herbstbeginn stattfand), ob die in 2. Könige 25,3.8 mitgeteilten Daten in den Sommer 587 oder erst in den Sommer 586 fallen. Eine zweifelsfreie Entscheidung ist bisher nicht möglich geworden, zumal die Babylonische Chronik gerade an dieser Stelle eine Lücke hat. Gute Gründe sprechen für die eine wie für die andere Lösung. Jedoch besteht ein hohes Maß an Wahrscheinlichkeit für 587 v. Chr.

Die nunmehr vollständige Zerstörung Jerusalems durch die Babylonier und die damit verbundene zweite Wegführung der Jerusalemer und Judäer beendet die israelitische Königszeit, die einst mit Saul begann, mit der »Reichsteilung« nach Salomos Tod einen tiefen Einschnitt erfuhr und den Untergang des Nordreiches Israel 722/1 als schwersten Verlust zu verzeichnen hatte. Jerusalem und Juda erlagen der babylonischen Übermacht, weil sie nach harten Jahrzehnten assyrischer Besetzung nicht mehr in der Lage waren, sich aus eigener Kraft zu behaupten. Der unter Josia begonnene Wiederaufbau des Heerwesens und die Wiederherstellung von Befestigungsanlagen reichten nicht aus, um dem Land den nötigen Schutz zu bieten und den Truppen einer Großmacht zu widerstehen.

Der äußere Zusammenbruch des judäischen Staates und seiner Hauptstadt, der den Untergang des alten Israel überhaupt hätte bedeuten können, hinterließ nachhaltige Spuren im Bewußtsein des geschlagenen Volkes. Geschehen war, was die Propheten vorausschauend angedeutet hatten: Israel und Juda gehen ihrem Ende entgegen. Sie werden dem Gericht Gottes nicht entkommen. Aber Israel durfte auch auf die Verheißungen bauen, die ihm schon früh zuteil geworden waren. Die geschichtlichen Katastrophen sollten nicht das letzte Wort Gottes bleiben. Zwar lag das Mutterland zerstört und aller Selbständigkeit beraubt am Boden. Der wahrscheinlich größere Teil seiner Bevölkerung lebte in Babylonien. Aber die babylonische Besatzungs- und Deportationspraxis führte doch nicht zur völligen Austilgung des Volkes.

Die kommende Exilszeit markiert kein Ende, sondern einen Übergang, sowohl für die Bevölkerungen in Palästina wie für die Deportierten und Ausgewanderten. Mit der Exilszeit begann zugleich die Ausbreitung der jüdischen Diaspora mit ihren ersten Schwerpunkten in Babylonien und Ägypten.

8. DAS BABYLONISCHE EXIL

a) Die Verhältnisse in Juda

Obwohl ein wesentlicher Teil der judäischen Bevölkerung bereits im Jahre 597 v. Chr. nach Babylonien weggeführt wurde, ist es in den Darstellungen der Geschichte Israels üblich geworden, das babylonische Exil im engeren Sinn erst mit dem Fall Jerusalems 587 v. Chr. beginnen zu lassen. Erst von diesem Zeitpunkt an hatte das Königreich Juda aufgehört zu bestehen. Das Land war weitgehend verwüstet, Jerusalem und sein Tempel lagen in Trümmern, die einst führenden Schichten waren deportiert oder ermordet; König Jojachin lebte im Exil, und König Zedekia war nach seiner Blendung ebenfalls nach Babylonien gebracht worden. Dennoch sollte man nicht glauben, daß Juda nun brach lag und zur Wüstenei wurde, zu einem menschenleeren Land ohne Eigenleben. Ein nicht unerheblicher Teil der Bevölkerung war zurückgelassen worden, nicht nur auf dem flachen Lande, auch in den verbliebenen Städten. Darauf lassen einige Nachrichten schließen, die wir aus den Jahren unmittelbar nach 587 besitzen.

An versteckter Stelle (Jeremia 52,28-30) erfahren wir Genaueres über die Anzahl der Deportierten. 587 haben Nebukadnezar 832 Jerusalemer weggeführt; in seinem 23. Regierungsjahr, also 582, ließ er 745 Judäer wegbringen. Wie immer man die Zahlen beurteilen mag, es zeigt sich, daß auch nach dem Fall Judas weitere Deportationen erfolgten, ohne daß uns Anlaß und nähere Umstände bekannt sind. Daß umgekehrt nach assyrischem Vorbild fremde Bevölkerungen des Babylonischen Reiches in Juda angesiedelt wurden, ist nirgends bezeugt. Es gibt auch keine Hinweise darauf.

Die »Klagelieder Jeremias«, vor allem im 2., 4. und 5. Kapitel, befassen sich in plastischer Schilderung mit den Zuständen im Lande und auch in Jerusalem und stammen wohl in der Hauptsache aus den achtziger Jahren des 6. Jahrhunderts. Ob freilich der Prophet Jeremia diese Dichtungen selbst verfaßte, ist sehr umstritten, nicht einmal wahrscheinlich. Über sein weiteres Schicksal berichten die Kapitel 39–44 des Jeremiabuches.

Juda wurde, soweit wir unterrichtet sind, zunächst nicht zu einer Provinz des Babylonischen Reiches gemacht, sondern der Verwaltung eines judäischen Beamten namens Gedalja unterstellt, der sich den Babyloniern zu unterwerfen bereit war. Mizpa, nördlich Jerusalems, nahe der alten Grenze zwischen Juda und Israel, wurde sein Regierungssitz.

Seine Ergebenheit gegenüber den Babyloniern mißfiel aber einem judäischen Offizier namens Jischmael, Sohn des Netanja, der als Angehöriger des Königshauses (Jeremia 41,1) mit Unterstützung des Königs der Ammoniter (40,14) mit einigen Kampfgenossen Gedalja in Mizpa umbrachte. Doch waren die Judäer nicht bereit, sich diesem Mann zu beugen. Im südlichen Juda sammelten sich Männer um einen bislang unbekannten Johanan, Sohn des Kareach, und rückten gegen Jischmael nach Norden vor. Bei Gibeon, nördlich von Jerusalem, trafen die beiden Männer mit ihren Leuten aufeinander. Aber alle, die Jischmael in Mizpa in seine Gewalt gebracht hatte, liefen augenblicklich zu Johanan über, während es Jischmael selbst gerade noch gelang, sich in das Ostjordanland abzusetzen (41,11-15).

Johanan und alle, die sich ihm angeschlossen hatten, wagten schließlich gegen den Rat Jeremias, der zu den Leuten von Mizpa gehört hatte, das Land zu verlassen (Kap. 42f). Sie befürchteten wohl einen harten Eingriff Nebukadnezars nach der Ermordung des von ihm zum Statthalter bestimmten Gedalja, vielleicht sogar weitere Deportationen. Sie schlugen deshalb den Weg nach Süden ein, nach Ägypten, und nahmen auch Jeremia und seinen Gefährten Baruch dahin mit (43,4-7).

Der Vorgang ist bemerkenswert. Offenbar war die babylonische Besatzungsmacht in Juda nicht in der Lage oder nicht willens, aufkommende Konflikte mit harter Hand niederzuschlagen. Judas Nachbarn besaßen ohnehin eine relative Selbständigkeit, als Jerusalem fiel. Nach Ammon, Moab und Edom hatten sich Judäer in Sicherheit bringen können (40,11). Der jüdische Geschichtsschreiber Flavius Josephus weiß zu berichten, daß Nebukadnezar erst in seinem 23. Regierungsjahr (582 v. Chr.) Ammoniter und Moabiter in seine Gewalt brachte (Josephus, Altertümer X,9,7 § 181f). Das läßt darauf schließen, daß bis dahin Fluchtwege aus Juda nach dem Süden offenstanden.

b) Diaspora in Ägypten, Exil in Babylonien

Die nach Ägypten abgewanderte Gruppe um Johanan gelangte nach Tachpanhes, einer ägyptischen Grenzbefestigung am Nordostrand des Nildeltas (Jeremia 43,7). Im Laufe der Zeit müssen noch weitere Gruppen judäischer Auswanderer in dieser Gegend angekommen sein, denn 44,1 nennt neben Tachpanhes die Orte Migdol (ebenfalls Grenzbefestigung), Memphis (in der Gegend des heutigen Kairo; »Nof«) und das Land Patros, das mit Oberägypten, also dem südlichen Ägypten, gleichzusetzen ist. Das führte zu einem kräftigen Anwachsen der jüdischen Diaspora in Ägypten, aber wohl auch zu einer Schwächung der Kräfte im Mutterland Juda. Bedauerlicherweise besitzen wir über die Verhältnisse in Juda während des Exils nach dem Jahre 582 keine Nachrichten mehr.

Das bedeutet aber nicht, daß das Leben im Lande völlig erlosch. Zwar kann nicht von einer umfassenden oder auch nur zufriedenstellenden Konsolidierung des Lebens geredet werden. Aber im Laufe der Jahrzehnte bis zum Fall der babylonischen Macht im Jahre 539 muß es in Juda doch zur Herausbildung einer stärkeren Bevölkerungsgruppe gekommen sein, die sich allmählich als eine Art Gegengewicht zu den Deportierten fühlen konnte. Schon hier sei gesagt, daß mit einer raschen und umfassenden Rückwanderungsbewegung aus Babylonien nach dem Jahre 539 nicht zu rechnen ist. Das mag später geschehen sein, aber auch nur in begrenztem Ausmaß. Viele mögen die Rückwanderung fünfzig Jahre nach dem Fall Jerusalems nicht mehr unternommen haben, zumal eine neue Generation herangewachsen war. So konnten sich in Babylonien ebenso wie in Ägypten in nachexilischer Zeit Zentren eigenständigen jüdischen Lebens bilden, die über Jahrhunderte hinweg weiterbestanden.

Eine der Voraussetzungen für eine solche Entwicklung bildete in Babylonien die Art, wie man die Exilierten behandelte. Sie wohnten dort in festen Siedlungen eng beieinander und wurden nicht wie bei den assyrischen Deportationen über das Land verstreut (vgl. S. 86). Jeremia hatte schon nach der ersten Wegführung von 597 v. Chr. die Möglichkeit, sich in einem Brief an die Deportierten zu wenden (Jeremia 29). Der Prophet Hesekiel, der selbst im Exil lebte und dort im Jahre 593 berufen wurde, konnte einige der Ältesten Israels um sich versammeln (Hesekiel 20,1). Aus der Reihe der Deportiertensiedlungen ist Tel-Abib (3,15) die bekannteste; weitere Siedlungen nennt Esra 2,59 = Neh 7,61.

Ein besonders interessantes Dokument ist eine in babylonischer Keilschrift geschriebene Liste über die Versorgung von Exilierten. Dort wird auch Jojachin genannt und als »König des Landes Juda« bezeichnet. Es werden Öllieferungen an den König selbst und an fünf seiner Söhne aufgeführt. Das Dokument stammt aus dem 13. Jahr Nebukadnezars (592). Es ist ein ganz ungewöhnlicher Glücksfall, daß wir gerade aus der Ausnahmesituation des Exils ein solches Zeugnis besitzen, das unabhängig vom Alten Testament über den Aufenthalt eines judäischen Königs zuverlässige Nachricht gibt.

Zu einer bevorzugten Behandlung Jojachins entschloß sich erst Nebukadnezars Nachfolger, der König Ewil-Merodach (babyl. Awil-Marduk), der während seiner kurzen Regierungszeit von 562–560 den judäischen König aus seiner Haft entließ und ihm die Versorgung am babylonischen Hof lebenslang zusicherte (2. Könige 25,27-30).

c) Der Aufstieg des Perserkönigs Kyrus und die Entwicklung in Babylonien

Das Ende des Exils kam mit dem Ende der babylonischen Großmacht. Aber dieses Ende bereitete sich erst allmählich vor. Die entscheidende Voraussetzung war außenpolitischer Natur. Bereits im Jahre 559 bestieg der Perserfürst Kyrus II. aus dem Herrscherhaus der Achämeniden den Thron*. In Ekbatana, der Hauptstadt von Medien, übernahm er die Regentschaft über Medien und Persien, nachdem er den Mederkönig Astyages gestürzt hatte. In den folgenden Jahren griff Kyrus weiter nach Westen aus.

In Kleinasien wurde er von Krösus (griech. Kroisos) von Lydien angegriffen, jenem König, dessen Reichtum sprichwörtlich geworden ist; aber Kyrus schlug ihn (546 v. Chr.). Persische Macht reichte damit bis an die Westküste Kleinasiens. In der zweiten Hälfte der vierziger Jahre erweiterte Kyrus sein Großreich, als er die iranischen Hochländer im Nordosten Babyloniens hinzugewann. Aber erst die Einnahme Babylons und der von ihm beherrschten Länder rundete das Reich des Kyrus in erwünschter Weise ab. Denn sie brachte nicht nur Mesopotamien, sondern ebenso die syrisch-palästinische Landbrücke in persischen Besitz. Der Weg schien frei bis nach Ägypten und damit zur Errichtung der Weltherrschaft im damaligen Sinn. Große Länder im Nahen Osten mußten sich von nun an einem einzigen Herrscher beugen. Babylon fiel 539 v. Chr. den Persern kampflos in die Hände.

Hier ist es nötig, rückschauend die mit dem Aufstieg des Perserreiches gleichzeitige Entwicklung in Babylonien näher zu betrachten. Dem König Nebukadnezar folgten vom Jahre 562 an mehrere unbe-

* Die Namensform Kyrus entspricht der ökumenischen Schreibweise nach den »Loccumer Richtlinien«, denen auch die revidierte Lutherbibel folgt. Sie ist eine Mischung aus griech. Kyros und lat. Cyrus. Elamitisch lautet der Name Kurasch (= Hirt), hebräisch Koresch.

deutende Herrscher. Der letzte babylonische König auf dem Thron wurde Nabonid (555–539), eine Ausnahmeerscheinung. Er wird im Alten Testament mit Namen nicht genannt. Wahrscheinlich aber erklären sich einige legendäre Einzelheiten aus den Erzählungen des Buches Daniel in Kap. 1–6 auf dem Hintergrund der Herrschaft Nabonids, auch wenn sie dort dem König Nebukadnezar zugeschrieben werden. So ein Wüstenaufenthalt des Königs, der sich mit der Tatsache vereinbaren läßt, daß sich Nabonid lange Zeit tief im Raum der arabischen Wüste bei der Stadt Tema aufhielt. Dort kämpfte er auch gegen arabische Stämme. Indessen regierte in Babylon sein Sohn Belsazar.

Nabonid war kein Babylonier. Er stammte aus Harran in Obermesopotamien und war der Sohn einer Priesterin des dortigen Mondgottes Sin. Das führte dazu, daß die Priesterschaften des Marduk, des Stadtgottes von Babylon, ihm abgeneigt waren. Nabonid mußte ihren Widerstand fürchten. Die rasche und kampflose Übergabe der Stadt Babylon an die Perser mag damit zusammenhängen, daß die Marduk-Priesterschaften ein Ende der Herrschaft Nabonids wünschten und sich dank der klugen Religionspolitik der Perser eine Stärkung ihres Einflusses erhoffen durften. Kyrus, der schließlich selbst in die Stadt einzog, wurde von den Marduk-Priestern wie ein Befreier begrüßt.

Wir besitzen den Text eines sogenannten »Schmähgedichtes«, das wohl von einem Marduk-Priester stammt. Er verurteilt die Taten Nabonids und sieht in Kyrus den berufenen Herrscher, der die alten Kulte wieder zu Ehren brachte. Aus dem Text eines in Keilschrift beschriebenen Ton-Zylinders, dem sogenannten »Kyrus-Zylinder«, geht hervor, daß Kyrus seine Königsherrschaft über Babylon aus der Hand des Gottes Marduk genommen haben will und damit in die Rechtsnachfolge der babylonischen Herrscher und ihres Gottes eintrat. So behielten die babylonischen Götter ihre volle Anerkennung, weil Kyrus ihre Macht respektierte.

Dies ist ein Beispiel dafür, daß sich die Herrschaftsformen der Perser wesentlich von denen der Assyrer und Babylonier unterschieden. Nicht Deportation und Auflösung gewachsener Ordnungen waren die Mittel zum Erhalt der Macht im Staate, sondern im Gegenteil, die Erhaltung und Wiederherstellung der alten Rechtsordnungen, des Kultes und der bodenständigen Verwaltungspraktiken sollten dazu beitragen, den Staat im Inneren zu festigen. Die Bevölkerungen sollten im Bewußtsein alter, ihnen geläufiger Ordnungen leben. Für die Deportierten und die Bewohnerschaft im Lande Juda wurde Kyrus zum Glücksfall. Es lag in der Konsequenz persischer Politik, daß es nur eine Frage der Zeit war, wann Deportierte heimkehren durften und der Wiederaufbau des Tempels in Jerusalem beginnen konnte.

d) Der Prophet Deuterojesaja

Die Wiederherstellung der Verhältnisse in Juda und Jerusalem hatte bereits während des Exils in kühner Vision ein für uns anonymer Prophet vorausgesehen, der in den vierziger Jahren des 6. Jahrhunderts unter den Deportierten in Babylonien lebte und dessen Botschaft in den zweiten Teil des Buches Jesaja einging (Jesaja 40–55)*. Man nennt dieses Stück des Buches Jesaja den »zweiten Jesaja« oder »Deuterojesaja«. Er sah in visionärer Schau die Deportierten auf einer großen und ebenen Prachtstraße, einer Art Prozessionsstraße, durch die Wüste von Babylon nach Juda ziehen und in Jerusalem ankommen (Kap. 40). Deuterojesaja wußte aber auch, wer dies möglich machte: Kyrus (45,1), der den Exilierten die Freiheit bringen würde. Deuterojesaja nannte Kyrus Gottes »Gesalbten« und brachte damit zum Ausdruck, daß dieser fremde Herrscher zum Werkzeug Gottes erkoren war. So verstand der Prophet das außergewöhnliche Geschehen seiner Zeit: Gott ist für sein Volk da und schenkt ihm durch die Vermittlung einer außergewöhnlichen Herrscherpersönlichkeit das Ende der Knechtschaft. Israel erlebt noch einmal einen »Exodus« wie einst beim Auszug aus Ägypten (s. S. 24)!

Der Weg schien bereitet, beide, die Judäer im Exil und zu Hause, wieder zusammenzuführen. Wenn dies unter den gegebenen Umständen nicht einfach war und in einer einzigen Aktion auch nicht bewältigt werden konnte, Kyrus schuf dazu die besten Voraussetzungen.

---

* Vgl. dazu in dieser Buchreihe den Band »Die Schriften der Bibel« von Siegfried Herrmann und Walter Klaiber, S. 116.

Juda in persischer Zeit

Juda	Persien	Statthalter von Samarien
Prophet Deuterojesaja (Jesaja 40–55)	558 Kyros II., König von Persien; seit 553 König von Medien	
	29.10. 539 Einzug in Babel	
538 Edikt des Kyros, erste Rückkehr von Exulanten nach Jerusalem	24. 3. 538–Aug. 530 König in Babel	
	529–522 Kambyses	
	525 Ägypten erobert	
520 Statthalter Serubbabel Hoherpriester Jeschua Propheten Haggai und Sacharja	521–486 Darius I.	
1. 4. 515 Tempelweihe Prophet Maleachi		
	485–465 Xerxes I. (Ahasveros)	ca. 485 Sanballat I.
		ca. 460 Delaja
458 Esra (398?)	464–424 Artaxerxes I. (Artahsasta)	ca. 435 Sanballat II.
445–433 Nehemia; Mauerbau		ca. 410 Hananja
		ca. 385 Sanballat III.

Zum Persischen Reich gehörte ganz Syrien–Palästina. Juda wurde unter Nehemia als eigene Provinz aus der Provinz Samaria ausgegliedert. Auch Aschdod, Edom, Moab, Ammon waren persische Provinzen innerhalb der Satrapie Trans-Eufratene.

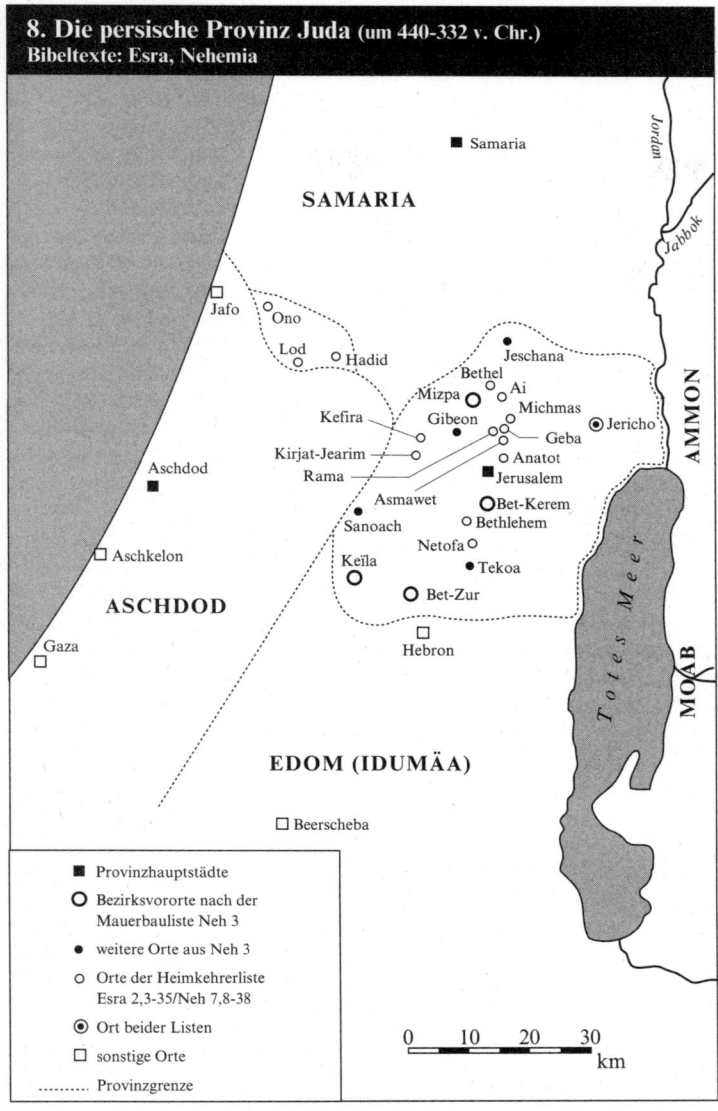

9. DER BEGINN DER PERSERZEIT IN JUDA

a) Das Kyrus-Edikt

Aus der an Quellen nicht reichen Zeit nach dem Sturz des Babylonischen Reiches ragt doch ein höchst bedeutsames Dokument hervor, das uns im vollen Wortlaut im Buche Esra (6,3-5) in aramäischer Sprache überliefert ist. Es trägt die Überschrift »Protokoll« und dürfte also die wörtliche Wiedergabe des Originaltextes sein. Es ist das einzige Mal im Alten Testament, daß wir einen solchen amtlichen Text mitgeteilt bekommen. Er lautet (in moderner Übersetzung):

> »Protokoll: Im ersten Jahr des Königs Kyrus gab der König Kyrus Befehl, daß das Gotteshaus in Jerusalem gebaut werden solle an der Stätte, an der man Schlachtopfer zu schlachten und ›Feueropfer‹ darzubringen (?) pflegt, (und zwar) 60 Ellen hoch und 60 Ellen breit, drei Schichten behauene Steine und eine Schicht Holz, und die Kosten sollen vom Königshaus bestritten werden. Und ferner sollen die goldenen und silbernen Geräte des Gotteshauses, die Nebukadnezar aus dem Tempel zu Jerusalem weggeführt und nach Babylon gebracht hatte, zurückgegeben werden, daß jedes (wieder) in den Tempel zu Jerusalem an seinen Platz komme und man es im Gotteshaus niederlege.«

Das Dokument wird in wissenschaftlichen Untersuchungen gern als das »Kyrus-Edikt« bezeichnet. Das an seinem Anfang genannte »erste Jahr« bezieht sich auf das erste Jahr persischer Herrschaft in Juda bzw. nach der Eroberung Babylons. Im Jahre 538 v. Chr. also erlaubte Kyrus den Wiederaufbau des Tempels in Jerusalem und sagte sogar die finanzielle Unterstützung des persischen Königshauses zu. Diese rasche Entscheidung wurde möglich, weil sie den Grundsätzen persischer Religionspolitik entsprach. Die einheimischen Kulte sollten mit allen ihren Rechten wieder in Gang gesetzt werden. Dazu gehörte selbstverständlich auch die Wiedererrichtung zerstörter Tempel mit ihren Einrichtungen.

Die Einzelangaben des Ediktes beziehen sich auf die Größe des Hauses und die Art seiner Fundamentierung: drei Schichten behauene Steine, eine Holzschicht. Gleiche Angaben werden schon für den inneren Hof des Salomonischen Tempels in 1. Könige 6,36 gemacht. Auf dieser festen Grundlage sollten, was sich von selbst verstand, die Mauern des Hauses aufgeführt werden, über deren Material freilich nichts gesagt ist. Es können Lehmziegelmauern gemeint sein, aber auch weitere Stein- und Holzlagen sind nicht auszuschließen.

Die angegebenen Maße sind nicht ganz vollständig; es fehlt ein Längenmaß. Da der Salomonische Tempel zweifellos als Vorbild diente, darf angenommen werden, daß auch dieser zweite Tempel die Maße des ersten hatte, wie sie in 1.Könige 6,2 mitgeteilt sind; danach müßte man den Text des Kyrus-Ediktes so ändern und vervollständigen: 30 Ellen hoch, 60 Ellen lang und 20 Ellen breit. Nach dem Vorbild des Salomonischen Tempels wird der Innenraum des Tempelhauses dreigliedrig gestaltet gewesen sein: Vorhalle, Hauptraum und das Allerheiligste. Vorhöfe umgaben das Haus; im inneren Vorhof der Priester stand der Brandopferaltar. Für die Innenausstattung sollten die von Nebukadnezar weggebrachten Tempelgeräte zurückgegeben werden. Da kann man etwas Skepsis anmelden, ob diese Geräte über Jahrzehnte hinweg in Babylon vollständig geblieben waren, es sei denn, daß sie zu einem bestimmten Zeitpunkt in die Obhut des Königs Jojachin gegeben wurden. Doch gibt es dafür keinen Hinweis.

Völlig unerwähnt bleiben im Kyrus-Edikt die Deportierten in Babylonien. Durften sie heimkehren? Das Edikt befaßte sich mit der Wiedererrichtung eines alten Heiligtums. Die Frage der Rückwanderung aber gehörte in einen anderen Bereich. Man darf wohl die antiken Verhältnisse nicht zu sehr unter dem Gesichtspunkt moderner Heimkehrerpolitik und Visa-Bestimmungen beurteilen! Sofern den Exilierten in Babylonien die Freiheit geschenkt wurde, brachen sie doch nicht sogleich aus der Umgebung auf, in der sie heimisch geworden waren. Juda und die zerstörte Stadt Jerusalem mag vielen zu einem fernen, fremden Land geworden sein. Es ist deshalb auch nicht mit einer regelrechten Rückwanderungswelle zu rechnen, allenfalls mit kleineren Gruppen, die im Laufe der Zeit in Juda ankamen.

Diese Sicht der Dinge ist angesichts des lückenhaften Quellenmaterials nur mit einer gewissen Wahrscheinlichkeit zu belegen. Der Bibelleser mag sich fragen, wie denn die etwas andere und sehr viel konkretere Darstellung in Esra 1 zu verstehen sei, vor allem aber, wie die sogenannten »Rückwandererlisten« in Esra 2 und Nehemia 7 aufgefaßt werden müssen. Tatsächlich ist über diese Texte viel nachgedacht und geschrieben worden. Was die Darstellung in Esra 1 angeht, so scheinen hier aus einer späteren Sicht, die möglicherweise den in Gang gekommenen Bau des Tempels bereits voraussetzte, zusammenfassende Bemerkungen gemacht worden zu sein, die sozusagen den Inhalt der Bücher Esra und Nehemia in geraffter Form vorwegnehmen wollten. Aus dieser Zeit dürften auch die »Rückwandererlisten« stammen, die die tatsächlich heimgekehrten Familien listenmäßig erfassen und als führende Glieder der Gemeinden aus Jerusalem und Juda aufführen wollten. Eine durchaus annehmbare Vermutung lautet, daß diese Listen zur Zeit des Wiederaufbaus des Tempels angefertigt wurden, um eine Übersicht über die vollberechtigten Bürger Judas zu gewinnen und deren Familientraditionen zu fixieren. Darunter mögen auch heimgekehrte Familien gewesen sein.

b) Verzögerungen beim Tempelbau. Die neue Rolle des Hohenpriesters

Trotz des so früh erlassenen Kyrus-Ediktes ging es mit dem Tempelbau nicht recht voran. Es ist zu vermuten, daß dies weniger an mangelnder amtlicher Unterstützung als am fehlenden guten Willen lag. Das rief die beiden wohl bedeutendsten Propheten der nachexilischen Zeit auf den Plan, die in den Jahren 520 und 519 in Jerusalem auftretenden Propheten Haggai und Sacharja. Haggai sagte, die Meinung sei verbreitet, »die Zeit ist jetzt noch nicht gekommen zum Bau des Hauses Gottes« (Haggai 1,2), und er fügte hinzu, daß es genug Leute gebe, die in schönen »getäfelten« Häusern wohnen, während das Haus Gottes in Trümmern liege (1,4). Diese Worte sprechen für sich. In diesem Zusammenhang ist es nicht einmal auszuschließen, daß Rückwanderer und traditionsreiche Familien wesentliche Anstöße gaben, den Tempel nun doch endlich zu bauen, runde 20 Jahre nach dem Kyrus-Edikt!

Es mögen aber noch andere Beweggründe die Tempelbaupläne indirekt gefördert haben. Sie kamen von außen. Es ist nicht ohne Bedeutung, daß die Bücher der beiden Propheten Haggai und Sacharja von genauen Daten durchzogen sind. Haggai trat im 2. Jahr des Perserkönigs Darius (gemeint ist Darius I. Hystaspes, 521–486) auf, und zwar vom 6. bis zum 9. Monat (etwa Ende August bis November 520). Sacharja wirkte zwischen dem 8. und dem 11. Monat des gleichen Jahres, also zwischen Oktober/November 520 bis Januar/Februar 519. Der Regierungsantritt des Darius war mit ungewöhnlichen Schwierigkeiten im Kampf gegen Widersacher im Inneren und gegen aufständische Provinzen verbunden. Mehr noch als bei Haggai spürt man bei Sacharja, besonders in seinen visionären »Nachtgesichten« (Sacharja 1–6), den Anbruch weltgeschichtlicher Bewegungen, die Hoffnung auf eine andere Weltordnung, Vorstellungen, die schon ein wenig an die Bildwelt späterer Apokalyptik erinnern.

Diese Umbruchstimmung im Persischen Großreich mag dazu beigetragen haben, auch für Juda einen Wandel der Verhältnisse zu erwarten, und sie ließ die Frage nach einer neuen Führungsspitze wach werden. Beide Propheten, Haggai und Sacharja, nennen zwei Männer, von denen offenbar entscheidender Einfluß auf eine Erneuerung der inneren Ordnung ausging: Serubbabel, den »Statthalter von Juda«, und Jeschua, den »Hohenpriester«. Serubbabel trug zwar einen babylonischen Namen, war aber ein Enkel des Königs Jojachin, der 597 deportiert wurde. Die Perser setzten ihn als Provinzbeamten ein, weil man von ihm Vertrautheit mit den heimischen Verhältnissen erwarten konnte. Seine königliche Herkunft mußte zu Hause aber auch Sympathien und Hoffnungen wecken. Haggai 2,23 bedenkt ihn mit einem besonderen Spruch: Gott werde ihn wie einen Siegelring machen, zu einem Garanten künftiger Größe. Und in Sacharja 4,9 heißt es von ihm: »Serubbabels Hände haben dieses Haus gegründet, seine Hände werden es auch vollenden.« Da zeigt sich die entscheidende Mitwirkung Serubbabels beim Tempelbau.

Welche Rolle der in Esra 1,8 und 5,14f erwähnte Scheschbazar bei der Tempelgründung spielte (Esra 5,16), ist nicht mehr sicher zu sagen. Vielleicht war er in den Jahren nach 538 eine Art »Hochkommissar« im Auftrag der persischen Regierung, an dessen Stelle später Serubbabel trat.

Als Hoherpriester war Jeschua wohl das geistlich-kultische Gegengewicht zu Serubbabel. Spannungen und Kompetenzstreitigkeiten zwischen beiden scheint es gegeben zu haben, wurden aber beigelegt (Sacharja 3); unter den beiden »Gesalbten« in Sacharja 4,14 sind sicher Jeschua und Serubbabel zu verstehen. Leider erfahren wir nichts über die Rolle der beiden beim Bau des Tempels selbst und seiner Vollendung. Auch Serubbabel entschwindet unserem Blick. Als jedenfalls die Bauarbeiten in regem Gang waren, erkundigte sich Tattenai, der zuständige persische Satrap von Transeuphrat (der Beauftragte der persischen Regierung für die südlich des Euphrat gelegenen Provinzen), nach der Rechtmäßigkeit des Vorgehens. Das führte zu jener offiziellen Auskunft der persischen Regierung, die auf das Kyrus-Edikt verwies. Diesem Umstand verdanken wir unsere Kenntnis des Ediktes, denn der ganze amtliche Vorgang ist in Esra 5,6–6,12 geschildert. Der Tempelbau konnte daraufhin nach Klärung aller Rechtsfragen fortgesetzt und vollendet werden. Die Weihe des neuen Hauses fand im Jahre 515 v. Chr. statt.

Archäologische Reste dieses »zweiten Tempels« sind deshalb nicht erreichbar, weil das Gelände des früheren Tempelplatzes heute islamisches Heiligtum ist, wo Felsendom und Aksa-Moschee stehen. Aber selbst wenn Grabungen dort möglich wären, würde man kaum etwas entdecken. Herodes der Große hat zur Errichtung seiner großen Tempelanlage im 1. Jahrhundert v. Chr. das gesamte Gelände planieren lassen, wie es sich heute noch dem Besucher des Tempelplatzes mit seinen Heiligtümern darbietet. Die bescheiden ausgeführte Anlage des »zweiten Tempels« wird dieser Planierung restlos zum Opfer gefallen sein.

Mit der Wiedererrichtung des Tempels trat eine für die Verwaltung des judäischen Gemeinwesens entscheidende Frage in ein neues Licht. Der Salomonische Tempel war ein königliches Heiligtum, und der König war auch die für den Tempel verantwortliche Instanz. Unter der persischen Verwaltung war aber an die Wiederherstellung eines selbständigen judäischen Königtums nicht zu denken. Juda war zunächst auch noch nicht persische Provinz mit einem eigenen Statthalter. Es unterstand vorerst der Provinzverwaltung in Samaria. So konnte es geschehen, daß neben einem Verwaltungsbeamten wie Serubbabel am Tempel der Hohepriester an Macht und Einfluß gewann. Seine priesterlichen Ämter und Funktionen umkleidete er mehr und mehr mit königlicher Würde und verstand sich in der Rechtsnachfolge der Könige. Bei seinem Amtsantritt ließ er sich salben, wie es einst bei den Königen üblich war.

Damit stehen wir am Anfang einer folgenreichen Entwicklung, dem Aufstieg des Jerusalemer Hohenpriesters zu selbständigem Rang neben der weltlichen Staatsverwaltung, die die jeweiligen Statthalter und Regierungsbeamten der fremden Mächte ausübten, die über Jerusalem und Juda herrschten. Diese Gewaltenteilung sollte in den folgenden Jahrhunderten fast ununterbrochen andauern.

Der Tempel stand seit 515 v. Chr. Aber die Mauern der Stadt waren noch immer geschleift. Jerusalem lag nach seiner Zerstörung durch die Babylonier noch immer unbefestigt da. Doch es sollte weitere Jahrzehnte dauern, ehe ein Wandel eintrat.

10. DIE BEFESTIGUNG JERUSALEMS UND DER AUFBAU DES JUDÄISCHEN GEMEINWESENS UNTER ESRA UND NEHEMIA

a) Mißstände in Jerusalem und Juda

Die Entwicklung Jerusalems und Judas hat nach Abschluß des Tempelbaus in den folgenden Jahrzehnten einen schwierigen und für uns nicht mehr klar durchschaubaren Verlauf genommen. Es fehlt an ausreichenden Quellen. Das einzige Dokument, das aus dieser Zeit Auskunft gibt, ist das Buch Maleachi. Nicht mit Sicherheit ist diese Prophetenpersönlichkeit zu bestimmen (»Maleachi« bedeutet »Mein Bote«). Aber die unter diesem Namen mitgeteilten Einzelheiten sind aufschlußreich genug. Zwei Mißstände werden vor allem hervorgehoben: Nachlässigkeiten in der Opferpraxis und Mischehen mit Frauen aus dem Kreis der Nachbarvölker. Der Prophet beklagt, daß zu den Opfern blinde und lahme Tiere verwendet werden, also Tiere, die nicht makellos sind (Maleachi 1,6-14). Die Abgaben an das Heiligtum sind mit Betrügereien verbunden; der Zehnte wird nicht in voller Höhe entrichtet (3,7-12). Das Mischehenproblem, das Esra und Nehemia noch intensiv beschäftigen sollte, bestand darin, daß besonders die gehobenen Kreise Ehen mit Frauen aus nichtjudäischen Familien bevorzugten, weil sie sich dadurch eine Stärkung der eigenen Oberschicht versprachen.

Diese Verhältnisse lassen darauf schließen, daß es an strengen Grundsätzen im Land fehlte und das Gemeinwesen sich in höchst liberaler Weise von Gewohnheit und Recht entfernte. Es mangelte an straffer Führung, an Persönlichkeiten, die sich in genauer Kenntnis der älteren Grundsätze und der Überlieferung um eine tragfähige Gemeindeordnung kümmerten.

Erst um die Mitte des 5. Jahrhunderts trat eine Veränderung ein, aber nicht durch einheimische Kräfte, sondern durch Angehörige der Diaspora, die die schwierige Lage in Jerusalem kannten und zu einer

Neuordnung des Gemeinwesens entschlossen waren. Die beiden führenden Persönlichkeiten, von denen wir Nachricht haben, sind Esra und Nehemia.

b) Das Wirken Esras

Was wir urkundlich von ihnen und über sie besitzen, ist in den beiden nach ihnen benannten biblischen Büchern aufbewahrt, aber nur teilweise in einer klaren und nachvollziehbaren Ordnung. Vielfach entsteht der Eindruck, daß selbständige Quellenstücke nicht in der Reihenfolge des historischen Ablaufs zusammengestellt sind. Es handelt sich eher um eine locker gestaltete Aneinanderreihung von Überlieferungen, die in sich wertvoll sind, aber von keinem Geschichtsschreiber zu einem in sich abgerundeten Gesamtbild vereinigt wurden. Darum konnten sogar Zweifel aufkommen, in welcher Reihenfolge die beiden Männer Esra und Nehemia eigentlich auftraten. Wegen ihrer unterschiedlichen Aufgaben ist erwogen worden, ob vielleicht Nehemia *vor* Esra in Jerusalem tätig wurde. Jedoch kann die überlieferte Reihenfolge, die Esra voranstellt, nicht strikt widerlegt werden.

Nach dem Zeugnis von Esra 7 kam Esra im 7. Jahr des Königs Artahsasta mit einer Gruppe von Judäern mit Sondervollmachten des persischen Großkönigs aus der »Provinz Babylon« nach Jerusalem. Artahsasta ist geläufiger unter der griechischen Form seines Namens als Artaxerxes I. Longimanus (465–424). Esra kam also im Jahre 458 v. Chr. in Jerusalem an. Vermutlich stammte er aus einer Familie Deportierter. Er war Priester und trug außerdem den Titel »Schreiber des Gesetzes des Himmelsgottes«.

Dieser Titel steht am Anfang des aramäisch abgefaßten Textes Esra 7,12-26, darf also als authentisch angesehen werden. In der Fassung der Lutherbibel heißt es, er sei »Beauftragter für das Gesetz des Gottes des Himmels« gewesen. Tatsächlich ist ein »Schreiber« oft ein Beamter mit besonderem Aufgabenbereich. Esra dürfte im Rahmen der persischen Verwaltung für die religiösen Angelegenheiten Judas und Jerusalems zuständig gewesen sein. Als in der Schrift kundiger Priester konnte er auch als »Schriftgelehrter« (7,6) verstanden werden, obwohl diese Bezeichnung als fester Titel erst später üblich wurde.

Esra war also für die Regelung und Neuordnung der religiösen Angelegenheiten Judas der geeignete Mann, erfahren im Umgang mit den Schriften und zugleich mit den Belangen der persischen Verwaltung. Artaxerxes schickt ihn mit einer Reihe von Rückwanderern nach Jerusalem, damit er dort die Verhältnisse überprüfe, und zwar »nach dem Maßstab des Gottesgesetzes, das in seinen Händen ist« (7,14). Ohne daß dazu zunächst weitere Einzelheiten mitgeteilt sind, war es wohl Esras Aufgabe, eine Prüfung und Neuordnung von Verwaltung und

Recht in Jerusalem vorzunehmen. Es bleibt offen, ob es tatsächlich der persische Großkönig allein war, der eine solche Untersuchung wünschte, oder ob es nicht vielmehr Leute aus dem Kreis ehemaliger Deportierter waren, die den König um die Beauftragung Esras gebeten hatten. Denn in Jerusalem waren erhebliche innenpolitische Probleme entstanden, die nur eine höhergestellte Persönlichkeit angehen konnte. Esra mußte sich zuerst mit der Mischehenfrage befassen. Er verlangte sofort eine Untersuchung der Einzelfälle und befürwortete Ehescheidungen.

c) Das Wirken Nehemias

Mit Esra 10 findet das Wirken Esras einen vorläufigen Abschluß. Danach wird die andere Persönlichkeit eingeführt, die neben Esra um das neue Jerusalem bemüht war, nämlich Nehemia. Auch er entstammt wohl einer Deportiertenfamilie und hatte es in der Umgebung des persischen Großkönigs in Susa bis zum Hofamt eines »Mundschenken« gebracht. Diese enge Beziehung zum königlichen Hof war es, die Nehemia einen Vorstoß bei der persischen Regierung wagen ließ, Vollmachten für Jerusalem zu erbitten und zu erwirken, die weit über das hinausgingen, was Esra erstrebte und erreichte. Mit einer Reihe von Dokumenten und mit militärischer Bedeckung während der Reise kam er im 20. Jahr des Artaxerxes in Jerusalem an, also im Jahre 445 v. Chr.

Zunächst umritt Nehemia heimlich und bei Nacht die Stadt und sah erschrocken den Zustand der Stadtmauern. Er ergriff alle Maßnahmen, um ihren Wiederaufbau so rasch wie möglich einzuleiten und durchführen zu lassen. Aber dagegen gab es erhebliche Widerstände. Sie kamen von innen und von außen.

In Jerusalem gab es Leute, die die von ihnen verlangten Arbeiten an der Wiederherstellung der Stadt als Frondienst empfanden und Verluste für die eigene Wirtschaft befürchteten (Nehemia 5,1-13). Sie waren verschuldet und zu Leistungen gegenüber der persischen Regierung verpflichtet. Nehemia erwirkte jedoch einen Schuldenerlaß innerhalb des Gemeinwesens und war auch zu persönlichen Opfern bereit (5,14-19).

Außenpolitische Schwierigkeiten entstanden durch Befürchtungen und Ansprüche aus der Nachbarschaft. Drei Gegner Nehemias werden wiederholt genannt. Der Statthalter von Samaria, Sanballat, glaubte, daß durch den Wiederaufbau Jerusalems seine Stellung und sein Prestige gefährdet seien. Tobija, der Statthalter der benachbarten Provinz Ammon, hegte größtes Mißtrauen gegen den Aufstieg Jerusalems, zumal schon immer ein gespanntes Verhältnis zwischen Juda und Ammon eine Rolle spielte. Nicht anders war es mit den Edomitern, wo Geschem mit dem Beinamen »der Araber« aus alter Tradition zur Front der Gegner Judas zählte.

Diese drei Männer schlossen sich zu gemeinsamem Kampf gegen Jerusalem zusammen, blieben aber ohne Erfolg. Nehemia baute eine Selbstverteidigung der Judäer auf, die wirksam war. Die treffende Formulierung in Nehemia 4,11 spiegelt den Ernst der Lage: »Mit der einen Hand taten sie die Arbeit, und mit der anderen hielten sie die Waffe.« Der Kampf gegen Nehemia und seine Jerusalemer Helfer nahm schließlich dramatische Formen an. Man verdächtigte ihn, eigene Pläne zu verfolgen, die sich gegen den persischen König richteten. Durch List suchte man ihn zu greifen und bei einem Anschlag umzubringen. Aber Nehemia durchschaute seine Gegner und ihre Absichten (6,1-9).

In der relativ kurzen Zeit von 52 Tagen war der Mauerbau vollendet. Damit war Jerusalem wieder eine befestigte und verteidigungsfähige Stadt. Ein Stadtkommandant wurde eingesetzt und eine Tor- und Bewachungsordnung erlassen. Nehemia verstand es, die zunächst noch schwach besiedelte Stadt von neuem in ansehnlicher Weise zu bevölkern. Den zehnten Teil der Landbevölkerung siedelte er in die Stadt um. Teils meldeten sich die Familien freiwillig, teils entschied das Los (7,4f; 11,1f). Dies mochte dazu beitragen, das Zusammengehörigkeitsgefühl im neuen Gemeinwesen zu stärken.

Nehemia heißt in 5,14 mit dem offiziellen Titel »Statthalter«, den vor ihm kein judäischer Amtsträger nach dem Exil trug. Ein persischer Beamtentitel dürfte in 8,9 und 10,2 vorliegen, wie allerdings nur der hebräische Text zeigt. Ob Nehemia tatsächlich die Würde eines Statthalters erhielt und damit auch der selbständige Status von Juda als persische Provinz bestätigt wurde, ist umstritten.

Aber es ist damit zu rechnen, daß aufgrund der hohen Autorität, die Nehemia erlangte, noch zu seinen Lebzeiten oder wenig später die Erhebung Judas zur Provinz mit eigener Verwaltung unabhängig von Samaria erfolgte. Im 4. Jahrhundert leiteten sogar in Juda geborene Juden die Provinz.

d) Verpflichtung des Volkes auf das Gesetz Moses

In den Text des Nehemia-Buches ist in Kap. 8–10 ein feierlicher Akt aufgenommen, in dessen Mittelpunkt wieder Esra steht. Von einem hölzernen Gerüst aus, einer Art Kanzel, verlas er dem versammelten Volk »das Buch des Gesetzes Moses, das der Herr Israel geboten hat« (8,1). Das Laubhüttenfest, ein großes Bußgebet und die Verpflichtung des Volkes auf das Gesetz schlossen sich an. Welches »Gesetz« Esra verlas, hat viele Erörterungen ausgelöst. Mit hoher Wahrscheinlichkeit hat er Teile des Pentateuch, der fünf Mosebücher, vorgetragen und der Gemeinde als eine Art »Grundgesetz« für künftige Zeiten eingeprägt.

Was auch immer Esras Aufgabe gewesen sein mag, er wurde durch diese Verpflichtung auf das Gesetz zum Wegbereiter für das Judentum, das im Pentateuch (»Tora«) die höchste Schriftautorität erkannte, nach der sich jüdisches Leben zu vollziehen hatte. Wir wüßten nicht so viel über Esra und Nehemia, hätten sie nicht den entscheidenden Beitrag zur Konsolidierung des Lebens in Jerusalem und Juda in nachexilischer Zeit geleistet, und dies mit der ausdrücklichen Billigung der persischen Regierung.

Man sollte sich das Wirken Esras und Nehemias nicht auf dem Hintergrund eines großen Staatswesens vorstellen. Nehemia 3,1-12 spricht über die am Mauerbau beteiligten Leute und erwähnt stellenweise auch ihre Herkunftsorte. Daraus geht hervor, daß Juda damals in Bezirke aufgeteilt war, als deren Zentren Jerusalem, Bet-Zur nördlich von Hebron und Keïla im mittleren Juda erscheinen. Nicht sicher ist Bet-Kerem zu bestimmen; Mizpa lag nördlich Jerusalems, dicht bei dem heutigen Ramallah. Das ist ein relativ kleiner Raum, über den Nehemia zu befinden hatte; grob gesagt reichte er von Hebron bis Bethel und war damit kleiner als das ehemalige Königreich Juda. So werden Maßnahmen verständlich, wie sie in Nehemia 13 mitgeteilt sind und wie sie nur in überschaubaren Verhältnissen vorstellbar sind. Darunter befindet sich auch eine sogenannte »Marktordnung« (13,15-23). Sie verlangte vor allem die Einhaltung des Sabbats und untersagte das Warenangebot der judäischen Händler an Sabbaten in Jerusalem. Nehemia ließ die Stadttore schließen und bewachen.

In Nehemia 5,14 ist von zwölf Amtsjahren Nehemias die Rede; warum und wie sie endeten, erfahren wir nicht. Auch Esra entschwindet unserem Blick, ohne daß ein Abschluß seiner Tätigkeit erwähnt wird. Nicht am persönlichen Geschick dieser Männer nehmen die Texte Anteil, sie berichten allein über ihre Arbeit für ein neues judäisches Gemeinwesen. Was darüber gesagt ist, bildet das letzte Wort über das Schicksal Judas in der Perserzeit, das wir im Alten Testament lesen. Nur wenige verstreute Notizen, etwa aus den Prophetenbüchern, lassen sich noch in diese und die unmittelbar folgende Zeit verlegen. Ansonsten schweigt das Alte Testament nun für fast 200 Jahre bis in das zweite vorchristliche Jahrhundert, bis in die Zeit des Seleuzidenfürsten Antiochus IV. Epiphanes (175–164). So sind für die zweite Hälfte der Perserzeit nach Esra und Nehemia nur Zeugnisse vorhanden, die Quellen außerhalb des Alten Testaments entnommen werden müssen. Aber sie erlauben doch wenigstens einige Rückschlüsse auf das Leben der Judenschaft in Jerusalem und seiner Umgebung.

11. DIE ZWEITE HÄLFTE DER PERSERZEIT UND IHR ENDE DURCH ALEXANDER DEN GROSSEN

Im Jahre 525 v. Chr. hatte der Nachfolger von Kyrus II., der Perserkönig Kambyses II., Ägypten unterworfen. Aber diese Perserherrschaft in Ägypten blieb während des 5. und 4. Jahrhunderts nicht unangefochten. Zeiten, in denen das persische Herrscherhaus durch eigene innere Konflikte geschwächt war, so besonders in der Zeit Artaxerxes' II. Mnemon (404–358), nutzten einheimische Fürsten und Könige in Ägypten zu Aufständen, aber nur mit begrenztem Erfolg. Denn sie waren selbst zerstritten und kämpften um die Vorherrschaft. Gleichzeitig aber steigerte sich der Widerstand gegen die Perser in Syrien. Auch dort mehrten sich die Aufstände.

Syrien wurde zum Vorfeld persischer Gegenmaßnahmen. Artaxerxes II. kämpfte jedoch an verschiedenen Schauplätzen Syriens vergeblich. 361 konnte der ägyptische König Teos (Tachos) die südliche Küste Syriens erobern, mußte aber wegen des Abfalles des Heeres seines Neffen Nektanebos bei den Persern Zuflucht suchen. Die Aufstände in Syrien kamen nicht zur Ruhe. 353 scheiterte ein Feldzug Artaxerxes' III. Ochus (358–337) gegen Ägypten. Das reizte die phönizischen Städte von neuem zur Erhebung, insbesondere Sidon, wo es 351 zu einem massiven Aufstand kam. Später fiel die Stadt durch Verrat ihres eigenen Königs in persische Hand (348), und die phönizischen Städte unterwarfen sich. Doch erst 343 konnte Ochus Ägypten endgültig besiegen. Die Perserkönige von Artaxerxes III. über seinen Sohn Arses bis zu Darius III. Codomannus bildeten die 31. ägyptische Dynastie. Sie endete 332 mit der Eroberung Ägyptens durch Alexander den Großen.

Damit ist der zeitliche Rahmen abgesteckt und das politisch-militärische Geschehen angedeutet, das in die zweite Hälfte der Perserzeit fällt, von dem aber das Alte Testament völlig schweigt. Um die Mitte des 4. Jahrhunderts soll Jericho von den Persern erobert und zerstört worden sein. Darüber berichten mehrere antike Schriftsteller. Das Ereignis steht möglicherweise im Zusammenhang mit dem Ägyptenfeldzug Artaxerxes' III., den er 353 begann. Man rechnet für diese Zeit mit einer größeren Aufstandsbewegung, die von Sidon 351 ausging und sich tief in das Westjordanland fortsetzte. So glaubt man Zerstörungsspuren aus dieser Zeit erklären zu können, die sich in Hazor, Megiddo, Atlit, Lachisch und Jericho nachweisen lassen. Ein Führer der persischen Truppen sei Orophernes gewesen (Diodor 31,19). Aber es ist nicht sicher, ob dieser Name mit dem Holofernes aus dem Buch Judit etwas zu tun hat.

a) Die Trennung zwischen Jerusalem und Samarien

In die Zeit nach der Vollendung des Jerusalemer Tempels (515 v. Chr.) fällt eine im einzelnen schwer überschaubare Entwicklung, die schließlich mit der Abtrennung der Gemeinde der Samaritaner von Jerusalem endet. Die Anfänge dieser Spaltung, die gern als »Samaritanisches Schisma« bezeichnet wird, gehen weit zurück. Sie haben ihre Wurzel in der Neubesiedlung des Nordreiches Israel nach seinem Untergang 722/21 (vgl. S. 86ff); sie äußerten sich nach der Exilszeit in wachsenden Rivalitäten zwischen Jerusalem und Samaria um die Vormachtstellung. Jerusalem konnte alte angestammte Rechte geltend machen; Samaria war zunächst das von den Persern privilegierte Verwaltungszentrum. Einen Höhepunkt erreichten die Spannungen zur Zeit Nehemias. Samaria bekämpfte den Wiederaufbau von Stadt und Tempel aus Angst vor eigenem Prestigeverlust. In einem konkreten Fall mußte Nehemia tätig werden (Nehemia 13,28), als ein Hoherpriester in Jerusalem Schwiegersohn des Statthalters von Samaria wurde. Bindungen dieser Art waren nicht opportun, und es zeigt sich, daß Jerusalem selbständig zu reagieren wußte.

Tatsächlich wird schon zu Nehemias Zeit oder kurz danach Juda den Rang einer selbständigen Provinz erhalten haben. Es haben sich Münzen und Krughenkel gefunden, die hauptsächlich aus dem 4. Jahrhundert stammen und die Aufschrift »Juda« oder »Jerusalem«, ja sogar »Juda – der Statthalter« tragen. Die neue Provinz scheint also auch ein eigenes Münzrecht erhalten zu haben. Mit diesem Aufstieg Judas verlor Samaria seine politischen Einflußmöglichkeiten auf den südlichen Nachbarn. Eine weitere Folge war die kultische Verselbständigung Samarias, die Trennung vom Jerusalemer Tempel. Die Entstehung des »Samaritanischen Schismas« war ein längerer Prozeß, der sich aber hauptsächlich im Laufe des 4. Jahrhunderts vollzog und seinen Endpunkt spätestens mit dem Kommen der Griechen unter Alexander erreichte.

b) Die Militärkolonie von Elephantine

Ein besonders aufschlußreicher Papyrusfund soll nicht übergangen werden, weil er die hier beschriebenen Zeitverhältnisse zum Hintergrund hat. Bereits in den Jahren 1906–1908 wurden auf der Nilinsel Elephantine (aramäisch »Jeb«) bei Assuan in Oberägypten Fragmente aramäischer Handschriften gefunden, die als »Elephantine-Papyri« berühmt geworden sind. Es handelte sich dort um eine »jüdische Militärkolonie«, in der jüdische Söldner zusammen mit andersstämmigen Truppen zum Schutz der Südgrenze Ägyptens eingesetzt waren. Wahrscheinlich haben die Perser diese Kolonie bei der Eroberung Ägyptens übernommen. Auch Juden können schon damals dabeigewesen sein. Die Kolonie hatte die verschiedensten Schicksale, wie aus den gefundenen Schreiben hervorgeht. Sie stammen aus der Zeit zwischen 495 und 399. Die meisten sind privatrechtlichen Charakters, Ehekontrakte, Eigentumsübertragungen, Darlehensverträge u. a. Man hat errechnet, daß um das Jahr 420/19 dort bis zu 150 Leute zusammenlebten.

Die Gruppe besaß einen eigenen Tempel, dessen Gott zweifellos der Gott Israels war. Um 410 wurde der Tempel zerstört, wahrscheinlich auf Betreiben einheimischer Kräfte, hinter denen der zuständige Gouverneur und ägyptische Priester steckten. Später konnte der Tempel wieder aufgebaut werden. Wir erfahren, daß der Statthalter in Jerusalem, den es offensichtlich zu dieser Zeit gab, um Genehmigung und Unterstützung des Baus gebeten wurde. Gleichzeitig wird aber auch ein Brief nach Samaria geschickt, und es werden die Söhne des Sinuballit (wahrscheinlich war dies der im Nehemia-Buch genannte Sanballat), des Statthalters von Samaria, um ihre Zustimmung ersucht. Es kam tatsächlich zu einer Übereinkunft zwischen Samaria und Jerusalem, und der Tempel konnte gebaut werden.

Der Vorgang ist in vieler Hinsicht aufschlußreich. Die Leute der Militärkolonie setzten sich wegen ihres Tempelbaus mit dem Heimatland in Verbindung, sie fanden Gehör in Jerusalem und Samaria und erhielten von dort ihre Genehmigung. Nicht nur scheint das Verhältnis zwischen Jerusalem und Samaria hinreichend geregelt zu sein, so daß Übereinkünfte möglich wurden, sondern die Diasporajuden in Oberägypten fühlten sich auch an die heimatlichen Instanzen gebunden und respektierten sie.

Ein vergleichbarer Vorgang war die Einholung einer Genehmigung zur Abhaltung des Passafestes. Bereits 419 v. Chr. hatte Darius II. in seinem sogenannten »Osterbrief« der Judenschaft von Elephantine das Mazzot-Fest genehmigt, also das Einnehmen der ungesäuerten Brote. Die Schlachtung des Passalammes wurde hingegen nicht gestattet. Die Darbringung blutiger Opfer blieb seit der Josianischen Reform von 622/21 das Privileg des Jerusalemer Tempels.

Über das Ende der Militärkolonie von Elephantine besitzen wir keine Kunde. Sie kann aufgehoben oder verlegt worden sein, sie kann aber auch erneuten Anfeindungen zum Opfer gefallen sein. Auf jeden Fall sind die aufgefundenen Papyri ein handgreiflicher Beleg für jüdisches Leben in der Diaspora, das seine Eigenart behielt. Nach wie vor bestanden enge Beziehungen zum Mutterland, dessen Autoritäten anerkannt blieben.

c) Alexander der Große

Die völlige Umgestaltung der Verhältnisse brachte das Erscheinen der Griechen im Vorderen Orient unter der Führung Alexanders des Großen. Nach seinem Sieg über Darius III. Codomannus bei Issus im nördlichen Syrien im Jahre 333 v. Chr. zog Alexander an der Küste südwärts, belagerte sieben Monate die Inselstadt Tyrus an der phönizischen Küste und bezwang sie, indem er einen Damm vom Festland zur Insel bauen ließ, der in erweiterter Form heute noch vorhanden ist; zwei Monate lang belagerte er Gaza und erreichte schließlich Ägypten. Alexander nahm also den Weg durch die Küstenebene, während er die Eroberung des Binnenlandes seinem Feldherrn Parmenio überließ. Dieser nahm später auch Samaria ein.

Spätere Berichterstattung, besonders im Werk des jüdischen Geschichtsschreibers Flavius Josephus, will von einem Auftritt Alexanders in Jerusalem wissen, der sich von Gaza aus dahin begeben hatte. Dies läßt sich jedoch aus anderen Quellen nicht bestätigen, wenngleich es auch nicht vollkommen ausgeschlossen ist. Dagegen ist eine Mitteilung des Q. Curtius Rufus aus seiner Alexanderbiographie (IV,8.9-11) ernstzunehmen, daß die Samarier den mazedonischen Präfekten Andromachos lebendig verbrannt hätten. Daraufhin wurden Mazedonier in Samaria angesiedelt. Das mag einer der Gründe gewesen sein, warum die samarische Gemeinde nach Sichem auswich. Dort baute sie auf dem Berg Garizim ein Heiligtum, dessen Existenzberechtigung durch die Griechen anerkannt wurde. Das »Samaritanische Schisma«, d. h.

die Trennung von Jerusalem, war damit perfekt und amtlich. Reste der samaritanischen Gemeinde haben sich bis heute erhalten und feiern auf dem Garizim ihr Passa.

Alexander, der zum Herrn des bis dahin größten Weltreiches der Antike geworden war, dessen Macht die des persischen Großkönigs überstieg, der bis an den Indus und nach dem heutigen Pakistan vordrang, starb im Jahre 323 v. Chr. in Babylon. Sein Reich zerfiel in die Herrschaft der Diadochen, wie man seine Nachfolger in den verschiedenen Reichsteilen nannte. Seitdem drang in regional unterschiedlicher Intensität griechischer Geist in die altorientalische Welt ein.

Nach allgemeiner Überzeugung beginnt nun das »Zeitalter des Hellenismus«, das neue Lebensgewohnheiten hervorbrachte und im frühen Judentum zu harten Auseinandersetzungen zwischen Traditionalisten und »Griechenfreunden« führen sollte. Im strengen Sinne ist damit die Geschichte des alttestamentlichen Israel, die die kulturelle und religiöse Eigenart dieses Volkes prägte, abgeschlossen. Neue Formen des Denkens im politischen, geistigen und religiösen Leben wurden herausgefordert, deren Ausprägungen auch in das Neue Testament hineinwirkten und in Verbindung mit dem Alten Testament ihren Beitrag zur Gestaltung des »Abendlandes« leisteten.

So hat sich Israels Geschichte mit seinen Persönlichkeiten und seinen Begebenheiten durch biblische Überlieferung dem Denken der zivilisierten Menschheit eingeprägt und wurde in Judentum und Christentum als Zeugnis des lebendigen Gottes begriffen.

Zweiter Teil

WALTER KLAIBER

Geschichte Israels in zwischentestamentlicher und neutestamentlicher Zeit von Alexander dem Großen bis Bar Kochba

1. DIE WELT DES HELLENISMUS

Mit der Eroberung des Persischen Reiches durch Alexander den Großen beginnt das Zeitalter des Hellenismus. Politisch endet diese Epoche mit dem Jahre 30 v. Chr., in dem nach der Schlacht bei Actium Ägypten als letzter der Nachfolgestaaten des Alexanderreiches unter römische Herrschaft geriet. Kulturell aber dauerte sie länger und setzte sich im Grunde ohne Bruch fort bis in die Zeit des Oströmischen Reiches und in das Byzantinische Zeitalter.

So ist auch die hellenistische Zeit weniger durch die Herrschaft einzelner Staaten als vielmehr durch die Durchsetzung einer gemeinsamen Kultur im östlichen Mittelmeerbereich bis weit hinein in den Vorderen und Mittleren Orient gekennzeichnet.

a) Die Diadochenkämpfe

Daß es dazu kam, ist im Grunde erstaunlich. Denn die ersten vierzig Jahre nach dem Tode Alexanders sind erfüllt mit endlosen Kämpfen zwischen seinen Generälen um das Erbe des großen Königs. In der ersten Phase dieser Auseinandersetzungen ging es um die Bewahrung der Reichseinheit. Ihr hartnäckigster Vertreter unter den Generälen war Antigonus der Einäugige. Ihm gegenüber standen vor allem Ptolemäus, der sich seit 322 v. Chr. in der Satrapie Ägypten festgesetzt hatte, und Seleukus, der sich mit Hilfe des Ptolemäus seit 312 Babylon gesichert hatte und später von dort aus versuchte, ein großes Nachfolgereich zusammenzuhalten, das den Osten (Mesopotamien, Persien), aber auch Syrien und Kleinasien (mit Antiochia als Residenzstadt) umfaßte.

Die Entscheidung zwischen den Vertretern der Reichseinheit und denen einer Reichsteilung fiel in der Schlacht bei Ipsos mit einer vernichtenden Niederlage des Antigonus (301). Zwar gingen die Kämpfe zwischen den »Diadochen«, den Generälen Alexanders, die sich jetzt alle Könige nannten, noch geraume Zeit weiter; doch ging es von nun an nicht mehr um die Vorherrschaft, sondern um die Abgrenzung des

Besitzstandes der Nachfolgestaaten. Als Ende dieser »Diadochenkämpfe« gilt die Schlacht bei Korupedion (281 v. Chr.), in der Seleukus den Lysimachus schlug und seinem Reich für kurze Zeit auch noch einmal Mazedonien einverleibte.

b) Kultur und Religion in hellenistischer Zeit

Trotz dieser dauernden Kämpfe und des Zerfalls des Alexanderreiches in mehrere Nachfolgestaaten blieb dieses in gewissem Sinne eine politische Einheit und wuchs besonders kulturell immer enger zusammen. Im Osten und vor allem in Ägypten wurde die bestehende Verwaltungsstruktur des Persischen Reiches von den neuen Machthabern im wesentlichen übernommen. Die eher lockere Art dieser Administration erlaubte es, den griechischen Städten in diesen Gebieten eine Teilautonomie zu gewähren. Vor allem in Syrien, aber auch in Palästina wurde in dieser Zeit eine ganze Zahl hellenistischer Städte mit entsprechender Polisverfassung gegründet.

Sie dienten zunächst zur Ansiedlung mazedonischer Siedler, wurden aber bald zum Anziehungspunkt für Einwanderer aus ganz Griechenland. Dies führte zu einem ständigen Anwachsen der griechischen Bevölkerung. War es zunächst die Überlegenheit griechischer Waffentechnik und Militärstrategie, auf die die Reiche Alexanders und seiner Nachfolger sich gründeten, so strömten nun weitere Errungenschaften griechischer Kultur nach. Griechische Waren, handwerkliche Technik und Wissenschaft werden importiert; vor allem aber verdrängt die griechische Sprache sehr bald das Aramäische als allgemeine Verkehrssprache. Nur wer Griechisch beherrschte, konnte in der neuen Gesellschaft vorwärtskommen, und gerade die einheimischen Eliten der neu hellenisierten Gebiete scheinen sich sehr schnell den Erfordernissen einer Anpassung an die neuen Gegebenheiten gefügt zu haben.

Trotz der häufigen Kriege scheint die ganze Entwicklung in den Diadochenreichen zu einem gewissen materiellen Wohlstand geführt zu haben. Insbesondere in den Städten kann sich eine bürgerliche Mittelschicht etablieren, während in manchen ländlichen Bereichen, wo – wie z. B. in Ägypten – kleine Pächter staatliche Ländereien bebauen, sich eine drückende Bürokratie etabliert, die das Letzte aus Land und Leuten zu pressen sucht.

Auch in religiöser Hinsicht kommt es zu einer Hellenisierung des Ostens. Einheimische Götter werden mit den griechischen Gottheiten identifiziert. Doch bleibt dieser Prozeß meist ganz oberflächlich, und schon im 3. Jahrhundert v. Chr. beginnt eine verdeckte religiöse Orientalisierung des Westens, die dann im Römischen Reich ihren Höhepunkt erreichen wird. Händler aus dem Osten bringen ihre heimischen Götter mit in die Städte Kleinasiens und Griechenlands. Dies geschieht zunächst in Form geduldeter Privatkulte, findet aber auch bald halboffizielle oder offizielle staatliche Anerkennung.

Palästina in hellenistischer Zeit

Palästina
332 Alexander in Jerusalem
332–323 Palästina unter mazedonischer Herrschaft

323–312 Palästina unter der Herrschaft verschiedener Nachfolger Alexanders

Das Reich Alexanders
332 Alexander erobert Tyrus und besetzt Syrien und Ägypten
331 Einnahme Babylons durch Alexander
330 Tod Darius III. Ende des Perserreiches
323 Tod Alexanders
323–301 Verwaltung und nachfolgende Aufteilung des Alexanderreiches durch seine Nachfolger

Palästina	Ägypten	Syrien und Mesopotamien
312–198 Palästina unter ägyptischer Herrschaft	323–283 Ptolemäus I., Begründer der Dynastie der Ptolemäer	312–280 Seleukus I., Begründer der Dynastie der Seleuziden
	285–246 Ptolemäus II.	280–261 Antiochus I.
	274–271 1. Syrischer Krieg um den Besitz von Palästina	
	260–253 2. Syrischer Krieg	261–246 Antiochus II.
	246–221 Ptolemäus III.	246–226 Seleukus II.
	246–241 3. Syrischer Krieg	
		226–223 Seleukus III.
218–217 Palästina unter syrischer Herrschaft	221–205 Ptolemäus IV.	223–187 Antiochus III. der Große
217 Ptolemäus IV. besiegt Antiochus III. bei Raphia und zwingt ihn zur Aufgabe Palästinas	205–181 Ptolemäus V.	
198 Schlacht bei Paneas. Palästina endgültig unter syrischer Herrschaft		190 Antiochus III. unterliegt den Römern bei Magnesia
		187–175 Seleukus IV.
	181–145 Ptolemäus VI.	
175–172 Jason Hoherpriester		175–164 Antiochus IV. Epiphanes

Nach dem Tod Alexanders d. Gr. 323 v. Chr. stand Palästina zunächst unter der Herrschaft der Ptolemäerkönige in Ägypten. Sie behielten die persische Provinzeinteilung bei, gliederten die Provinzen jedoch in kleinere Einheiten. Sie machten eine Reihe von Städten zu griechischen Städten mit bestimmten Privilegien. Nach fast hundertjährigen Auseinandersetzungen zwischen Ägypten und Syrien kam Palästina nach der Schlacht von Paneas 198 v. Chr. endgültig unter die Herrschaft der Seleuzidenkönige in Syrien.

9. Palästina in hellenistischer Zeit (332 - 164 v. Chr.)
Bibeltexte: 1. Makkabäer 1,1-10

2. JUDÄA UNTER DEN PTOLEMÄERN

In den Wirren der Diadochenkämpfe wechselte Palästina mehrere Male den Besitzer. Ptolemäus besetzte es erstmals 312 v. Chr., wobei auch Jerusalem erobert wurde – angeblich kampflos an einem Sabbat. Er mußte es bald wieder aufgeben, nahm es aber dann 301 v. Chr. wieder in Besitz, und zwar entgegen der Abmachung der Sieger, die ganz Syrien und Palästina Seleukus zugesprochen hatten. Dieser verzichtete darauf, gegen seinen alten Weggefährten und Helfer militärisch vorzugehen; doch gaben die Seleuziden nie ihre Ansprüche auf dieses Gebiet auf und führten zwischen 274 und 198 nicht weniger als fünf Kriege, um diese durchzusetzen. Die ersten drei dieser Kriege wurden nördlich von Palästina geführt und berührten die jüdischen Gebiete nicht unmittelbar; doch war man, wie Daniel 11,5-12 zeigt, über die wechselvolle Geschichte dieser Auseinandersetzungen gut informiert.

Judäa war nun eine Hyparchie (»Unter-Herrschaft«) unter ptolemäischer Oberherrschaft. Größenmäßig war es weithin identisch mit der persischen Provinz Judäa und hatte den Status eines *ethnos*, d. h. einer halbautonomen Volksgruppe innerhalb des Ptolemäischen Reiches, die das Recht besaß, ihre inneren Angelegenheiten nach den »Gesetzen der Vorfahren« zu regeln. Über die Einzelheiten der Verwaltung wissen wir aber nichts. In der Regel scheint der Hohepriester die Funktion des Statthalters ausgeübt zu haben und dabei von einem Ältestenrat, dem Synedrium (griech.: *gerousia* bzw. *synedrion*; aram.: *sanhedrin*), beraten worden zu sein. Doch gab es Ausnahmen von dieser Regel, so daß Judäa im strengen Sinne kein Tempelstaat war, wenn auch politisch und ökonomisch das Gewicht der Tempelorganisation in dem kleinen Land kaum überschätzt werden kann.

a) Die wirtschaftlichen Verhältnisse in Judäa

Über die wirtschaftliche Situation Judäas sind wir nur durch einige Briefe des Verwaltungsbeamten Zenon orientiert, der 260–258 v. Chr. im Auftrag seines Herrn, des ägyptischen Finanzministers Apollonius,

Palästina bereiste. Er kümmerte sich u. a. um die Einführung besserer Rebsorten in Weingütern seines Herrn in Galiläa. Während in Galiläa, um Jericho und im Ostjordanland große königliche Güter, die von Pächtern und Taglöhnern bewirtschaftet wurden, die Wirtschaftsstruktur bestimmten, scheint Judäa eher kleinbäuerlich strukturiert gewesen zu sein. Die Ptolemäer haben das System der Steuerpacht in Palästina eingeführt. Gegen eine entsprechende Fixsumme, für die er persönlich haftete, erwarb ein Steuerpächter (neutestamentlich: »Zöllner«) die Steuererträge eines bestimmten Gebietes.

Als sich gegen 240 v. Chr. der Hohepriester Onias II. weigert, weiter für die Gesamtsteuersumme der Hyparchie zu bürgen – möglicherweise aus proseleuzidischen Neigungen –, springt sein Neffe Josef für ihn ein, der zu der im Ostjordanland beheimateten Familie der Tobijaden gehört. Er übernimmt das Amt der *prostasia*, der Vertretung des Volkes gegenüber dem König, und verschafft sich gegen entsprechend hohes Gebot auch das Amt des Generalsteuerpächters für ganz Syrien und Phönizien. Er übt es 22 Jahre aus, teilweise mit rigorosen Methoden, wird aber von dem jüdischen Schriftsteller Flavius Josephus gerühmt, er habe das jüdische Volk zu Wohlstand und Ansehen gebracht.

Bei Beginn des 4. Syrischen Krieges (218 v. Chr.) scheint auch Josef auf die seleuzidische Seite geschwenkt zu sein, während sein Sohn Hyrkan weiter zu den Ptolemäern hält. Tatsächlich gelingt es Ptolemäus IV. in der Schlacht von Raphia, unter Mithilfe von einheimischen ägyptischen Hilfstruppen noch einmal den Ansturm seines Gegners, Antiochus' III., des Großen, abzuwehren. Doch mit der Schlacht bei Paneas fällt 198 v. Chr. Palästina endgültig den Seleuziden zu.

b) Biblische und apokryphe Literatur

Über die inneren Verhältnisse Judäas im Jahrhundert der ptolemäischen Herrschaft wissen wir wenig. Der Übergang von der persischen in die griechische Oberhoheit dürfte für das Land zunächst ein kaum merklicher Einschnitt gewesen sein. Erst ganz allmählich werden sich die Einflüsse der griechischen Kultur bemerkbar gemacht haben. Möglicherweise stammt das Buch des »Predigers« (Kohelet) aus dieser Zeit und läßt uns in seiner skeptischen Grundhaltung etwas von einer inneren Krise der jüdischen Religion spüren, die auch durch die Berührung mit hellenistischem Gedankengut verursacht worden sein mag.

Dagegen zeigt das Buch von Jesus Sirach, das zu Beginn des 2. Jahrhunderts v. Chr. entstanden sein wird und die Erfahrungen der ptolemäischen Zeit widerspiegeln dürfte, eine sehr viel selbstbewußtere Auseinandersetzung mit der Herausforderung der hellenistischen Kultur, der die Gültigkeit jüdischer Weisheitslehre entgegengestellt wird. Das Loblied auf den Hohenpriester Simon (wohl Simon II., der Gerechte, ca. 218–192 v. Chr.) in Kap. 50 vermittelt etwas von der Bedeutung des hohenpriesterlichen Amtes und des Tempelkultes für diese Zeit.

Gewinnt man hier den Eindruck, die im Kult erfahrene Gegenwart Gottes habe der Religion des jüdischen Volkes ein Zentrum geschenkt, um das diese im Rhythmus der großen Feste, aber ansonsten gewissermaßen zeitlos kreise, so dürfte das nicht für alle Schichten im Volk das rechte Bild geben. Es gibt sehr viele Indizien dafür, daß gerade in diesem für das Judentum relativ friedlichen Jahrhundert die Grundlagen für die spätere Apokalyptik gelegt wurden. Die Sammlung der Prophetenschriften ist in dieser Zeit zum Abschluß gekommen, und die jüngsten Bestandteile dieser Schriften (z. B. Jesaja 24–27; Sacharja 12–14) sprechen mit großer Inbrunst die Hoffnung auf die Durchsetzung der weltumspannenden Herrschaft Gottes und seines Volkes aus. Die ältesten Teile der apokalyptischen Henochliteratur und Teile des Danielbuches stammen aus dieser Zeit und bezeugen, wie intensiv gewisse Kreise im Judentum die Weltgeschichte auf ihre gottgegebene Ordnung und ihr gottgewolltes endzeitliches Ziel hin betrachtet und ausgelegt haben.

3. DIE HELLENISTISCHE DIASPORA

Seit dem Babylonischen Exil ist die Diaspora (griech.: Zerstreuung; hier als geographischer Begriff gebraucht) ein wichtiges Element jüdischer Existenz. Politisch begann ja das Leben in der Diaspora gleich jenseits der Grenzen Judäas, also kurz vor den Toren Jerusalems. Während aber die jüdischen Siedlungen in Babylonien, Mesopotamien und Medien an der aramäischen Umgangssprache festhielten und auch die Kenntnis der hebräischen Sprache weiter pflegten und so dem Mutterland eng verbunden blieben – oft gingen von dort sogar wichtige Impulse in die Heimat aus –, ergab sich ein neues Bild, als sich jüdische Ansiedler in den Städten der hellenistischen Welt niederließen. Oft waren sie als Soldaten angeworben worden und arbeiteten dann als Handwerker, Bauern oder Verwaltungsbeamte.

Vor allem Ägypten, und dort das aufstrebende Alexandria, zog viele Juden an. Schon 312 v. Chr. war mit den abziehenden ptolemäischen Truppen eine größere Anzahl ihrer jüdischen Parteigänger nach Ägypten gegangen (möglicherweise unter Führung des amtierenden Hohenpriesters Hiskia/Ezekias), und unter der Förderung von Ptolemäus II. Philadelphos (283–246) und Ptolemäus III. Euergetes (246–221) wuchs der jüdische Bevölkerungsanteil beträchtlich an. Um die Zeitenwende waren zwei der fünf Stadtbezirke Alexandrias jüdisch, so daß dort mehr als dreihunderttausend Juden wohnten. Aber auch in den Städten der Kyrene (Cyrenaica), Syriens, Kleinasiens und Griechenlands siedelten sich jüdische Bevölkerungsgruppen an. Ihre rechtliche Stellung war nicht einheitlich. Vollbürger konnten sie in der Regel nicht werden, da dies die Verehrung der Stadtgötter vorausgesetzt hätte. Doch bildeten die jüdischen Bürger in Städten wie Alexandria ein eigenes *politeuma* (Gemeinwesen) innerhalb der Bürgerschaft (*polis*), das mit gleichen Rechten ausgestattet war oder dies mindestens beanspruchte – eine Frage, über die es in Alexandria im 1. Jahrhundert n. Chr. zu heftigen Auseinandersetzungen kam.

Eine völlige Assimilation der Juden an ihre hellenistische Umgebung gab es also nur in Einzelfällen. Dennoch war die kulturelle Anpassung in diesem Bereich sehr viel ausgeprägter als in der östlichen Diaspora, was sich besonders an drei herausragenden Erscheinungen aufzeigen läßt.

a) Die Septuaginta

Aufgrund der sehr schnell schwindenden Kenntnisse der hebräischen Sprache im hellenistischen Judentum wurde es nötig, die biblischen Schriften, insbesondere die Tora (die fünf Bücher Mose) ins Griechische zu übersetzen. Der Aristeasbrief berichtet in legendenhafter Form, daß dies auf Veranlassung des Königs Ptolemäus II. für die große alexandrinische Bibliothek geschah, und zwar durch 72 Gelehrte, die der jüdische Hohepriester nach Alexandria abgeordnet hatte und die in 72 Wochen unabhängig voneinander die Tora im gleichen Wortlaut übersetzt haben sollen. Von daher leitet sich der Name *Septuaginta* (lat.: siebzig) für die griechische Übersetzung des Alten Testaments ab.

Der historische Kern dieser Legende dürfte sein, daß zur Zeit Ptolemäus' II. eine halboffizielle Übersetzung der Tora in Alexandria erstellt wurde, allerdings wohl mehr für den gottesdienstlichen und juristischen Gebrauch in der jüdischen Synagoge als für wissenschaftliche Zwecke. Nach dem Zeugnis der Vorrede, die der Enkel von Jesus Sirach seiner Übersetzung der Schrift seines Großvaters vorausschickt, waren dann bis zur Mitte des 2. Jahrhunderts auch die Propheten und die übrigen Schriften des Schriftenkanons übersetzt worden.

Soweit wir wissen, war dies die einzige Übersetzung eines Schriftkorpus des Alten Orients ins Griechische. Sie wurde von den Griechen zunächst kaum beachtet, dann aber durch die Vermittlung des Christentums zu einem der grundlegenden Dokumente abendländischer Kultur.

Von besonderer Bedeutung war, daß bestimmte griechische Begriffe eine neue Prägung oder Füllung bekamen, indem sie zur Übersetzung hebräischer Wörter verwendet wurden. So erhält z. B. das Wort *doxa* (griech.: Ansicht, Meinung, Einbildung, Schein, Ruhm) als Übersetzung des hebräischen Begriffes *kabod* die Bedeutung »Glanz, Herrlichkeit, Majestät (Gottes), Ehre«. Umgekehrt nimmt das hebräische Verständnis von »Gerechtigkeit« (*ṣedaka*) im Sinne von »gemeinschaftstreu, einer Gemeinschaft und ihrer Ordnung gegenüber gerecht« durch die griechische Übersetzung mit *dikaiosyne* stärker das Element der richterlichen Gerechtigkeit auf.

Wo von Gott im hebräischen Text in menschlichen Bildern oder Gefühlsausdrücken geredet wird, nimmt dies die Übersetzung oft zurück. So heißt es an der schwierigen Stelle in 2. Mose 4,24 nicht: »Da trat der HERR ihm entgegen und wollte ihn töten«, sondern: »Da geschah es, daß der Engel des HERRN ihm entgegentrat ...« Die Selbstvorstellung Gottes in 2. Mose 3,14 »Ich werde sein, der ich sein werde«, gibt die Septuaginta für den griechischen Leser sehr viel naheliegender mit »Ich bin der Seiende« wieder. (Der jüdische Philosoph Philo von Alexandria wird dann noch griechischer übersetzen: »Ich bin das Sein«!)

An einigen Stellen beruht der christliche »Schriftbeweis« (Heranziehung von Aussagen des Alten Testament als prophetische Hinweise auf die in Christus eingetretene Erfüllung) auf der Textfassung der Septuaginta; die wichtigste ist Jesaja 7,14, wo die griechische Übersetzung den hebräischen Text »die junge Frau wird schwanger werden« mit den Worten »eine Jungfrau wird schwanger werden« wiedergab. Dies war einer der Gründe, warum das griechischsprechende Judentum später die Septuaginta durch wörtlichere Übersetzungen zu ersetzen versuchte.

b) Die Entstehung der Synagoge

Aus dem Gebiet der hellenistischen Diaspora haben wir die ersten sicheren Zeugnisse von Synagogengebäuden. Zwei entsprechende Inschriften aus Alexandria stammen aus der Zeit Ptolemäus' III. (246–221 v. Chr.). Die Gebäude sind der königlichen Familie gewidmet; eines von ihnen besitzt das begehrte Asylrecht, war also einem bedeutenden Tempel gleichgestellt. Beides bezeugt das hohe öffentliche Ansehen der jüdischen Gemeinde. Die ältesten Reste eines Synagogengebäudes wurden auf der Insel Delos gefunden, ein einfacher Bau aus dem frühen 1. Jahrhundert v. Chr.

Synagogen gab es zur neutestamentlichen Zeit auch in Judäa und Galiläa. Dies ist angesichts der Tatsache, daß der Tempel relativ leicht erreichbar war, erstaunlich und ist daher lange bezweifelt worden. Doch gibt es neben dem Zeugnis des Neuen Testaments inzwischen auch archäologische Beweise für die Existenz solcher Versammlungsstätten in der Zeit vor 70 n. Chr.

Der vermutlich in der Diaspora entstandene Brauch, sich zu Schriftlesung und Gebet am Sabbat zu versammeln, hat also schon vor der Zerstörung des Tempels im jüdischen Mutterland Eingang gefunden und markiert eine neue Akzentsetzung im religiösen Leben des Judentums. In der griechischsprechenden Diaspora hießen diese Versammlungsstätten anfangs auch nicht *synagoge* (= Versammlung), sondern *proseuche* (= Gebet[sstätte]). Dieser Name deutet die Besonderheit an, die diese Institution im religiösen Leben der Antike darstellt. Ein kultischer Versammlungsort, in dessen Zentrum nicht das Opfer, sondern allein Gebet, Bekenntnis und Schriftlesung steht, war in der Antike einmalig. Auch hier stehen wir an der Wurzel einer Entwicklung, die in Judentum, Christentum und Islam für eine völlig neue Auffassung von Gottesdienst bestimmend wurde.

c) Philo von Alexandria

Seit dem Ende des 3. Jahrhunderts v. Chr. begannen griechisch gebildete Juden biblische Stoffe in den Formen griechischer Literatur, der Geschichtsschreibung, des Epos und der Tragödie zu behandeln. Leider sind davon nur Fragmente erhalten. Vermutlich haben sie über den Bereich des gebildeten Judentums hinaus kaum eine Wirkung gehabt. Dagegen ist fast das ganze Werk des jüdischen Philosophen und Theologen Philo von Alexandria erhalten geblieben. Er, der etwa von 20 v. Chr. bis 45 n. Chr. lebte, verfaßte verschiedene Kommentarreihen zur Tora und zu den jüdischen Gesetzen. Durch eine allegorische Auslegung der alttestamentlichen Texte, die methodisch der alexandrinischen Homer-Interpretation verpflichtet ist, versucht er die Einheit von biblischer Offenbarung und philosophischer Erkenntnis darzulegen, wobei er sich vor allem auf Plato und die mittlere Stoa stützt.

Für das Verständnis des Neuen Testament ist vor allem Philos Konzeption vom göttlichen *logos* (Wort, Vernunft) und der göttlichen *sophia* (Weisheit) von Bedeutung. Da Gott, wenn philosophisch recht von ihm geredet werden soll, als völlig unsichtbar, unveränderlich und unnahbar gedacht werden muß, wird die biblische Auffassung von Schöpfung und Offenbarung durch die Einführung von Mittlergestalten erklärt. Vom Alten Testament her bot sich hier die Gestalt der schöpferischen Weisheit Gottes an (vgl. Sprüche 8; Sirach 24), der Philo – in Anklang an 1. Mose 1 und die stoische Logoslehre – die Gestalt des Logos, des göttlichen Wortes bzw. der göttlichen Vernunft, zur Seite stellte.

Der Logos ist »Gottes eingeborner Sohn«, gewissermaßen »zweiter Gott«, ohne doch Gottes Einheit und Einzigartigkeit in Frage zu stellen. Er zeigt sich in der Ordnung der Schöpfung ebenso wie in der Vernunftgemäßheit des jüdischen Gesetzes. Personen der Heilsgeschichte wie Mose, aber auch der amtierende Hohepriester repräsentieren oder symbolisieren den Logos für Israel. Philo greift hier Gedanken auf, die wohl auch sonst im griechischsprechenden Judentum vertraut waren und für bestimmte Ausformungen der neutestamentlichen Christologie (Lehre über Person und Werk Jesu Christi) große Bedeutung haben (vgl. Johannes 1).

Trotz aller Angleichung an die griechische Philosophie wollte Philo doch ganz bewußt auf dem Boden des göttlichen Gesetzes bleiben, das Israel durch Mose überliefert worden war, und er hat sich dann auch in den schwirigen Auseinandersetzungen zwischen Juden und Griechen in Alexandria (39/40 n. Chr.) ganz auf die Seite seines Volkes gestellt. Überliefert wurden seine Schriften nur durch christliche Theologen. Darin zeigt sich etwas von der Tragik des hellenistischen Judentums, dessen blühende nordafrikanische Zentren in den Aufständen um 116/117 n. Chr. zerstört oder dezimiert wurden und dessen Erbe vom späteren, rabbinisch bestimmten Judentum ausgeschieden wurde.

4. JUDÄA UNTER DEN SELEUZIDEN

a) Antiochus III.

Antiochus III. (223–187 v. Chr.) fand bei der Einnahme Palästinas nach der Schlacht von Paneas 198 v. Chr. in Jerusalem und Judäa eine bereitwillige Aufnahme. Die führenden Kreise sympathisierten schon seit mehr als zwanzig Jahren mit dem seleuzidischen Herrscher. Entsprechend wohlwollend waren seine ersten Dekrete. Antiochus bestätigte ausdrücklich das Recht der Angehörigen des jüdischen Volkes, als Bürger »gemäß den väterlichen Gesetzen« zu leben. Er befreite die Mitglieder des Hohen Rates, die Priester und Tempelschreiber und -sänger von der Kopf-, Kranz- und Salzsteuer und übernahm einen Teil der Kosten für den Opferdienst, was den Charakter des Tempels als staatlich anerkannter und unterstützter Kultstätte unterstreicht (vgl. dazu Josephus, Antiquitates XII,3.3). So wurde auch eine Reihe kultischer Reinheitsvorschriften, den Tempel und die Stadt betreffend, durch Dekret zum staatlichen Gesetz, z. B. das Verbot für Nichtjuden, den Tempel zu betreten, oder das Verbot, in Jerusalem unreine Tiere zu halten oder deren Fleisch und Häute dorthin zu bringen.

Da Jerusalem offensichtlich im Laufe der beiden letzten Kriege einen Bevölkerungsrückgang erlitten hatte, wurde allen Rückkehrwilligen drei Jahre Steuerfreiheit und für die Zukunft ein Nachlaß von einem Drittel der Tributzahlungen angeboten.

Insgesamt versprach der eher föderalistisch ausgerichtete Verwaltungsstil der Seleuziden Judäa mehr politischen und ökonomischen Freiraum. Aber als Antiochus 190 v. Chr. bei Magnesia eine vernichtende Niederlage durch die Römer erlitt und infolgedessen 188 in Apamea den Bedingungen eines Friedensvertrages zustimmen mußte, der ihn seiner ganzen kleinasiatischen Besitzungen beraubte und ihm riesige Tributzahlungen auferlegte, änderten sich die Verhältnisse zum Schlechten. Die Seleuziden waren in ständiger Geldnot. Antiochus wurde beim Versuch, den Bel-Tempel in Susa zu plündern, von der aufgebrachten Bevölkerung erschlagen, und auch sein Nachfolger Seleukus IV. (187–175 v. Chr.) versuchte nicht nur einmal, durch den Griff in Tempelkassen den Staatshaushalt zu sanieren. In Jerusalem aber blieb ein entsprechender Versuch seines Finanzministers Heliodor offensichtlich ohne Erfolg (vgl. 2. Makkabäer 3).

b) Antiochus IV. Epiphanes

175 v. Chr. wird Seleukus von eben diesem Heliodor ermordet. Doch seinem Bruder, Antiochus IV. Epiphanes (griech. »der [in göttlichem Licht] Strahlende«), der gerade aus Rom eingetroffen war, wo er als Geisel durch Demetrius, den Sohn des Seleukus, abgelöst worden war, gelang es, seine Herrschaft zu sichern (175–164 v. Chr.). Antiochus galt als tatkräftige Persönlichkeit, auf die sich manche Hoffnungen auf ein Wiedererstarken der Macht der Seleuziden stützten.

Mit zu den ersten, die den Umschwung zu nutzen suchten, gehörte eine Delegation aus Jerusalem unter der Führung von Jason, dem Bruder des amtierenden Hohenpriesters Onias III: Er bot dem König eine Erhöhung des jährlichen Tributs (von 300) auf 360 Talente und aus anderen Einkünften weitere 80 Talente Silber an, wenn er ihn an Stelle seines Bruders als Hohenpriester einsetzen würde, und noch einmal 150 Talente für die Erlaubnis, ein Gymnasium und einen Übungsplatz für junge Leute einrichten und sich als »die Antiochener in Jerusalem« einschreiben zu dürfen (2. Makkabäer 4,7-9; 1. Makkabäer 1,11f).

Dieser Antrag bedeutete nichts anderes als die Absicht, innerhalb Jerusalems ein selbständiges griechisches Gemeinwesen (*polis*) zu gründen, dessen Bürger nach griechischer Sitte lebten. Konstitutiv dafür war der Betrieb eines Gymnasiums, einer Sportstätte, in der junge Männer nackt verschiedene Sportarten ausübten. Es ging also um eine stärkere Anpassung der jüdischen Lebensart an die der hellenistischen Umgebung mit der Begründung: »Wir haben viel leiden müssen seit der Zeit, da wir uns von den Heiden abgesondert haben« (1. Makkabäer 1,12).

Der König gewährte beides: Er setzte Jason als Hohenpriester ein und gestattete die Verfassungsänderung in Jerusalem. Die neue Lebensweise fand besonders in priesterlichen Kreisen Anklang, so daß der Opferdienst vernachlässigt wurde. Wenn vom Gymnasium her das Signal zu den Wettspielen erscholl, verließen die Priester den Altar, an dem sie gerade Dienst taten, und viele der jungen Sportler ließen operativ ihr Vorhaut wieder herstellen (1. Makkabäer 1,15f; 2. Makkabäer 4,12-15). Um auch außenpolitisch die neue Qualität der Beziehungen zu demonstrieren, wurden Opfergaben an die Stadtgötter der Nachbarstädte gesandt, was freilich bei den Überbringern doch noch erhebliche Gewissensprobleme verursachte (2. Makkabäer 4,18-20).

Einige Jahre später gelang es einem gewissen Menelaos (173–164 v. Chr.), der möglicherweise nicht einmal Priester (vgl. 2. Makkabäer 3,4 mit 4,23), sicher aber kein Zadokide (d. h. vom Priestergeschlecht der Nachkommen Zadoks, die den Hohenpriester stellten) war, durch ein wesentlich höheres Angebot (noch einmal 300 Talente mehr Jahrestribut) die Hohepriesterwürde zu erkaufen. Diese Summe konnte er freilich nur durch Plünderung des Tempelschatzes und Verkauf von Tempelgeräten aufbringen.

Antiochus IV. hatte inzwischen weiterreichende Pläne. Da die Regentschaft für den minderjährigen Ptolemäus VI. (181–145 v. Chr.) in schwachen Händen lag, griff er 170/169 Ägypten an und machte sich durch einen einseitig diktierten Vertrag mit dem jungen König, der nur die Hauptstadt Alexandria behalten konnte, de facto zum Herrn Ägyptens. Aufgrund von falschen Gerüchten, Antiochus sei gefallen, griff der abgesetzte Hohepriester Jason vom Ostjordanland aus Jerusalem an und brachte Menelaos in schwere Bedrängnis. Antiochus eilte nach Jerusalem, eroberte es, plünderte – zusammen mit Menelaos! – den Tempel und betrat zum Entsetzen der gesetzestreuen Juden sogar das Allerheiligste (2. Makkabäer 5,5-16).

Dann zog Antiochus im Jahr 168 v. Chr. wieder nach Ägypten, um auch noch Alexandria zu erobern. Doch dort trat ihm eine römische Gesandtschaft entgegen, die ihn in ultimativer Form zum Rückzug aufforderte. Da er einen Krieg mit Rom nicht wagen konnte, mußte er sich dem Ultimatum beugen (vgl. Daniel 11,29f).

Möglicherweise war es in Jerusalem zu neuen Unruhen gekommen (oder fand der Angriff des Jason erst jetzt statt), jedenfalls ließ Antiochus durch seinen obersten Steuereinnehmer Apollonius Jerusalem erneut besetzen, plünderte die Stadt, schleifte ihre Mauern und legte auf dem Tempelberg eine starke Festung, die sogenannte Akra, an, in die außer den jüdischen Parteigängern des Königs um Menelaos eine heidnische Besatzung unter dem Kommando eines Stadtvogtes (nach 2. Makkabäer 5,22 ein Phrygier namens Philippus) gelegt wurde (1. Makkabäer 1,30-38).

c) Der Anlaß der Unruhen in Judäa

Was darauf folgte, ist im Rahmen antiker Religionspolitik einmalig und daher nicht leicht zu erklären. Offensichtlich waren der König und seine jüdischen Ratgeber zur Überzeugung gelangt, daß die Wurzel der jüdischen Rebellion in der Besonderheit ihrer Religion liege. Daher wurde der jüdische Opferkult, das Halten des Sabbats, die Beschneidung und sowohl Befolgung als auch Besitz des jüdischen Gesetzes verboten (1. Makkabäer 1,43-51.59f). Der Altar im Tempel wurde durch einen besonderen Altaraufsatz, »das Greuelbild der Verwüstung« (1. Makkabäer 1,57; Daniel 11,31), zu einem Altar des Zeus Olympios umgewidmet und im Dezember 167 durch den Beginn des heidnischen Opferdienstes entweiht.

Damit war die Existenz des jüdischen Volkes in seinen Grundfesten, nämlich seiner Zugehörigkeit zu dem Gott seiner Väter, angegriffen. Was als forciertes Bemühen um stärkere Assimilation begonnen hatte, war zur schwersten Bedrohung der jüdischen Religion geworden. Dabei scheinen sich die Bedrohung durch den inneren Abfall und durch die äußere Verfolgung in einem verhängnisvollen Wechselspiel gegenseitig aufgeschaukelt zu haben.

Die Anhänger der apokalyptisch ausgerichteten Gruppen, die dem Status quo in dem kleinen Tempelstaat immer mißtraut hatten, sahen offensichtlich am schärfsten die Problematik. Für sie war das, was hier geschah, endzeitliches Gerichtsgeschehen. Gott führte sein Volk durch die äußerste Bedrohung, um durch das Gericht hindurch seine endzeitliche Herrschaft aufzurichten, an der sein Volk teilhaben würde. Was zunächst durch Gruppen des jüdischen Widerstandes ausgerichtet wurde, konnte für sie daher nur eine vorläufige, »kleine Hilfe« sein (Daniel 11,34).

Aufstand und Königtum der Makkabäer (166–63 v. Chr.)

Palästina

- 169 Antiochus beraubt den Jerusalemer Tempel
- 168 Apollonius plündert und zerstört Jerusalem. Verbot des jüdischen Gottesdienstes
- 166 Beginn des jüdischen Widerstandes
- 166–161 Judas Makkabäus
- 165 Reinigung und Wiederweihe des Tempels
- 163/2 Judas und seine Brüder kämpfen gegen syrische Truppen
- 161 Judas fällt, sein Bruder Jonatan tritt an seine Stelle
- 153 Jonatan Hoherpriester
- 151/50 Jonatan als abhängiger Teilherrscher anerkannt
- 143 Ermordung Jonatans
- 143/42 Simon, sein Nachfolger. Anerkennung der Unabhängigkeit durch Demetrius II.
- 141 Simon durch Volksbeschluß erblicher Hoherpriester, Feldherr und Fürst. Dynastie der Makkabäer bzw. Hasmonäer
- 135 Ermordung Simons
- 135–104 Johannes I. Hyrkan
- 104–103 Aristobul I. nimmt den Königstitel an
- 103–76 Alexander Jannäus
- 76–67 Salome Alexandra, Witwe des Aristobul und Jannäus, Königin. Ihr Sohn Hyrkan II. Hoherpriester
- 67–63 Aristobul II., Bruder Hyrkans, Hoherpriester und König
- 63 Pompeius greift in Thronstreitigkeiten ein und erstürmt den Tempel. Hyrkan II. erneut Hoherpriester unter römischer Oberaufsicht. Palästina unter römischer Herrschaft

Syrien und Mesopotamien

- 169 Erster Feldzug Antiochus IV. gegen Ägypten
- 168 Zweiter Feldzug gegen Ägypten
- 164–162 Antiochus V. Eupator
- 162–151/50 Demetrius I.
- 153 Alexander Balas erhebt sich gegen Demetrius
- 147/45–139 Demetrius II. Nikator
- 145–40 Machtkämpfe zwischen Demetrius und Tryphon, dem Vormund Antiochus VI. (Sohn Alexanders)
- 140 Demetrius gerät in parthische Gefangenschaft
- 139/38–128 Antiochus VII. Sidetes
- 133 Pergamon fällt an Rom
- 86 Eroberung Athens durch die Römer
- 64 Pompeius macht den syrischen Reststaat zur römischen Provinz Syria

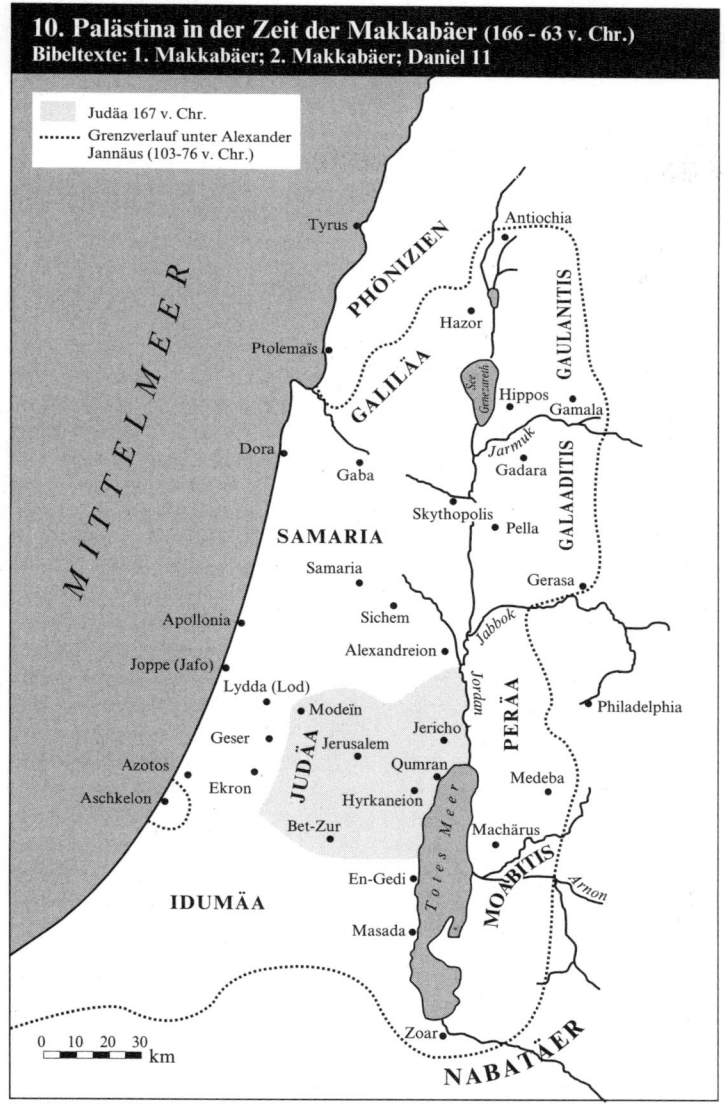

5. DER AUFSTAND DER MAKKABÄER

a) Judas Makkabäus und die Wiederweihe des Tempels

Zum Zentrum des Widerstandes gegen die Verfolgung wurden der Priester Mattatias aus Modeïn und seine fünf Söhne. Er erschlug im Affekt einen opferwilligen Juden und einen Opferkommissar der Regierung und rief dann zur Flucht in die Wüste auf. Als man sah, wie die syrischen Truppen eine Gruppe von Flüchtlingen abschlachteten, die sich wegen des Sabbates nicht verteidigten, beschloß man, sich in jedem Falle zu wehren. Die kleine Gruppe erhielt Zuzug von einer »Gemeinschaft der Hasidäer« (= hebr. *chasidim*/Fromme; vgl. 1. Makkabäer 2, 42) und versuchte zunächst durch Gegenterror gegen untreue Juden den allgemeinen Abfall des Volkes zu verhindern (vgl. 1. Makkabäer 2).

Nach dem Tode des alten Mattatias übernahm sein Sohn Judas, mit dem Beinamen Makkabäus (»der Hammer«), von dem später die ganze Bewegung ihren Namen erhielt, die Führung. Unter ihm kam es zu ersten militärischen Auseinandersetzungen. Waren es zunächst kleinere syrische Truppenkontingente, die von den Aufständischen in tollkühnen Überraschungsangriffen aufgerieben wurden, so gelang es ihm bald, auch größere Aufgebote in die Flucht zu schlagen. Selbst der Reichsverweser Lysias, der von dem im Partherkrieg befindlichen Antiochus mit der Verwaltung des westlichen Reichsteiles betraut war, mußte bei Bet-Zur eine empfindliche Niederlage einstecken (3,10–4,35). Möglicherweise leitete Lysias schon zu diesem Zeitpunkt eine Wende in der seleuzidischen Politik ein. (Die in 2. Makkabäer 11,13-33 berichtete Friedensinitiative gehört vielleicht schon in diese Zeit; man beachte das Datum des Briefes.)

Jedenfalls konnte Judas im Jahr 164 v. Chr. Jerusalem besetzen (außer der Burg Akra), den Tempel reinigen und einen neuen Brandopferaltar anstelle des entweihten alten bauen lassen. Im Dezember des gleichen Jahres wird dann der Tempel wieder feierlich eingeweiht (1. Makkabäer 4,36-61; 2. Makkabäer 10,1-8). Das Chanukkafest erinnert im Judentum bis heute an dieses Datum.

b) Siedlungspolitik und Kämpfe in der Makkabäerzeit

In der folgenden Zeit widmeten sich die Makkabäer vor allem der Rückführung bedrohter jüdischer Minderheiten aus dem Ostjordanland und aus Galiläa in das jüdische Kernland. Im Jahr 163/162 v. Chr. begann dann Judas, die Burg in Jerusalem zu belagern. Lysias, der nach dem Tod Antiochus' IV. Ende 164 die Regentschaft für den minderjährigen Antiochus V. (164–162 v. Chr.) an sich gerissen hatte, wird von den Eingeschlossenen zur Hilfe gerufen. Er belagert zunächst Bet-Zur, und als Judas zum Entsatz herbeieilt, wird er bei Bet-Sacharja zurückgeschlagen. Lysias belagert nun auch den Tempelberg in Jerusalem, und da die Nahrungsmittel wegen eines Sabbatjahres in beiden Festungen knapp waren, mußte sich Bet-Zur ergeben, und auch Jerusalem stand kurz vor der Einnahme. Da bekommt Lysias die Nachricht, daß Philippus, dem Antiochus IV. die Vormundschaft über seinen Sohn anvertraut hatte, aus dem Osten heranrücke. Daraufhin bietet er dem jüdischen Volk Frieden an und erneuert dessen Recht, nach den väterlichen Gesetzen zu leben. Die Juden akzeptieren das Angebot und öffnen die Tore der Stadt. Damit war das Ende des Religionskrieges erreicht (162 v. Chr.; vgl. 1. Makkabäer 6,55-63).

Für die frommen Kreise unter den Aufständischen war damit das Ende des Kampfes gekommen. Für die Makkabäer aber stand fest, daß nur die politische Unabhängigkeit auch die religiöse Freiheit garantieren konnte. Inwieweit bei dieser Überzeugung auch eine Rolle spielte, daß sie Geschmack an der Macht bekommen hatten, ist naturgemäß schwer zu entscheiden. In den folgenden Kämpfen geht es mehr und mehr auch um den Führungsanspruch ihrer Familie, die nach einem ihrer Vorfahren unter dem Namen »Hasmonäer« bekannt war.

6. DIE HERRSCHAFT DER HASMONÄER

a) Demetrius I. und der Tod des Judas Makkabäus

Daß sich überhaupt in der Folgezeit ein immer selbständiger werdender jüdischer Staat bilden konnte, war allein dadurch möglich, daß das seleuzidische Herrscherhaus ständig von dynastischen Streitigkeiten erschüttert wurde. 162 v.Chr. war es dem Demetrius I. (162–150 v.Chr.), einem Sohn von Seleukus IV., der für seinen Onkel Antiochus IV. als Geisel nach Rom geschickt worden war, gelungen, aus Rom freizukommen und in Antiochia die Macht an sich zu reißen. Er ließ in Judäa durch seinen Statthalter Bakchides den Zadokiden Alkimus als Hohenpriester einsetzen. Die Hasidäer waren bereit, ihn anzunehmen, da sie alle Ziele, für die sie gekämpft hatten, mit der Einsetzung eines rechtmäßigen Hohenpriesters erfüllt sahen. Judas Makkabäus aber gab den Widerstand nicht auf, und da Alkimus sich als recht gewalttätig erwies, konnte er sich in Jerusalem nicht halten, sondern mußte sich unter den Schutz des Königs stellen. Demetrius sandte seinen Feldherrn Nikanor, um das Land zu befrieden. Der aber wurde von den Aufständischen vernichtend geschlagen (1. Makkabäer 7,26-50).

Judas schließt daraufhin ein Bündnis mit Rom, kann aber einem weiteren Angriff unter Bakchides und Alkimus nicht standhalten und fällt in einer Schlacht bei Elasa im Jahr 161.

Jonatan, einer der Brüder des Judas, übernahm nun das Kommando, mußte sich aber zunächst auf Guerillaaktionen beschränken, da Bakchides seine Stellung festigen konnte. Als aber Alkimus im Jahr 159 starb, verließ Bakchides zunächst für zwei Jahre das Land, kam dann noch einmal auf Bitten der hellenistischen Partei zurück, sah aber keinen Sinn darin, den Kampf für diese weiterzuführen, sondern schloß mit Jonatan Frieden, der daraufhin »in Michmas über das Volk regierte« (1. Makkabäer 9,73).

Das Amt des Hohenpriesters scheint zumindest offiziell in dieser Zeit vakant geblieben zu sein; möglicherweise wurde es de facto von einem konservativen Zadokiden, dem »Lehrer der Gerechtigkeit« der Qumrangemeinde, ausgeübt.

b) Die Bündnispartner Jonatans

Im Jahre 153/152 v. Chr. kam wieder Bewegung in die politische Landschaft. Alexander Balas (152–145 v. Chr.), ein angeblicher Sohn Antiochus' IV., machte Demetrius I. die Herrschaft streitig, und beide Parteien warben um Jonatan als Bundesgenossen. Alexander behielt zunächst die Oberhand und verlieh, wie versprochen, Jonatan die Hohepriesterwürde und setzte ihn als Befehlshaber und Teilfürsten von Judäa ein (1. Makkabäer 10). Daß Jonatan als Nicht-Zadokide die Hohepriesterwürde übernahm, entfremdete ihn manchem seiner ehemaligen Mitstreiter. Für die Makkabäer aber war dies ein wichtiger Schritt zur Errichtung einer einheitlichen und wirksamen politischen Führung in Judäa.

Als im Jahr 147 v. Chr. Demetrius II. (145–139), der Sohn Demetrius' I., in den Kampf um die Macht eingriff, blieb Jonatan zunächst auf Alexanders Seite und begann nach dessen Niederlage sogar mit der Belagerung der Akra. Erst nach bedeutenden Zugeständnissen des neuen Königs in territorialer Hinsicht – einige Bezirke der Provinz Samarien kamen zu Judäa – und im Blick auf steuerliche Erleichterungen willigte er in einen Friedensschluß ein.

Aber schon 145 v. Chr. erhob sich Diodotus Tryphon, ein ehemaliger General des Alexander Balas, und machte Demetrius im Namen Antiochus' VI., eines Sohnes von Alexander, die Herrschaft streitig. Jonatan verhielt sich zunächst loyal gegenüber Demetrius. Als dieser sich aber nicht an gegebene Zusagen hielt, ging er zur Gegenseite über und eroberte im Küstengebiet Aschkelon, Gaza und Joppe (vgl. 1. Makkabäer 11,60-62), sowie Bet-Zur. Zur außenpolitischen Absicherung seiner Position schloß er Bündnisse mit Rom und Sparta (12,1-23).

Tryphon wurde mißtrauisch, lockte Jonatan in Akko/Ptolemaïs in eine Falle und setzte ihn gefangen (1. Makkabäer 11–12).

c) Der Aufstieg der Hasmonäer seit Simon und Johannes Hyrkan I.

Die judäische Volksversammlung wählte deshalb 143 v. Chr. Simon, den letzten Überlebenden der fünf Söhne des Mattatias, zum Nachfolger Jonatans, der im folgenden Jahr von Tryphon ermordet wurde. Daraufhin erneuerte Simon das Bündnis mit Demetrius II., der den

Frontwechsel mit einer Amnestie, Gewährung völliger Steuerfreiheit und Anerkennung einer De-facto-Souveränität honorierte, so daß Simon auch freie Hand erhielt, endlich die Akra in Jerusalem, die letzte Zuflucht der hellenistischen Partei, einzunehmen. Die Volksversammlung beschloß darauf (141 v. Chr.), Simon zum Volksfürsten, Hohenpriester und Oberbefehlshaber zu machen, und zwar »für immer«, d. h. erblich, »bis ihnen Gott einen rechten« Propheten erwecken würde« (1. Makkabäer 14,41).

Antiochus VII. Sidetes, der für seinen in die Gefangenschaft der Parther geratenen Bruder Demetrius II. 138 v. Chr. die Regierung übernahm, versuchte zumindest einige der von Simon eroberten nichtjüdischen Gebiete zurückzubekommen. Doch gelang es Simon, mit diplomatischen und militärischen Mitteln den Status quo zu halten.

Als er aber 135 v. Chr. zusammen mit zweien seiner Söhne von seinem Schwiegersohn Ptolemaios ermordet wurde (vgl. 1. Makkabäer 16,11-17), sah sich sein Nachfolger, sein einzig überlebender Sohn, Johannes Hyrkanus I. (134-104), bald wieder den Angriffen des Antiochus ausgesetzt. Dieser belagerte Jerusalem, das wegen eines Sabbatjahres schlecht versorgt war. Johannes Hyrkan mußte kapitulieren und um Frieden bitten, der mit harten Bedingungen verbunden war. Damit war zunächst die syrische Oberhoheit wiederhergestellt (130 v. Chr.).

Als aber im folgenden Jahr Antiochus im Kampf gegen die Parther fiel und sein weniger energischer Bruder Demetrius II. wieder die Regierung übernahm, hatte Johannes Hyrkan freie Hand. Er führte in Idumäa eine Zwangsjudaisierung durch, zerstörte 128 v. Chr. den samaritanischen Tempel auf dem Berg Garizim und eroberte das Gebiet um Sichem und im Ostjordanland Madeba. Im Jahr 108/107 v. Chr. nahm er Samaria ein und zerstörte es völlig.

Innenpolitisch näherte er sich der Gruppe der Sadduzäer an, zu der die vornehmen Priesterfamilien, insbesondere die Zadokiden, gehörten, während er sich den ursprünglich mehr zu den Parteigängern der Makkabäer zu rechnenden Pharisäern mehr und mehr entfremdete. Bei seinem Tod im Jahre 104 v. Chr. hinterließ er ein ansehnliches Fürstentum, das die meisten jüdischen Siedlungsgebiete in Palästina und eine ganze Reihe weiterer Städte umfaßte.

d) Machtkämpfe in Palästina und Eingreifen der Römer

Sein Sohn Jehuda Aristobul, der sich in seiner nur einjährigen Regierungszeit zumeist in heftigen familiären Machtkämpfen verzettelte,

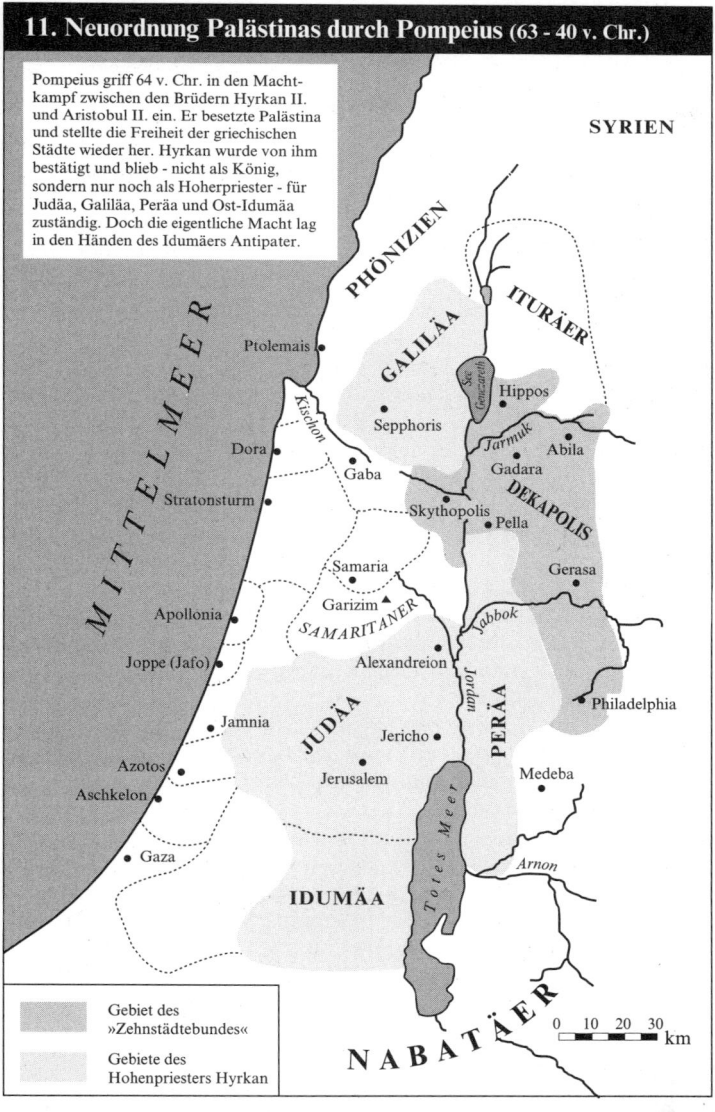

nahm den Königstitel an. Darin folgte ihm sein Bruder Alexander Jannai (103–76 v. Chr.), der auch die Witwe Aristobuls, seine Schwägerin Salome Alexandra, heiratete. Seine Regierungszeit war durch eine Fülle von Eroberungskriegen gekennzeichnet, die er mit recht unterschiedlichem Erfolg führte. Vor allem aber verstrickte er sich in heftige innenpolitische Auseinandersetzungen mit den Pharisäern, die in ihm mehr und mehr einen hellenistischen Tyrannen und nicht mehr einen jüdischen Hohenpriester und Volksfürsten sahen.

Die Pharisäer gingen so weit, den syrischen König Demetrius III. zur Hilfe zu rufen, der Alexander mit ihrer Unterstützung 88 v. Chr. besiegte. Da den Aufständischen aber diese Koalition doch unheimlich wurde, behielt Alexander die Oberhand und rächte sich grausam an seinen Gegnern. Er ließ ca. 800 von ihnen kreuzigen, während vor ihren Augen ihre Frauen und Kinder getötet wurden. In dem Titel »Zorneslöwe«, den Jannai offensichtlich in den Texten von Qumran trägt, spiegelt sich sein Schreckensregiment wider. Aber trotz all dieser Schwierigkeiten und vieler Niederlagen, die er erlitt, gelang es ihm, das Reich der Hasmonäer wiederum beträchtlich zu erweitern.

Nach seinem Tod wurde sein Sohn Hyrkanus (Hyrkan) II. Hoherpriester, und seine Witwe Alexandra übte zunächst die Regentschaft für diesen aus (76–67 v. Chr.). Sie suchte die Aussöhnung mit den Pharisäern, die damit zur staatstragenden Kraft werden.

Nach ihrem Tod usurpierte Aristobul II., der Bruder Hyrkans II., die Macht. Auf Anstiften seines idumäischen Statthalters Antipater verbündete sich Hyrkan mit den Nabatäern und belagerte Aristobul in Jerusalem.

Beide Parteien nahmen Verbindung mit den Römern auf, deren Feldherr Pompeius gerade dabei war, das Seleuzidische Reich vollends zu liquidieren. Sein Beauftragter Scaurus unterstützte zunächst Aristobul, doch verscherzte dieser sich bald die Sympathien des Pompeius, der im Spätherbst des Jahres 63 v. Chr. Jerusalem eroberte, das Territorium des jüdischen Staates auf Judäa, Galiläa, Ostidumäa und das jüdische Ostjordanland reduzierte und Hyrkan zum Hohenpriester und Volksfürsten eines halbautonomen, tributpflichtigen römischen Klientelstaates machte. Die zahlreichen griechischen Städte, die die Hasmonäer in ihr Reich einverleibt hatten, faßte er zu einem Städtebund, der Dekapolis (»Zehn Städte«), zusammen, zu dem insbesondere die Städte im Ostjordanland gehörten.

7. RELIGIÖSE GRUPPIERUNGEN IM JUDENTUM

In der Zeit der hasmonäischen Herrschaft tauchen verschiedene Gruppen im Judentum auf, die auch in neutestamentlicher Zeit noch eine gewichtige Rolle spielen. Ihre Entstehung liegt durchweg im dunkeln, und auch ihre organisatorische Gestalt und ihre religiöse Prägung sind sehr viel weniger klar zu erkennen, als die häufige Erwähnung in jüdischen Quellen und im Neuen Testament dies vermuten lassen würde.

a) Die Hasidäer und die Apokalyptik

Die erste dieser Gruppen wird zu Beginn des Makkabäeraufstandes erwähnt. Die »Gemeinschaft (griech. *synagoge*) der Hasidäer (hebr. *chasidim* = Fromme)« schließt sich den Aufständischen an (1. Makkabäer 2,42; vgl. 7,12-18; 2. Makkabäer 14,6). Sie werden als treue Anhänger des Gesetzes bezeichnet. Aber wir wissen weder über die Art ihrer Organisation noch über die Ausprägung ihrer Frömmigkeit etwas Genaueres. Es besteht aber Grund zur Annahme, daß in diesen Kreisen die apokalyptische Tradition und Literatur entstand und gepflegt wurde. Dies gilt vor allem für das Buch Daniel, das in 11,33-35 den Makkabäern nur eine begrenzte Bedeutung zubilligt.

Schon vor der großen Krise scheint man sich in diesen Gruppen mit Fragen des Kalenders und der Zeitrechnung beschäftigt und damit kosmologische und eschatologische (d. h. die Entstehung und das Ende der Welt bzw. der Menschheit betreffende) Spekulationen verbunden zu haben. Das Gesetz offenbart die von Gott geschaffene kosmische Ordnung, die sich im Jahreslauf widerspiegelt; es offenbart dadurch aber auch die Ordnung der Weltzeiten, die zum kommenden Äon, der Herrschaft Gottes, führt. Die ältesten Teile der Henoch-Literatur und des Buches der Jubiläen, beides wichtige Zeugen des apokryphen apokalyptischen Schrifttums, und die Vorstufen des Daniel-Buches bezeugen dieses Gedankengut, das von der Einheit von Gesetz und Heilsgeschichte geprägt ist. Die Ereignisse um Antiochus IV. Epiphanes führten diese Gruppe in eine angespannte Erwartung der nahen Herrschaft Gottes, die sie sich sehr viel umfassender, umwälzender und überweltlicher vorstellten, als dies in der herkömmlichen messianischen Hoffnung im Volke der Fall war (vgl. Daniel 12).

Diese Strömung innerhalb des Judentums wird mit dem Stichwort Apokalyptik gekennzeichnet, da die Schriften, die ihr entstammen, viele Berührungspunkte mit der neutestamentlichen Apokalypse (griech. *apokalypsis* = Offenbarung) des Johannes aufweisen. Gemeinsam ist vielen dieser Schriften die Einteilung der bisherigen und zukünftigen Geschichte in Epochen, sogenannte Äonen, die in großen Visionszyklen dargestellt werden, sodann die drängende Naherwartung, die allerdings dadurch verschleiert wird, daß der fiktive Autor der Schrift in der Vergangenheit spricht, weiter die Festlegung des Ablaufs der Geschichte, die notwendigerweise in einer kosmischen Katastrophe endet, in der die jetzige, der Herrschaft des Bösen unterliegende Weltzeit durch die künftige abgelöst wird, in der Gott allein herrschen wird. Die Gegenwart ist gekennzeichnet durch den Kampf der fast unbezwingbar erscheinenden Macht des Bösen gegen die gesetzestreuen Diener Gottes.

Wichtiges Anliegen solcher Schriften ist es, die Gottesfürchtigen im Volk zur Treue bis zum endgültigen Sieg Gottes aufzurufen und zu stärken.

Es ist unklar, ob hinter diesen Schriften eine in irgendeiner Form organisierte Bewegung stand. Wahrscheinlich ist, daß sie in ganz unterschiedlichen Kreisen gelesen wurden. Auch die Gemeinde von Qumran hat neben ihren gruppenspezifischen Schriften gerne solche apokalyptischen Bücher benutzt.

b) Die Essener und die Gruppe von Qumran

Aus antiken Berichten, insbesondere des Josephus, kennen wir die Gruppe der Essener. Offensichtlich war die Siedlung, die am Toten Meer bei Chirbet Qumran ausgegraben und in deren Umgebung eine Fülle von Schriftrollen gefunden wurde, eines der Zentren dieser Bewegung. Sie ist damit die einzige Gruppe, von der wir eigene, zeitgenössische Dokumente besitzen.

Nach dem Geschichtsüberblick am Beginn der sogenannten Damaskusschrift entstammt die Gruppe einer Erneuerungsbewegung, die zu Beginn des 2. Jahrhunderts v. Chr. entstand. Viele Indizien sprechen dafür, daß diese Bewegung mit der Gruppe der Hasidäer zu identifizieren ist. Eine Reihe von Schriften, die wir dieser Bewegung zurechnen können und die keine typisch essenischen Kennzeichen aufweisen, wurden in der Bibliothek von Qumran aufbewahrt. Unter der Führung des »Lehrers der Gerechtigkeit« trennte sich jedoch eine Gruppe von dieser Bewegung und erhielt unter seiner Leitung ein völlig neues Gepräge. Von ihm, der offensichtlich ein Zadokide war, also dem hohepriesterlichen Geschlecht entstammte, rührt die starke priesterliche Prägung der Gruppe her. Sie stellt das wahre Israel dar, das Heiligtum Gottes, und die Priester in ihr repräsentieren das Allerheiligste.

Dennoch stand die Gemeinschaft in starkem Gegensatz zu dem in Jerusalem herrschenden Kult. Dies hatte einen doppelten Grund:

1. Grundsätzlich hielt die Gruppe den altjüdischen Kalender für allein gültig. Da in ihm die Feiertage immer auf den gleichen Wochentag fielen, kam es nie zu schwierigen Konflikten von Festvorschriften mit Sabbatgeboten. Auch bei anderen rituellen Fragen gab es gravierende Meinungsverschiedenheiten.

2. Spätestens mit der Übernahme des Hohepriesteramtes durch die nichtzadokidischen Hasmonäer mußte es zum völligen Bruch kommen. Der Lehrer der Gerechtigkeit und seine Gruppe trennten sich vom Jerusalemer Kult. Eine gewaltsame Intervention ihres Gegenspielers, des »Frevelpriesters« (wahrscheinlich ist dies Jonatan, u. U. auch Simon), deren Ziel unklar bleibt, vertiefte den Konflikt. (Manche Forscher vermuten, Jonatan habe den hohepriesterlichen Ornat, der sich im Besitz des Lehrers der Gerechtigkeit befand, mit Gewalt an sich gebracht.)

Die Gemeinschaft von Qumran verstand sich als eine Art Ersatzheiligtum und die Loblieder in ihren Gottesdiensten als zeitweiligen Ersatz für die Opfer im Tempel.

Daraus ergaben sich weitere Konsequenzen: Die Anforderungen an priesterliche Reinheit wurden auf alle Gruppenmitglieder ausgeweitet, die Gesetze (insbesondere die Sabbatgebote) sehr streng interpretiert und die Hoffnung auf Rettung in dem endzeitlichen Kampf zwischen den Engeln der Finsternis und den Engeln des Lichts auf den heiligen Rest Israels beschränkt, den man mit den Mitgliedern der Gruppe identifizierte.

In eigentümlichem Kontrast dazu findet sich insbesondere in den Hymnen der Gemeinschaft eine tiefgreifende Gnadentheologie, die festhält, daß alles Heil letztlich von Gottes Erwählung und Rechtfertigung abhängt.

Seit der Entdeckung der Schriften von Qumran sind immer wieder Spekulationen über eine enge Verbindung Jesu und der urchristlichen Gemeinde mit dieser Gruppe angestellt worden. Alle diese Vermutungen haben sich bei genauen Untersuchungen durch seriöse Forscher als haltlos erwiesen.

Die Schriften von Qumran haben uns einen Bereich des Judentums erschlossen, der uns vorher nur teilweise bekannt war. Daher hilft ihr Inhalt an nicht wenigen Stellen zu einem besseren Verständnis des jüdischen Hintergrunds neutestamentlicher Begriffe und Aussagen. Aber in ihrem Grundanliegen unterscheiden sich die Botschaft Jesu und die Theologie des Paulus von der Lehre der Gemeinde von Qumran fundamental.

c) Die Pharisäer

Obwohl die Pharisäer die aus dem Neuen Testament bekannteste Gruppe des frühen Judentums darstellen, wissen wir wenig Genaues über sie. Das hängt u. a. gerade damit zusammen, daß nach der Katastrophe von 70 n. Chr. ihre Richtung im offiziellen Judentum bestimmend wurde. Die Konturen des Pharisäismus vor dem Jahr 70 von dem Bild des späteren Rabbinats zu unterscheiden ist sehr schwierig. So kann jede Darstellung dieser Bewegung nur ein vorläufiger Versuch sein, die Angaben des Neuen Testaments, die Beschreibung durch den jüdischen Schriftsteller Flavius Josephus (37/38 bis ca. 100 n. Chr.) und die älteste Schicht der rabbinischen Aussagen zu einem kritisch gesichteten Gesamtbild zusammenzufügen. Dabei muß berücksichtigt werden, daß das Bild, das die Evangelien von den Pharisäern zeichnen, aus der aktuellen Auseinandersetzung heraus polemisch geprägt ist und kein erschöpfendes Urteil über diese Bewegung geben kann und will.

Auch die Pharisäer scheinen aus der Bewegung der Hasidäer zu stammen. (Ihr Name wird aus hebräisch: *paruš* = abgesondert abgeleitet.) In den Qumranschriften taucht als ursprünglich mit den Essenern verwandte, dann aber ihrer Meinung nach unter der Leitung eines »Lügenmannes« abgefallene Gemeinschaft die Gruppe derer auf, die »Glattes suchen«. Damit könnte angedeutet sein, daß die Pharisäer bei aller Treue zum Gesetz in Fragen der praktischen Verwirklichung kompromißbereiter waren als die Gemeinschaft von Qumran.

Die Pharisäer waren eine Laienbewegung, die wohl vor allen Dingen in der städtischen Mittelschicht verankert war. Auch sie wollte in Anlehnung an 2. Mose 19,6 die levitischen Reinheitsvorschriften auf das ganze Volk ausdehnen (vgl. Markus 7,3f). Wo das geschriebene Gesetz nicht alle Lebensbereiche regelte, wurde die mündliche Überlieferung, die »Satzungen der Ältesten« (d. h. der früheren Gesetzeslehrer), herangezogen. Denn prinzipiell sollte das ganze Leben des Volkes unter dem Gesetz stehen; umgekehrt aber war man besorgt, die Auslegung des Gesetzes so zu gestalten, daß es auch im praktischen Leben erfüllbar blieb. So waren die Sabbatvorschriften einerseits sehr streng und wurden durch eine Vielzahl zusätzlicher Bestimmungen, den »Zaun um das Gesetz«, abgesichert. Aber – im Unterschied zu Qumran – galten z. B. unaufschiebbare lebensrettende Maßnahmen als erlaubt (vgl. Matthäus 12,11). Daß dieses System die Gefahr der Kasuistik in sich trug, ist unverkennbar.

Die Pharisäer schlossen sich zu Genossenschaften zusammen und vermieden, wo dies möglich war, die Tischgemeinschaft mit Leuten, deren Gesetzestreue ihnen zweifelhaft erschien. Da sie keinen unverzehnteten Besitz haben durften, kaufte man möglichst bei Genossen ein, um nicht auch noch die eingekauften Güter verzehnten zu müssen (vgl. Lukas 18,12; Matthäus 23,23).

Dennoch sonderten sich die Pharisäer nicht streng vom Volk ab, sondern versuchten ihren Einfluß auf die ganze jüdische Gesellschaft geltend zu machen.

Sie waren am individuellen Heil interessiert und glaubten an die Auferstehung der Toten und an ein persönliches Gericht, bei dem sich jeder vor Gott zu verantworten haben würde. Maßstab im Gericht ist der Gehorsam gegen Gottes Gesetz; zugleich aber weiß auch das pharisäisch geprägte Rabbinat darum, daß ein Mensch vor Gott nur aufgrund der Barmherzigkeit Gottes bestehen kann. Der Eifer für das Gesetz, der die pharisäische Vergangenheit eines Paulus kennzeichnete, konnte sich zumindest im Blick auf Israel durchaus mit dem Vertrauen auf Gottes Gnade verbinden (vgl. aber auch die Auseinandersetzung des Paulus mit dieser Haltung in Römer 2,1-11).

d) Die Sadduzäer

Möglicherweise haben sich die Sadduzäer erst im Gegenüber zu den anderen Gruppen konstituiert. Sie waren kaum mehr als eine lockere Interessengruppe der führenden Priesterfamilien und anderer Angehöriger der Oberschicht und leiteten ihren Namen wohl von Zadok ab, dem Begründer der hohepriesterlichen Linie der Zadokiden (vgl. 1. Chronik 16,39; 29,22). Soweit wir überhaupt etwas über sie wissen, scheinen sie eine liberal-konservative Linie vertreten zu haben. Für sie galt nur die geschriebene Tora, diese aber in genauer, buchstäblicher Auslegung. Was dort nicht festgelegt war, stand der freien, zeitgemäßen Regelung offen. Dies machte den Weg frei für eine Übernahme hellenistischer Lebensart, in den Grenzen freilich, die durch die schlimmen Erfahrungen mit der hellenistischen Reform abgesteckt blieben.

Die Sadduzäer lebten in den Institutionen des alten Israels. Der Fortbestand der Familie war entscheidend, individuelle Auferstehung oder Unsterblichkeit lehnten sie ab (vgl. Markus 12,18-27). Der Tempel stand im Mittelpunkt des Lebens des Volkes, das Gesetz begründete diesen Kult. Mit der Zerstörung des Tempels war es zu großen Teilen funktionslos, während für die Pharisäer der Tempelkult nur ein Teil des Gesetzesgehorsams war, der suspendiert war, solange es keinen Tempel gab. Darum war die sadduzäische Haltung nach 70 n. Chr. keine tragfähige Grundlage für den jüdischen Glauben mehr, wohl aber die pharisäische.

e) Die Samaritaner

Vermutlich zu Beginn der hellenistischen Zeit waren die Samaritaner aus Samaria vertrieben worden, hatten sich bei Sichem (heutiges Nablus) angesiedelt und auf dem Berg Garizim einen eigenen Tempel errichtet. Die schon lange bestehenden Spannungen zwischen Jerusalem und Samaria führten damit zum Schisma, wobei möglicherweise unzufriedene Kreise des priesterlichen Adels in Jerusalem, die enge Beziehungen zur samaritanischen Statthalterfamilie unterhielten, mit eine Rolle spielten. So ist die Nähe zwischen dem samaritanischen und sadduzäischen Grundsatz, nur die Tora, d. h. die fünf Bücher Mose, als maßgebend zu akzeptieren, nicht ganz zufällig. Die Zerstörung des Tempels auf dem Garizim durch Johannes Hyrkan I. dürfte die Spannungen zwischen den Gruppen noch verstärkt haben, so daß die Samaritaner immer stärker eine Sonderentwicklung einschlugen.

f) Die Schriftgelehrten

Die »Schriftgelehrten«, die im Neuen Testament häufig zusammen mit den Pharisäern genannt werden, sind ein Berufsstand und keine religiöse Gruppe. Sie sind ursprünglich Schreiber und Notare, derer man sich für die Rechtsgeschäfte des täglichen Lebens bedienen mußte. Da das gültige Recht im Gesetz des Mose, der Tora, niedergelegt war, waren sie als Juristen zwangsläufig auch Toragelehrte. Dabei war für die jüdische Gesellschaft der Übergang von juristischen zu theologischen Problemen immer fließend. Es gab daher Schriftgelehrte der pharisäischen Richtung (vgl. Markus 2,18), aber offensichtlich auch andere. Inwieweit der Schriftgelehrtenstand zur Zeit des Neuen Testaments organisatorisch schon dem späteren Rabbinat glich, ist umstritten und schwer zu klären.

8. GESELLSCHAFT UND RELIGION IM RÖMISCHEN REICH

a) Das römische Regierungssystem

Mit dem Eingreifen des Pompejus übernahm diejenige Macht in Syrien und Palästina die politische Verantwortung, die indirekt schon lange die Geschicke des östlichen Mittelmeerraumes mitbestimmt hatte. Zunächst bedeutete dies für die dortigen Völker, daß sie für eine weitere Generation in die innenpolitischen Kämpfe um die Macht in Rom einbezogen waren, die zum Teil auf ihrem Boden und auf ihre Kosten ausgefochten wurden. Als aber im Jahre 30 v. Chr. Oktavianus, der Erbe Cäsars, der sich bald Augustus, »der Erhabene«, nennen ließ, die Alleinherrschaft antrat, brach eine weit über 100 Jahre dauernde Friedenszeit an, die von den Menschen in dieser Region mit großer Dankbarkeit begrüßt wurde.

Insbesondere die Städte Kleinasiens, die durch jahrzehntelange Bürgerkriege ausgeblutet waren, konnten sich nicht genug tun, die neue Ordnung und ihren Urheber zu preisen. Daß sie sehr bald zu Zentren des Kaiserkultes wurden, war zweifellos zunächst Ausdruck freiwilliger Dankbarkeit und Loyalität. Indiz für die allgemeine Stimmungslage mag sein, daß es im Ostteil des Römischen Imperiums – von dem jüdischen Gebiet einmal abgesehen – kaum innere Unruhen oder Aufstände gab. Hier erwies sich die *pax romana* (»die römische Friedensordnung«) zunächst als besser als ihr heutiger Ruf.

Der Erfolg dieses Staatssystems beruhte unter anderem auf einer Kombination einer straffen zentralen Administration und einer begrenzten inneren Selbstverwaltung, insbesondere in den Städten des Reiches. Die zentrale Verwaltung lag in Händen römischer Statthalter, die vom Senat bzw. vom Kaiser in den einzelnen Provinzen eingesetzt wurden. Sie hatten die oberste Gerichtsbarkeit und die Aufsicht über alle öffentlichen Maßnahmen. In vielen Fällen traf der Kaiser selbst eine Entscheidung in umstrittenen Angelegenheiten. Aber unterhalb dieser Ebene waren die städtischen Magistrate in gewisser Selbständigkeit insbesondere für die Infrastruktur der Kommunen verantwortlich.

Die Steuerlast war angesichts des hohen Finanzbedarfs des Staates weiterhin hoch; doch waren der willkürlichen Ausbeutung der Provinzen zur persönlichen Bereicherung einzelner Statthalter, wie sie in der Zeit der Republik immer wieder vorkam, jetzt eher Grenzen gesetzt. Das System der Steuerpacht wurde nach und nach durch eine staatliche Finanzverwaltung ersetzt. Da die Wirtschaft florierte, wurde das frühe Kaiserreich zu einer ausgesprochenen Aufsteigergesellschaft, in der vor allem Freigelassene große Reichtümer erwarben, die sie dann teilweise wieder für öffentliche Zwecke ausgaben, um zu Ansehen in der Gesellschaft zu gelangen. Die häufigen Freilassungen von Sklaven nahmen auch dem Problem der Sklaverei viel von seiner sozialen Brisanz. Doch werden die Sklaven, die Kleinpächter auf dem Land und die Landarbeiter am ehesten die Leidtragenden des Systems gewesen sein.

Die römische Herrschaft brachte dem Osten des Reiches eine erhebliche Verbesserung der Infrastruktur. Die Straßen, die aus militärischen Gründen gebaut wurden, dienten auch dem allgemeinen Verkehr. Straßen und Seewege waren sicher, und die Städte, die bis ins 3. Jahrhundert n. Chr. sich nicht mehr um ihre Verteidigung kümmern mußten, konnten ihre Mittel z. B. in einer verbesserten Wasserversorgung und Abwasserbeseitigung investieren. Eine einigermaßen funktionierende Rechtspflege gab dem einzelnen das Gefühl relativer Rechtssicherheit.

Mitentscheidend für den Erfolg der Römer im Osten war, daß sie sich jedes Kulturimperialismus enthielten. Im Gegenteil, sie waren zu gelehrigen Schülern und Förderern der hellenistischen Kultur geworden. Griechisch blieb Handels- und Bildungssprache, ein Faktor, der für die Verbreitung der christlichen Botschaft große Bedeutung haben sollte. In gewissem Sinne haben erst die Römer den Prozeß der Hellenisierung im Osten vollendet.

b) Religiöse Toleranz und Kaiserkult

Auch auf religiösem Gebiet herrschte Toleranz. Zumindest bis zum Ende des 1. Jahrhunderts n. Chr. war der Kaiserkult ein freiwilliger Akt der politischen Loyalität vieler Städte und Landschaften, aber für den einzelnen nicht verpflichtend. Umgekehrt verbreitete sich eine große Zahl orientalischer Erlösungsreligionen im Römischen Reich. Am beliebtesten waren der Isis- und der Serapiskult, die aus Ägypten stammten, aber in ihrer hellenisierten Gestalt nur noch wenig mit den ursprünglichen Wurzeln zu tun hatten. Doch scheint gerade das exotische Äußere der Tempel und Gottesdienste, in dem sich diese Herkunft weiterhin verriet, sehr anziehend auf die städtische Bevölkerung des Römischen Reiches gewirkt zu haben.

Seit dem 1. Jahrhundert n. Chr. gewann auch die Mithrasverehrung, die Hauptkonkurrenzreligion des Christentums, immer mehr Anhänger. Ihre Herkunft lag in Persien. Sie wandte sich fast ausschließlich an Männer (Frauen konnten zwar an Stiftungen teilnehmen, wurden jedoch nicht eingeweiht) und führte ihre Anhänger über sieben Weihestufen in eine immer intensivere Anteilnahme am Geschick des Gottes Mithras. Die »Einweihungsriten«, die für viele dieser Kulte bezeichnend sind, wurden streng geheim gehalten, so daß wir wenig über sie wissen. Diese Kulte sind daher auch unter dem Namen »Mysterienreligionen« bekannt geworden.

Zentrum aller dieser Religionen war aber offensichtlich das persönliche Verhältnis zu einem rettenden und erlösenden Gott, das den Gläubigen angesichts einer anscheinend unausweichlichen Schicksalsverfallenheit in den Bedrohungen des täglichen Lebens Geborgenheit verhieß und ihnen ein Leben über den Tod hinaus zusicherte.

Nach der Ermordung Cäsars 44 v. Chr. wurde auch Palästina vom Bürgerkrieg erschüttert. Herodes, der Sohn Antipaters, wurde im Jahr 40 v. Chr. König der Juden, doch erst 37 v. Chr. brachte er Jerusalem in seine Gewalt. Später dehnte er seine Macht aus, und das Land erreichte seine größte Ausdehnung seit Salomo. Er entfaltete eine rege Bautätigkeit. Als Herodes im Jahr 4 v. Chr. starb, teilte Augustus das Königreich unter die drei noch vorhandenen Söhne auf: Archelaus wurde Ethnarch über Judäa, Idumäa und Samarien, Herodes Antipas Tetrarch über Galiläa und Peräa, Philippus Tetrarch über die Gebiete nordöstlich des Sees Genezareth. Archelaus wurde 6 n. Chr. ins Exil geschickt und sein Gebiet einem römischen Prokurator unterstellt.

9. DAS REICH DES HERODES

Die Ordnung, die Pompeius in Palästina geschaffen hatte, erwies sich als wenig dauerhaft. Der von den Römern gefangene Aristobul sorgte durch seine Söhne immer wieder für Unruhe. Doch behielten Antipater und seine Söhne Phasaël und Herodes das Heft in der Hand und konnten im Jahr 47 v. Chr. Cäsar, der in ägyptischen Bürgerkriegswirren in Bedrängnis geraten war, so effektiv militärisch beispringen, daß dieser nicht nur Hyrkan wieder zum Ethnarchen (Volksfürsten) ernannte, sondern auch die Rechtsstellung der Juden im ganzen Römischen Reich auf eine sichere Grundlage stellte. So wurden Juden z. B. vom Militärdienst in der römischen Armee befreit und dadurch vor dem Gewissenskonflikt bewahrt, in den sie durch die Forderung der Verehrung der Feldzeichen geraten mußten.

Als aber im Jahr 40 v. Chr. die Parther in Syrien einfielen, sah Mattatias Antigonus, einer der Söhne des Aristobul, seine Stunde gekommen. Er verbündete sich mit ihnen und nahm Jerusalem ein. Hyrkan wurde gefangen und durch Abschneiden der Ohren untauglich für das Amt des Hohenpriesters gemacht; Phasaël beging im Gefängnis Selbstmord, nur Herodes entkam nach Rom und ließ sich durch den Senat und die Triumvirn Antonius und Octavianus zum König von Judäa ernennen.

a) Herodes der Große: Politiker und Bauherr

Seine Herrschaft mußte sich Herodes freilich selber erkämpfen, was er mit großem Geschick in den folgenden drei Jahren tat. Während dieser Zeit heiratete er auch Mariamne, die Enkelin Hyrkans II., offensichtlich um seiner zweifelhaften Legitimität als jüdischer König eine bessere Basis zu geben. 37 v. Chr. wurde Jerusalem eingenommen, Antigonus gefangengesetzt und von den Römern auf Wunsch des Herodes enthauptet.

Die ersten Jahre seiner Regierung waren durch das Bemühen gekennzeichnet, seine Herrschaft zu sichern. Im Verlauf dieser Auseinandersetzungen und Intrigen ließ Herodes alle wichtigen Mitglieder der hasmonäischen Aristokratie, einschließlich seiner Frau Mariamne und ihres greisen Großvaters Hyrkan, beseitigen. Tatsächliche Intrigen gegen ihn aus dem Kreis der hasmonäischen Familienmitglieder, aber ebenso ein fast krankhaftes Mißtrauen auf seiten des Herodes führten zu diesem Familiendrama.

Obwohl treuer Parteigänger des Antonius, gelang es ihm nach dessen Niederlage, den Sieger Octavianus von seiner grundsätzlichen Romtreue zu überzeugen, so daß er 30 v. Chr. nicht nur als mit Rom verbündeter König erneut bestätigt wurde, sondern auch große Gebiete Palästinas zu seinem Herrschaftsgebiet hinzugefügt bekam. Das Reich des Herodes war damit noch bedeutend größer als das der letzten Hasmonäer und reichte fast an die Größe des Davidisch-Salomonischen Großreiches heran.

b) Wirtschaftliche Blüte und Zerfall des Herodianischen Reiches

Nach der Konsolidierung seiner Herrschaft widmete sich Herodes einer ausgedehnten Bautätigkeit. Herausragendes Unternehmen war dabei zweifellos der Um- und Neubau der Tempelanlage in Jerusalem. Durch gewaltige Baumaßnahmen am Fundament wurde der Tempelplatz auf die heutige Größe erweitert; der Tempel selbst wurde durch eigens dazu ausgebildete Priester völlig erneuert. Dazu traten der Wiederaufbau Samarias, das er zu Ehren des Augustus Sebaste nannte (von *sebastos,* der griech. Entsprechung für Augustus), und die Gründung Cäsareas. Eine Fülle von glanzvollen palastartigen Befestigungsanlagen, insbesondere auf Masada und dem Herodeion, und große Paläste in Jerusalem und Jericho traten dazu. Finanzierbar waren diese Unternehmungen nur durch ein kräftiges Anziehen der Steuerschraube. Allerdings bemühte sich Herodes auch nachhaltig um die Verbesserung der Wirtschaftskraft seines Landes. Er siedelte auf brachliegenden Gebieten Bauern an und förderte die landwirtschaftliche Produktivität. Seine Baumaßnahmen waren ein großangelegtes Arbeitsbeschaffungsprogramm, das auch einheimischen Handwerkern und Arbeitern zugute kam.

In Katastrophenfällen, etwa bei einem schweren Erdbeben, leistete er großzügige Hilfe. Nach Ausweis neuerer Ausgrabungen in Jerusalem baute sich auch die Oberschicht in der herodianischen Zeit neue und großzügige Wohnhäuser und Paläste. Daß die untersten Schichten der Bevölkerung nicht in gleicher Weise von dieser Wirtschaftsblüte profitierten, dürfte zu vermuten sein. Doch war die wirtschaftliche Situation des Landes am Ende der Regierungszeit des Herodes sicher besser und solider als an ihrem Anfang.

Die Religionsausübung betreffend bemühte sich Herodes, der von den Juden aufgrund seiner idumäischen Herkunft als »Halbjude« angesehen wurde, in seinem jüdischen Herrschaftsgebiet nach jüdischer Sitte zu leben, wobei er insbesondere auch auf die Pharisäer Rücksicht nahm. Das hinderte ihn nicht daran, in Cäsarea und Samaria Tempel für den Kaiserkult zu bauen und auch sonst wie ein heidnischer hellenistischer Herrscher aufzutreten. Die Hohenpriester setzte er nach eigenem Belieben ein und ab, ohne sich freilich in deren kultische Obliegenheiten einzumischen.

Das Ende seiner Regierungszeit war überschattet von seinem krankhaften Mißtrauen gegen eine Verschwörung in der eigenen Familie, dem drei seiner Söhne zum Opfer fielen.

Nach dem Tode des Herodes (4 v. Chr.) brach eine ganze Reihe von Aufständen in Palästina aus, und eine Gesandtschaft des Volkes trug in Rom die Bitte vor, das Land direkt der römischen Herrschaft zu unterstellen. Aber nach einigem Zögern bestätigte Augustus im wesentlichen das Testament des Herodes, in dem das Land an drei seiner Söhne aufgeteilt wurde, wobei keiner von ihnen den Königstitel erhielt. Archelaos erhielt das Kernland (Judäa, Samaria und Idumäa) und den Titel eines Ethnarchen (Volksfürst); Antipas erhielt Galiläa und Peräa (Ostjordanland) und den Titel Tetrarch (Vierfürst oder besser: Teilfürst, Landesfürst), die Herrschaftsgebiete des Philippus lagen nordöstlich vom See Genezareth (Ituräa, Trachonitis, Gaulanitis), auch er erhielt den Titel Tetrarch.

10. PALÄSTINA ZUR ZEIT JESU UND DER URGEMEINDE

In diese Zeit fällt die Geburt Jesu. Nach der Darstellung in Matthäus 2 wurde er kurz vor dem Tode Herodes' des Großen, um das Jahr 6 v. Chr., geboren. Das würde erlauben, die Erscheinung des Sternes mit einer Jupiter-Saturn-Konjunktion im Jahre 7 v. Chr. in Verbindung zu bringen. Doch gibt es Unsicherheiten, da die in Lukas 2 erwähnte allgemeine Steuererfassung nicht in diese Zeit paßt.

Aufgewachsen ist Jesus mit Sicherheit in Nazareth in Galiläa, also im Herrschaftsgebiet des Herodes Antipas. Galiläa, das ja häufig nicht zum jüdischen Staatsgebiet gehört hatte, galt den Judäern als unzuverlässig, hatte aber eine sehr gesetzestreue Bevölkerung, in der es immer noch viele Sympathien für die Hasmonäer gab. Das Land galt juristisch seit alters als »Königsland«, das heißt als Besitz des jeweiligen Herrschers, der große Landgüter an seine Anhänger verpachtete, die diese wiederum durch Verwalter und Taglöhner bewirtschaften ließen. Das sorgte für soziale Spannungen, aufgrund derer immer wieder Unruhen in der Bevölkerung Galiläas aufflammten. Einige der Gleichnisse Jesu spiegeln diese Situation wider (z. B. Markus 12,1-9).

a) Palästina unter der Regierung der Herodessöhne

Herodes Antipas suchte sich in seinem Herrschaftsgebiet ein angenehmes Leben als hellenistischer Kleinfürst zu machen, ohne allzu große Ambitionen zu entwickeln, was ihm eine lange Regierungsdauer sicherte. Er erbaute Sepphoris und als neue Hauptstadt Tiberias am See Genezareth, das er nach dem Kaiser Tiberius benannte. Er wurde im Jahre 39 n. Chr. nach 43jähriger Regierungszeit von Kaiser Caligula abgesetzt und verbannt, da er auf Anstiftung seiner ehrgeizigen zweiten Frau Herodias sich um den Königstitel bewarb, den sein Neffe Agrippa I. verliehen bekommen hatte.

Philippus regierte ein Gebiet mit überwiegend heidnischer Bevölke-

Die Lebenszeit Jesu von Nazareth

Römische Kaiser	Palästina	Jesus
30 v.–14 n. Augustus (Lk 2,1)	4 v. Tod Herodes d. Gr. Archelaus wird Herrscher in Judäa, Samarien und Idumäa (Mt 2,22), Herodes Antipas in Galiläa und Peräa (Mk 6,14-29), Philippus im Ostjordanland und Lysanias im Antilibanosgebiet (Lk 3,1)	etwa 7 v. Geburt Jesu (Mt 2,1; Lk 2,1-7)
	6 n. Verbannung des Archelaus. Sein Gebiet wird römische Provinz	
14–37 Tiberius (Lk 3,1)	26–36 Pontius Pilatus Statthalter in Judäa und Samarien (Lk 3,1)	28 Auftreten Johannes des Täufers (Lk 3,1) um 30 Tod Jesu

Abkürzungen: Lk = Lukas, Mk = Markus, Mt = Matthäus.

rung, woran er sich in seinem Regierungsstil ohne Probleme anpaßte. Er baute Cäsarea Philippi, das alte Paneas, als seine Hauptstadt auf und war für Rom ein völlig loyaler Landesfürst, der offensichtlich auch in der Bevölkerung geachtet war. Als er 34 n. Chr. kinderlos starb, kam sein Gebiet zunächst zur Provinz Syrien. Kaiser Caligula überließ es dann 37 n. Chr. Agrippa I.

Sehr viel dramatischer verlief die Entwicklung in Judäa. Archelaus übte offensichtlich ein solches Schreckensregiment aus, daß Augustus im Jahre 6 n. Chr. den Beschwerden einer jüdischen Delegation nachgab, ihn absetzte und nach Gallien verbannte. Judäa kam unter römische Verwaltung.

Aufgrund der Sonderprobleme in diesem Land wurde es nicht einfach der Provinz Syrien zugeschlagen, dessen Statthalter freilich eine gewisse Oberaufsicht ausübten. Die Provinz Judäa wurde einem Präfekten (später Prokurator) unterstellt, der für die Erhebung der Steuern und für die Aufrechterhaltung von Ruhe und Ordnung zuständig war, wobei ihm ein Kontingent sogenannter Hilfstruppen zur Verfügung stand. Die Rechtsprechung und die interne Verwaltung wurden wieder dem Hohen Rat übertragen, der unter der Leitung des Hohenpriesters stand. Dieser wurde von den Römern eingesetzt, wobei aber die maßgebenden hohepriesterlichen Familien berücksichtigt wurden. Allerdings behielten sich die Statthalter die Aufsicht über die Gerichtsbarkeit vor; insbesondere die Verhängung der Todesstrafe in Fällen mit politischem Hintergrund blieb ihr Privileg.

Beim Übergang in die römische Verwaltung wurde durch den syrischen Statthalter Quirinius eine Steuererhebung durchgeführt, die zu beträchtlichen Unruhen führte. Sie wurden ausgelöst durch die Zeloten (griech. »die Eiferer« für Gott), eine Bewegung, die sich die Befreiung des Volkes von jeglicher Fremdherrschaft und seine Unterstellung unter die direkte Herrschaft Gottes zum Ziel gesetzt hatte und deren Aktivität viele Jahre später zum ersten jüdischen Aufstand führte.

b) Jesus von Nazareth und die Anfänge des Christentums

In dieser unruhigen Atmosphäre trat um das Jahr 28 n. Chr. Johannes der Täufer auf (vgl. Lukas 3,1-3) und rief das Volk zur Umkehr angesichts des nahen, unabwendbaren Gerichtes auf. Zeichen der Umkehr und der Unterstellung unter das Gericht Gottes sollte das Untergetauchtwerden im Wasser des Jordans sein. Da Johannes auch soziale Mißstände geißelte und Herodes Antipas wegen der nach dem Mosegesetz (3. Mose 18,16; 20,21) verbotenen Ehe mit Herodias, der Frau seines Bruders, angriff, wurde er von diesem gefangengesetzt und kurze Zeit später hingerichtet (Markus 6,17-29).

Jesus von Nazareth, der sich zunächst der Bußbewegung des Johannes angeschlossen hatte, trat noch während der Wirkungszeit des Täufers mit einer eigengeprägten Verkündigung auf. Er predigte die Nähe der Herrschaft Gottes als Hereinbrechen des Heilshandelns Gottes in die Welt der Menschen und sprach diese Nähe besonders den Armen, den Hungernden, den Ausgestoßenen, den Sündern und Kranken zu. In der Heilung von Besessenen und Kranken sah er Zeichen dieser befreienden Gottesherrschaft. Jesus sammelte einen Kreis von Jüngern und Jüngerinnen um sich und zog einige Zeit (etwa 2 Jahre?) durch Galiläa und Judäa.

Seine eigenwillige Gesetzesauslegung brachte ihn in Konflikt mit den Pharisäern, die ihn zunächst als ihnen nahestehend eingeschätzt hatten. Anläßlich eines Besuchs beim Passafest in Jerusalem (wohl im Jahre 30 n. Chr.) erschien den herrschenden jüdischen Kreisen die Gefahr zu groß, daß sich an Jesu Person eine messianisch orientierte Aufstandsbewegung entzünden könnte. Sie setzten Jesus in der Passanacht (so die Chronologie der Synoptiker) gefangen und lieferten ihn mit der Anklage, er habe sich als »König der Juden« ausgegeben, an den römischen Statthalter Pontius Pilatus (26–36 n. Chr.) aus. Dieser verurteilte ihn zum Tod durch Kreuzigung, eine für politische Aufrührer von den Römern häufig angewendete Strafe.

Die Bewegung war damit freilich nicht ausgelöscht. Unter dem Eindruck der Erfahrung einer ganzen Reihe von Jüngern und Jüngerinnen, denen Jesus nach seinem Tode erschien und ihnen die Gewißheit gab, Gott habe ihn von den Toten auferweckt, sammelte sich die Schar seiner Anhänger neu. Die galiläische Gruppe verkaufte ihren Besitz und zog nach Jerusalem, um dort die Wiederkunft Jesu und den Anbruch des Reiches Gottes zu erwarten. Ihre Verkündigung führte immer wieder zu Auseinandersetzungen mit den jüdischen Behörden. Doch wurden deren Aktionen erst gefährlich, als eine Gruppe hellenistischer Judenchristen unter der Führung des Stephanus die gesetzes- und tempelkritische Linie der Verkündigung Jesu aufnahm und zu einer radikalen Anfrage an die jüdische Frömmigkeit weiterführte. Stephanus wurde, offensichtlich in einem Akt von Lynchjustiz, gesteinigt, und seine Anhänger wurden aus Jerusalem vertrieben (Apostelgeschichte 7f).

Bei dem Versuch, diese Sanktionen mit Hilfe synagogaler Strafmaßnahmen auch in der umliegenden Diaspora durchzusetzen, wurde der junge Pharisäer Saulus aus Tarsus in der Nähe von Damaskus durch eine Erscheinung des auferstandenen Christus von der Wahrheit der christlichen Botschaft überzeugt und somit vom Verfolger zum Missionar (etwa 33 n. Chr.; vgl. Apostelgeschichte 9). Die vertriebenen hellenistischen Judenchristen missionierten ihrerseits in den Städten Syriens. Besonders in Antiochia entstand eine christliche Gemeinde, die damit begann, die Botschaft von Jesus auch Nichtjuden zu verkündigen (vgl. 11,19-26).

c) Spannungen zwischen Juden und Römern. Kaiser Caligula und Agrippa I.

Hatten sich im Falle Jesu die Interessen des Statthalters Pontius Pilatus und der jüdischen Führung getroffen, kam es während dessen 10jähriger Amtszeit ansonsten immer wieder zu Konflikten. Er provozierte die Juden dadurch, daß er römische Feldzeichen nach Jerusalem bringen ließ, was für die Juden wegen der sich darauf befindlichen Herrscher- und Götterbilder unerträglich war. Auch die Finanzierung des Baues eines Aquädukts aus Mitteln des Tempelschatzes führte zu erheblicher Unruhe. Wegen eines Blutbades, das Pilatus unter Samaritanern, die sich unter etwas obskuren Umständen auf dem Garizim versammelt hatten, anrichtete, wurde er von dem syrischen Statthalter Vitellius 36 n. Chr. seines Amtes enthoben. Vitellius regelte in diesem Zusammenhang auch einige andere Streitpunkte; so übergab er den Prunkornat des Hohenpriesters, der bisher beim römischen Statthalter in Verwahrung war, wieder in jüdische Hände.

Im Jahre 37 n. Chr. wurde Gaius Caligula als Nachfolger des Tiberius (14–37 n. Chr.) römischer Kaiser. Der Herodesenkel Agrippa, der zu seinem Freundeskreis gehörte, erhielt von ihm die Tetrarchie seines Onkels Philippus als Herrschaftsgebiet zugesprochen und den Königstitel verliehen. Im Jahre 39 n. Chr. fiel ihm auch das Gebiet des Herodes Antipas zu. Dies bedeutete allerdings nicht, daß Caligula judenfreundlich gewesen wäre. Nicht ohne sein Zutun brachen 38 n. Chr. in Alexandria antijüdische Ausschreitungen aus, und da sich die Juden weigerten, Standbilder des Kaisers in den Synagogen aufzustellen, befahl er 39/40 n. Chr., seine Statue in den Tempel in Jerusalem zu bringen. Der Legat von Syrien, Petronius, der wußte, daß dies zu einem Volksaufstand führen würde, verzögerte die Durchführung des Befehls.

Zum Glück erreichte ihn die Nachricht von der Ermordung Caligulas im Januar 41 schneller als der Befehl des Kaisers, Selbstmord zu begehen. Agrippa I., der nach Rom gereist war, um das Schlimmste zu verhindern, hatte zwar zunächst keinen Erfolg mit seiner Initiative, konnte dann aber in den Streitigkeiten um die Nachfolge zugunsten des Claudius, eines Onkels Caligulas, vermitteln und erhielt zum Dank dafür auch noch Judäa und Samaria als weiteres Herrschaftsgebiet, so daß unter seiner Regentschaft in etwa das Reich seines Großvaters Herodes vereinigt war.

In der jüdischen Überlieferung gilt Agrippa I. (37–44 n. Chr.) als frommer und gesetzestreuer Fürst. Doch zeigen andere Quellen, daß er sich in heidnischen Gebieten seines Reiches auch als typisch hellenistischer Herrscher gebärden konnte. Die christliche Gemeinde verfolgte er – wohl aus opportunistischen Gründen – und ließ den Zebedäussohn Jakobus, den Bruder des Johannes, hinrichten und Petrus ins Gefängnis werfen (Apostelgeschichte 12).

Sein plötzlicher Tod im Jahre 44 n. Chr. ließ alle Hoffnung auf eine längere Zeit der Ruhe und Stabilität in Palästina schwinden. Offensichtlich schien den Römern Agrippas Sohn, Agrippa II., noch zu jung, um ihm das Reich seines Vaters anzuvertrauen. Es wurde wieder unter direkte römische Verwaltung durch Prokuratoren gestellt. Diese aber taten sich in der immer wieder durch Unruhen geschüttelten Provinz schwer. Agrippa II., der ab 50 n. Chr. mit der Aufsicht über die jüdischen Religionsangelegenheiten betraut wurde, hatte wenig Einfluß, und auch der freigelassene Felix, der ab 52 n. Chr. relativ lange Statthalter in Judäa blieb und mit Agrippa verschwägert war, konnte die Eskalation der Gewalt nicht aufhalten.

d) Das Apostelkonzil in Jerusalem

Die christliche Botschaft hatte sich inzwischen weiter ausgebreitet. Um das Jahr 48 n. Chr. traf sich eine Delegation der Gemeinde in Antiochia (Syrien) mit der Jerusalemer Urgemeinde zum sogenannten »Apostelkonzil«, um eine Vereinbarung über die Anerkennung der Heidenchristen als vollberechtigte Mitglieder der christlichen Gemeinde zu treffen (vgl. Apostelgeschichte 15 und Galater 2,1-10). Die Ausweisung der Juden aus Rom im Jahr 49 n. Chr. durch den Kaiser Claudius (41–54 n. Chr.), von der der römische Schriftsteller Sueton berichtet, war möglicherweise auf Streitigkeiten wegen der missionarischen Aktivität von Judenchristen zurückzuführen.

Als Paulus im Jahr 50 nach Korinth kam, traf er dort auf das judenchristliche Ehepaar Priska (die Frau als der offenbar aktivere Teil wird stets an erster Stelle genannt) und Aquila, das von dieser Maßnahme betroffen war (Apostelgeschichte 18,1f). Nach längerem Aufenthalt in Korinth und Ephesus reiste Paulus im Jahr 56 n. Chr. nach Jerusalem, um der Gemeinde dort eine in seinen Missionsgemeinden gesammelte Kollekte zu überbringen. Da das Gerücht entstanden war, er habe einen Heiden in den Tempel mitgenommen, wurde er von einer wütenden Volksmenge ergriffen und aus dem Tempel geschleift, dann aber von den Römern in Haft genommen (21,27-34).

Vom römischen Statthalter Felix wurde der Prozeß aber zunächst über zwei Jahre verschleppt. Sein Nachfolger Festus, von dessen Amtsantritt kein genauer Termin bekannt ist, nahm die Verhöre wieder auf und zog dazu auch Agrippa II. hinzu. Doch hatte sich Paulus inzwischen entschlossen, von seinem Recht als römischer Bürger Gebrauch zu machen, eine Verhandlung vor dem Gericht des Kaisers zu verlangen. Zwischen 58 und 60 n. Chr. dürfte die Reise des gefangenen Paulus nach Rom stattgefunden haben. Über den Ausgang seines Prozesses vor Nero (54–68 n. Chr.) gibt es leider keine zuverlässigen Angaben.

Festus, der schon im Jahre 62 n. Chr. starb, war wohl der letzte der Statthalter, der ernsthaft versuchte, der Lage in der krisengeschüttelten Provinz Herr zu werden. Doch auch er scheiterte an der Unübersichtlichkeit der Situation und an kleinlichen Streitigkeiten zwischen den führenden jüdischen Persönlichkeiten. Zunehmend Schwierigkeiten machten auch die Spannungen zwischen Heiden und Juden in Gebieten mit gemischter Bevölkerung, besonders in Cäsarea, wo Nero zunächst zugunsten der Heiden entschied. Die Vakanz zwischen der Amtszeit des Festus und der Ankunft seines Nachfolgers Albinus nutzte der Hohepriester Ananus II. (hebräisch: Hannas, der Sohn des Hannas der Passionsgeschichte), um durch den Hohen Rat eine Reihe von Todesurteilen gegen mißliebige Gegner verhängen zu lassen und dann auch zu vollstrecken. Davon betroffen war auch Jakobus, der Herrenbruder und Leiter der Jerusalemer Gemeinde (62 n. Chr.).

Albinus (62–64 n. Chr.) resignierte im Blick auf die Situation in der Provinz, in der Terror und Gegenterror immer mehr eskalierten. Sein Nachfolger Gessius Florus (64–66 n. Chr.) scheint nur noch seine eigenen Vorteile gesucht zu haben. Einmal mehr waren der Griff in den Tempelschatz und Ausschreitungen von Soldaten Grund zur äußersten Anspannung der Situation, die schließlich zum offenen und allgemeinen Aufstand führte.

Urgemeinde und jüdische Aufstände (um 30–135 n. Chr.)

Römische Kaiser	Palästina	Urgemeinde
	34 Der Tetrarch Philippus stirbt kinderlos. Sein Gebiet wird der römischen Provinz Syrien einverleibt	35 (32) Bekehrung des Paulus (Apg 9,1-9)
37–41 Caligula	37 Herodes Agrippa I. erhält als Günstling Caligulas die ehemaligen Herrschaftsbereiche des Philippus und Lysanias	
	39 Absetzung des Herodes Antipas. Galiläa und Peräa fallen an Herodes Agrippa I.	
41–54 Claudius	41 Herodes Agrippa I. erhält auch das bisher von römischen Statthaltern verwaltete Gebiet von Judäa, Idumäa und Samarien	43/44 Verfolgung der Gemeinde in Jerusalem. Tod des Jakobus (Apg 12,1-6)
	44 Tod des Herodes Agrippa I. (Apg 12,20-23). Sein Gebiet wird römische Provinz	48 (50) Zusammenkunft der Apostel in Jerusalem (Apg 15,1-29; Gal 2,1-10)
49 Vertreibung von Juden aus Rom (Apg 18,2)	50 Herodes Agrippa II., Sohn des Herodes Agrippa I., erhält vom Kaiser das kleine Königreich Chalkis, dazu das Recht der Aufsicht über den Jerusalemer Tempel, wenig später auch die ehemaligen Territorien des Philippus und Lysanias (Apg 25,13-27; 26,1-3.19-32). Judäa, Idumäa und Samarien bleiben römische Provinz	
54–68 Nero	52–60 (53–55) Antonius Felix Statthalter von Judäa, Idumäa und Samarien (Apg 23,24-35; 24,1-27)	

Römische Kaiser	Palästina	Urgemeinde
	60 (55) Porzius Festus Nachfolger des Antonius Felix (Apg 24,27–26,32)	62 Hinrichtung des Herrenbruders Jakobus
64 Brand Roms. Christenverfolgungen		
68–69 Galba	66 Beginn des Jüdischen Aufstands	
69 Otho, Vitellius		67 Wegzug der Urgemeinde aus Jerusalem nach Pella im Ostjordanland
69–79 Vespasian erobert Galiläa (67), Peräa und einen Teil von Judäa (68)	70 Belagerung und Zerstörung Jerusalems durch Titus	
	74 Fall der Festung Masada. Ende des jüdischen Aufstands	
	ca. 74–132 Periode von Jabne (Jamnia)	
79–81 Titus	ca. 74–80 Johanan ben Zakkai	
81–96 Domitian	ca. 80–120 Gamaliel II.	
96–98 Nerva		
98–117 Trajan		
117–138 Hadrian		
	130 Besuch Hadrians in Syrien und Judäa. Plan, Jerusalem als römische Stadt wiederaufzubauen	
	131/132 Aufstand des Simon Bar-Kochba	
	135 Fall der Festung Better. Endgültige Niederschlagung des Aufstands	

Abkürzung: Apg = Apostelgeschichte.

11. DER ERSTE JÜDISCHE AUFSTAND
(66–74 n. Chr.)

a) Die Situation in Judäa

Sosehr zumindest schon seit einem Jahrzehnt eine »revolutionäre Situation« im Lande geherrscht hatte, sowenig gab es so etwas wie eine geordnete Führung des Aufstandes. Äußeres Zeichen der offenen Rebellion war, daß die täglichen Opfer für den Kaiser eingestellt wurden. Gleichzeitig besetzte der Zelotenführer Menahem, ein Sohn des Begründers der Bewegung, Judas Galiläus, die Festung Masada. Pharisäische Kreise und die priesterliche Aristokratie forderten von den römischen Statthaltern der Provinzen Judäa und Syrien und von Agrippa II. dringend ein entschlossenes militärisches Eingreifen, um das Schlimmste zu verhüten. Doch die 2000 jüdischen Reiter, die Agrippa sandte, richteten nichts aus.

Die Aufständischen erstürmten die Oberstadt Jerusalems, zündeten das städtische Archiv an und vernichteten zuerst die dort deponierten Schuldverschreibungen. Der soziale Hintergrund des Aufstandes wird hier deutlich. Die Burg Antonia wurde als nächstes erobert, Menahem zog wie ein König in Jerusalem ein, der amtierende Hohepriester wurde von den Sikariern (den »Dolchträgern«, einer Gruppe extrem römerfeindlicher Juden; auch in Apostelgeschichte 21,38 erwähnt) erdolcht, was im Gegenzug die Ermordung des Menahem zur Folge hatte. Cestius Gallus, der Legat von Syrien, traf endlich mit einem größeren Truppenkontingent ein, zog sich aber angesichts des erbitterten Widerstandes unverrichteter Dinge wieder zurück.

In Cäsarea und anderen hellenistischen Städten kam es zu schweren Pogromen gegen die jüdischen Einwohner. Die Angehörigen der Friedenspartei und die Judenchristen verließen Jerusalem; die urchristliche Gemeinde zog aufgrund einer prophetischen Weisung nach Pella im Ostjordanland. Doch hatten in Jerusalem immer noch gemäßigte Elemente um den früheren Hohenpriester Ananias (Hannas) die Oberhand. Inzwischen hatte Nero seinen General Vespasian zum

Oberbefehlshaber ernannt, der 67 n. Chr. damit begann, Galiläa zu säubern. Der Widerstand der Aufständischen war gegen die erdrückende Übermacht zwecklos. Der jüdische Befehlshaber von Galiläa, der aus einer Priesterfamilie stammende spätere Schriftsteller Flavius Josephus, ging zu den Römern über und prophezeite Vespasian die Kaiserwürde. Das rettete ihm zunächst das Leben.

Als Flüchtlinge kamen nun radikale Elemente aus Galiläa nach Jerusalem, u. a. Johannes von Gischala, der sich sofort an die Spitze der Zeloten setzte. In der Stadt beginnt der Bürgerkrieg. Die Zeloten beherrschen das Tempelareal. Hannas wird im Laufe der Kämpfe getötet.

b) Die Eroberung Jerusalems und Masadas durch Titus

Inzwischen stoppte der Angriff der Römer. Anfang 68 n. Chr. beging Nero Selbstmord. Von den verschiedenen Thronprätendenten setzte sich zunächst Vitellius gegen Otho und Galba durch. Doch die Truppen im Osten des Reiches waren damit nicht zufrieden und riefen Vespasian zum Kaiser aus, der nach der Niederlage des Vitellius im Herbst 70 in Rom die Herrschaft antreten konnte.

Mittlerweile führte sein Sohn Titus die Operation in Judäa weiter und begann im Frühjahr 70 mit der Belagerung Jerusalems. Die Bürger hatten inzwischen einen weiteren Freischärlerführer, nämlich Simon Bar Giora, in die Stadt gerufen, um der Schreckensherrschaft des Johannes von Gischala entgegenzuwirken, was jedoch nur die Auseinandersetzungen verschärfte, bei denen unter anderem auch wichtige Nahrungsmittelvorräte in Brand gerieten.

Der Angriff der Belagerer setzte im Norden an. Als erstes wurde die Burg Antonia erobert. Dann wurde der Tempel angegriffen, in dem sich vor allem Priester verschanzt hatten, die bis zuletzt am Opferdienst festhielten und auf ein Eingreifen Gottes zur Rettung seines Heiligtums hofften. Doch am 9. Ab (Ende Juli), am gleichen Tag, an dem Nebukadnezar 587 v. Chr. Jerusalem erobert hatte, traten die Römer durch die in Brand gesteckten Tempeltore in den äußeren Vorhof ein; am Tag darauf griff das Feuer auf den inneren Vorhof und das Heiligtum über. Tausende – darunter auch Frauen und Kinder –, die dort Zuflucht gesucht hatten, kamen in den Flammen um oder wurden von den römischen Soldaten niedergemacht.

Die Oberstadt hielt sich noch einen Monat länger. Anfang September wurde auch sie genommen. Die beiden Führer, Johannes von

Gischala und Simon Bar Giora, fielen in die Hand der Römer und wurden zum Triumphzug nach Rom gebracht, Jerusalem wurde geplündert.

Nur die fast uneinnehmbare Festung Masada hielt sich länger. Erst im Frühjahr 74 n. Chr. gelang es den Römern, mit Hilfe eines riesigen Belagerungsdammes die Mauern zu brechen und die Festung zu stürmen. Sie fanden die Verteidiger mit Ausnahme von wenigen Überlebenden tot vor. Sie hatten sich gegenseitig getötet, um nicht in die Hand der Römer zu fallen.

12. DIE ENTWICKLUNG BIS ZUM ZWEITEN JÜDISCHEN AUFSTAND

Für die Bevölkerung Galiläas und Judäas hatte der Krieg katastrophale Folgen. Schätzungen gehen davon aus, daß bis zu einem Drittel der jüdischen Bevölkerung Palästinas dem Krieg zum Opfer gefallen war. Ein Großteil des jüdischen Grundbesitzes wurde konfisziert und das Land zu einer selbständigen römischen Provinz gemacht, was für die Verwaltung eher eine Verbesserung war. Damit war die Stationierung der 10. Legion im Lande verbunden, die ihr Hauptquartier in den Ruinen Jerusalems einrichtete.

Das Judentum in der Diaspora war von den Vorgängen weniger betroffen. Doch mußte die Tempelsteuer in Zukunft in Gestalt des *fiscus Judaicus* an den Tempel des Jupiter Capitolinus in Rom abgeführt werden, was für jeden gesetzestreuen Juden Schmach und Gewissenskonflikt zugleich bedeutete.

a) Das Lehrhaus in Jabne und die Neubesinnung des Judentums

Mehr noch als der Verlust der bescheidenen jüdischen Selbstverwaltung, die nur die Bevölkerung des Mutterlandes traf, war die Zerstörung des Tempels Anlaß zu einer tiefgreifenden Wandlung der jüdischen Frömmigkeit und Theologie. Mit dem Verlust des Tempels waren auch der Opferkult und der Dienst der Priester hinfällig geworden. Eigentümlicherweise sind uns keine Versuche bekannt, in irgendeiner Form einen Ersatzkult zu schaffen und die priesterlichen Funktionen weiter zu erhalten. Der Neuaufbau des religiösen Lebens konzentrierte sich auf das gottesdienstliche Leben in der Synagoge und auf die Auslegung des Gesetzes in den Lehrhäusern der verschiedenen Schriftgelehrtenschulen. Hier scheinen nun vor allem der Pharisäismus und die ihm nahestehenden Schriftgelehrten am besten gerüstet gewesen zu sein. Sie brachten sowohl eine vom Tempel unabhängige Organisationsstruktur als auch eine Gesetzestheologie mit, die weniger am Kult als vielmehr am alltäglichen Gehorsam gegenüber Gottes Gebot orientiert war.

Zentrum der Neuorientierung in Judäa und Galiläa wurde das Lehrhaus, das Rabbi Jochanan ben Zakkai offensichtlich mit Duldung der Römer schon gegen Ende des jüdischen Krieges in Jabne/Jamnia, einem kleinen Ort in der Küstenebene, gegründet hatte. Hier wurde eine Reihe von »Notverordnungen« getroffen, gesetzliche Neuregelungen, die das religiöse Leben nach der Zerstörung des Tempels weiterführen sollten. So mußte ja z. B. geregelt werden, wie in Zukunft die großen Feste gefeiert werden konnten, wenn die damit verbundenen Gottesdienste und Opferhandlungen im Tempel entfielen.

Man hat in diesem Zusammenhang gerne von der – historisch nicht belegbaren – »Synode in Jamnia« (um 100 n. Chr.) gesprochen, durch die sich das Judentum nach der Katastrophe von 70 wieder konsolidiert habe. Diese Bezeichnung weckt jedoch falsche Vorstellungen. Es handelte sich nicht um eine repräsentative gesetzgebende Versammlung, sondern um ein einzelnes Lehrhaus, das sich freilich sehr schnell zum zentralen Ort der geistigen und geistlichen Neubesinnung und zur Geburtsstätte des rabbinischen Judentums entwickelte und so mehr und mehr allgemeine Anerkennung erlangte. Dies war vor allem unter dem Nachfolger Jochanan ben Zakkais, Gamaliel II., der Fall, mit dem das »Haus Hillel« die erbliche Führung des Lehrhauses gewann. Daneben bildete das Haus Schammai die zweite und strengere Hauptrichtung des Pharisäismus im 1. Jahrhundert. In dieser Zeit scheint auch eine gewisse offizielle Anerkennung des Gremiums als jüdisches Selbstverwaltungsorgan durch die staatlichen Autoritäten erfolgt zu sein.

Zwei Entwicklungen waren für das Verhältnis von Judentum und Christentum von besonderer Bedeutung:

Unter Gamaliel II. wurde in das sogenannte Achtzehn-Bitten-Gebet, das offizielle Synagogengebet, die *birkat ha-minim*, die Verfluchung der Häretiker eingefügt: »Das Königreich der Gewalttat richte eilends zu Grunde in unseren Tagen und die Nosrim (= Christen) und die Minim (= Häretiker) mögen im Augenblick zu Grunde gehen.« Ob sich diese Verfluchung wirklich vor allem gegen die Christen richtete, ist in der Forschung umstritten. Klar ist aber, daß sie in jedem Fall einen endgültigen Ausschluß der Judenchristen aus der Synagoge bewirken mußte, und es scheint so, als ob einige in dieser Zeit entstandene christliche Schriften, wie das Matthäus- und das Johannesevangelium, den

Schmerz über diese erzwungene Trennung durch ihre eigene antijüdische Polemik verraten würden.

Die Kanonizität bestimmter Bücher (Prediger, Hoheslied, Jesus Sirach, aber auch Daniel und Ester) wurde in Jabne diskutiert, ohne daß es zunächst zu endgültigen Entscheidungen kam. Ob es dabei schon zur Ausscheidung der nur in der griechischen Übersetzung des Alten Testaments erhaltenen Schriften, der sogenannten Apokryphen, gekommen ist und ob dafür die Auseinandersetzung mit dem christlichen Gebrauch dieser Schriften eine Rolle spielte, muß offen bleiben.

b) Erste Christenverfolgungen und jüdische Aufstände in der Diaspora

Für die christlichen Gemeinden jener Jahre stand die Auseinandersetzung mit dem Judentum nicht mehr im Vordergrund. Durch ihren Wegzug von Jerusalem hatte die Urgemeinde ihr Gewicht eingebüßt, und die immer größer werdende Zahl der Heidenchristen drängte das Judenchristentum mehr und mehr an den Rand. Sollte der Epheserbrief erst um diese Zeit verfaßt worden sein, dokumentiert er einen letzten Versuch im Urchristentum, diese Entwicklung aufzuhalten.

Unter dem Kaiser Domitian (81–96 n. Chr.), dem Bruder des Titus, kam es zu einer ersten größeren Verfolgung der Christen im Römischen Reich. Waren es wohl zuerst nur übereifrige Funktionäre des Kaiserkultes in Kleinasien, die die Christen zum Kaiseropfer zwingen wollten, so forderte Domitian gegen Ende seiner Regierungszeit ganz offiziell, ihn als »unsern Herrn und Gott« zu verehren. Das brachte nicht nur Christen in Schwierigkeiten; auch konservativ denkende Römer hatten damit Probleme. Aufgrund dieser Maßnahmen kam es zur ersten allgemeineren Verfolgung der christlichen Gemeinde, in deren Verlauf viele den Märtyrertod erlitten. Dies gilt insbesondere für die Provinzen Kleinasiens, wobei die Offenbarung des Johannes ein eindrucksvolles Zeugnis für die Härte und Bedrohlichkeit des Konfliktes ist.

Der Nachfolger Domitians, der nach dessen Ermordung zum Kaiser ausgerufen wurde, der besonnene Senator Nerva (96–98 n. Chr.), stellte diese Übelstände ab. Er beendete auch den für die Juden demütigenden Einzug der Tempelsteuer zugunsten des römischen Jupitertempels.

Trajan (98–117 n. Chr.), den Nerva zur Sicherung der Regierungskontinuität adoptiert hatte, führte diese maßvolle Politik weiter. In einem Antwortschreiben auf eine Anfrage von Plinius dem Jüngeren, der als Statthalter von Bithynien wissen wollte, wie mit den Christen zu verfahren sei, weist er diesen an, nur im Falle ausdrücklicher Anklage gegen sie vorzugehen.

Daß gerade unter seiner Herrschaft ein blutiger Aufstand der Juden in der Diaspora ausbrach, ist schwer zu erklären, zumal die Quellen darüber sehr spärlich sind. Während Trajan im Osten des Reiches gegen die Parther Krieg führte und möglicherweise ermutigt von Gerüchten über eine schwere Niederlage des Kaisers, erhoben sich die Juden Ägyptens, der Kyrene, Zyperns und später auch Mesopotamiens. Eigentliche Ursache waren offensichtlich tiefgreifende soziale und ethnische Spannungen in diesen Gebieten, denn die Gewalttätigkeit der Aufständischen richtete sich zunächst gegen die heidnische Bevölkerung ihrer Umgebung, unter der sie angeblich wahre Massaker angerichtet haben sollen.

Für die Römer war zunächst die Situation in Mesopotamien besonders gefährlich, da der Aufstand im Rücken der Front stattfand. Trajan entsandte zwei seiner besten Feldherren, die in langen und blutigen Kämpfen die Ordnung wiederherstellten. Die jüdische Bevölkerung der betroffenen Gebiete wurde stark dezimiert, teilweise fast vernichtet, was zweifellos zum Niedergang des hellenistischen Judentums, auch in seiner Bedeutung für das Judentum insgesamt, beigetragen hat.

c) Der zweite jüdische Aufstand unter Simon Bar Kochba

Auch Hadrian (117–138 n. Chr.), ein Neffe Trajans, den dieser als seinen Nachfolger adoptiert hatte, war offensichtlich ein fähiger und gerechter Herrscher. Und so ist es nicht leicht zu erklären, warum gerade in seiner Regierungszeit in Judäa nochmals ein Aufstand ausbrach, der an Härte den ersten noch übertroffen zu haben scheint. Doch gibt es im Gegensatz zum ersten Jüdischen Krieg, über den wir durch den Bericht des Josephus ausgezeichnet unterrichtet sind, sehr wenige Quellen, und wir sind auf Vermutungen angewiesen.

Äußerer Anlaß scheint der Besuch des Kaisers in Syrien und Judäa im Jahre 130 gewesen zu sein, bei dem er auch die Ruinen Jerusalems besichtigte und seinen Wiederaufbau unter dem Namen Aelia Capitolina anordnete. Dabei sollte wohl an der Stelle des Tempels ein heidnisches Heiligtum errichtet werden. Dies scheint der Funke gewesen zu sein, der in einer schon vorher, möglicherweise aus sozialen Gründen, angespannten Lage die Explosion auslöste. Der Aufstand begann im

Spätherbst 131 oder Frühjahr 132, und die Münzen, die alsbald von den Aufständischen als Zeichen ihrer Souveränität geprägt wurden, zeigen Bilder des Tempels und seiner Geräte und tragen Aufschriften wie »Für die Freiheit Jerusalems« oder »Eleasar, der Priester«. Die Wiederherstellung des Tempelkultes scheint also eines der wesentlichen Ziele des Aufstandes gewesen zu sein.

Anführer des Aufstandes aber war ein Mann namens Simon, der sich auf den Münzen als »Fürst Israels« bezeichnet. Die christliche Überlieferung gibt ihm den Beinamen Bar Kochba, d. h. Sternensohn. Dies ist offensichtlich eine Anspielung auf die Rabbi Akiba zugeschriebene Identifikation Simons mit dem Messias anhand von 4. Mose 24,17: »Es wird ein Stern aus Jakob aufgehen ...« Nach Ausweis der in der Wüste Juda aufgefundenen Originalbriefe Simons war sein eigentlicher Beiname Bar Kosiba, was in der späteren rabbinischen Literatur zu Bar Koziba (= Lügensohn) verballhornt worden ist.

Bar Kochba scheint eine charismatische Führergestalt gewesen zu sein, dem die rabbinische Legende phantastische körperliche Kräfte zuschreibt. Ihm scheint es gelungen zu sein, sowohl einen Teil der religiösen Führer Israels als auch die armen Bauern Judäas hinter sich zu scharen. Große Teile Judäas und möglicherweise auch Jerusalems wurden von den Aufständischen besetzt, und die Rückeroberung durch die Römer gelang nur in einem langen, für beide Seiten äußerst verlustreichen Kleinkrieg. Mehrere Legionen und die besten Feldherren des Reiches mußten aufgeboten werden, bis der Krieg schließlich mit dem Fall der Festung Bet-Ter endete.

Auch diejenigen, die sich in Höhlen in der Wüste Juda versteckt hatten, wurden aufgespürt und dort ausgehungert, wie durch neuere Funde dokumentiert wird.

Die Folgen dieses selbstmörderischen Versuchs, sich der römischen Herrschaft zu entledigen, waren wahrscheinlich noch schlimmer und verheerender als die des ersten Aufstandes. Judäa war total verwüstet. Jerusalem wurde zur römischen Kolonie *Colonia Aelia Capitolina* und wurde als heidnische Stadt wieder aufgebaut. Den Juden war es bei Todesstrafe verboten, die Stadt zu betreten. Ein Verbot der Beschneidung wurde erlassen, das von manchen Forschern allerdings schon früher datiert und als Ursache des Aufstands betrachtet wird. Diese Maßnahme wurde aber von dem Nachfolger Hadrians, Antoninus Pius (138–161 n. Chr.), zumindest im Blick auf die Beschneidung von Juden (im Unterschied zu Proselyten aus anderen Völkern) bald wieder rückgängig gemacht.

Das Zentrum der rabbinischen Aktivität verlagerte sich nach Galiläa. Der Sohn Gamaliels II., Rabbi Schimon, der sich offensichtlich im Aufstand nicht kompromittiert hatte, übernahm die Führung, die er rasch ausbauen konnte. Es wurde ihm der Titel »Patriarch« (hebr. *nasi* = Fürst) beigelegt, und er scheint im Verlauf der Entwicklung als offizieller Repräsentant des jüdischen Volkes von den Römern anerkannt worden zu sein.

Sein Sohn, Rabbi Jehuda ha-Nasi, baute diese Position weiter aus und verlegte das Lehrhaus nach Bet-Schearim. Unter seiner Leitung wurde damit begonnen, die mündliche Überlieferung der in dieser Zeit getroffenen Lehrentscheidungen aufzuzeichnen. Es entstanden die sechs Bücher der Mischna, die den Grundstock des späteren Talmud bilden. Damit aber hatte eine neue Epoche im Leben des antiken Judentums begonnen, die über die Verhältnisse zur Zeit des Neuen Testaments weit hinausführt.

VERZEICHNIS DER ABKÜRZUNGEN

Biblische Bücher werden in den üblichen Kurzformen, aber ohne weitere Abkürzung angeführt (z.B. 1. Mose für »Das erste Buch Mose«). Die Ziffern hinter den Buchnamen bezeichnen Kapitel und Vers, Einzelverse werden durch Punkt getrennt, z.B. 1,17.20 = Kapitel 1, Verse 17 und 20.

f	und der folgende Vers	s.o.	siehe oben
Jh.	Jahrhundert	s.u.	siehe unten
n. Chr.	nach Christus	v. Chr.	vor Christus
S.	Seite	vgl.	vergleiche
s.	siehe		

STICHWORTREGISTER

Das Register enthält Personen- und Ortsnamen, Namen von Personengruppen (wie Pharisäer), von Völkern und Reichen sowie geschichtliche Sachverhalte (wie Landnahme, Tribut usw.). Ortsnamen in den Kartenskizzen werden mit Ziffern in *Schrägschrift* verzeichnet.

Abel-Bet-Maacha *61*
Abel-Mehola *55*
Abija 67
Abila *131, 151*
Abimelech 41
Abjatar 53
Abner 48
Abraham 14, 17, 19, 20, 21
Absalom 51
Achisch von Gat 45
Achsib *31*
Adadnirari III. 80
Adonija 51, 53
Adoniram (Adoram) 58f
Adullam *61*
Afek *31*
Agrippa I. 167, 169, 171, 172
Agrippa II. 172, 173, 176
Ägypten 11, 12, 13, 21, 22, 23, 24f, 28, 32, 33, 34, 50, 84, 87, 97, 103, 105, 120, 127, 128, 135, 142, 182
Ahab 70-73, 74, 75, 77
Ahas 84, 85
Ahasja 73, 74, 75
Ahija von Silo 64

Ai *16, 109*
Ajalon 30, *31*, 32, 44, *61*
Akiba, Rabbi 183
Akko (s. auch Ptolemais) *31, 55, 83, 89, 131*, 149
Akra (Burg in Jerusalem) 142, 146, 147, 149, 150
Albinus 173
Alexander Balas 149
Alexander d. Gr. 12, 86, 120, 123f, 127
Alexander Jannai 152
Alexandra (Salome) 152
Alexandreion *145, 151*
Alexandria 135, 136, 139, 142, 171
Alkimus 148
Amalekiter 27, 48, 49
Ammon(iter) 18, 41, 42, 43, 65, 81, 86, 103, 104, 117
Amon 93
Amos 81
Amphiktyonie 39
Ananus II. (Hannas) 173
Anatot *109*
Andromachus 123
Antigonus 127, 164

Antiochia 127, *131, 145,* 148, 171, 172
Antiochus III. 133, 140
Antiochus IV. Epiphanes 119, 141f, 147, 148, 153
Antiochus V. 147
Antiochus VI. 149
Antiochus VII. 150
Antipas s. Herodes Antipas
Antipater 152, 164
Antipatris *163*
Antonia s. Burg A.
Antoninus Pius 183
Antonius 164
Apamea, Friede von 140
Apokalyptik 134, 153f
Apollonia *145, 151, 163*
Apollonius 132f, 142
Apostelkonzil 172
Apries (Hofra) 100
Arad *31, 89*
Aramäer (s. auch Damaskus, Syrer) 13, 77, 80, 81
Aramäisch (Sprache) 18, 128
Ararat 13
Archelaus 166, 169
Arimathäa *163*
Aristobul I. 150
Aristobul II. 152, 164
Artahsasta s. Artaxerxes
Artaxerxes I. 116, 117
Artaxerxes II. 120
Artaxerxes III. 120f
Arubbot 55
Asa 67
Asarhaddon 93
Asarja (Usija) 81
Aschdod *31, 47, 61, 83, 89,* 87, 90, *109, 131*
Aschera 36, 63

Aschkelon (Askalon) 31, *61,* 83, *89,* 90f, 98, *109, 131,* 149, *163*
Aseka *61*
Asmawet *109*
Asser 41, 45
Assur, Assyrien, Assyrer 12, 50, 75, 78-80, 82, 84f, 86, 92f, 95, 96
Assurbanipal 93
Assurnasirpal II. 79
Astarte 36
Astyages 105
Atalja 75f
Augustus (Octavianus) 160, 164
Azotos (Aschdod) *131, 145, 151*

Baal 36, 63, 71f, 74f
Babel, Babylon 13, 106, 124
Babylonien, Babylonier (Neubabylonisches Reich) 12, 56, 79, 90, 93, 96, 97, 99, 104, 105, 107, 127
Babylonische Gefangenschaft 100f, 102, 104f, 135
Bahurim *47*
Bakchides 148
Bar Kochba s. Simon B.
Barak 41
Baruch 103
Bascha (Baesa) 67
Batseba 51
Beerscheba *16,* 19, 26, *31, 47, 55, 109*
Belsazar 106
Ben-Hadad 67, 73, 78
Benjamin(iter) 30, 40, 44, 45
Besek *31*
Bet-El s. Bethel
Bet-Horon 44, 54, *55, 61*
Bet-Kerem *109,* 119

Bet-Sacharja 147
Bet-Schean *16, 31,* 32, *47, 55, 61, 131*
Bet-Schearim 184
Bet-Schemesch *16, 31*
Bet-Ter 183
Bet-Zur *61, 109,* 119, *145,* 146, 147, 149
Bethel *16,* 19, 20, 21, *31,* 34, *61,* 65, 67, 75, *89,* 95, *109*
Bethlehem *16, 31,* 45, *47, 61, 109, 163*
Betsaida *163*
Bozra *83*
Bundeslade 50, 56, 65
Burg Antonia 176, 177
Byblos *83*

Caesarea *163,* 165, 166, 169
Caesarea Philippi (Paneas) 140, *163,* 169
Caligula 167, 169, 171, 172
Cestius Gallus 176
Chaldäer (s. auch Ur) 14, 94
Chanukkafest 146
Claudius 172

Damaskus (Reich; s. auch Aramäer, Syrer) 49, 54, 68, 72f, 75, 77, 79, 80, 82, 84, 85
Damaskus (Stadt) *47, 55, 61, 83, 131,* 171
Dan (Stadt) *31, 47, 55, 61,* 65, 67, 75, *89,* 131
Dan (Stamm) 41
Danielbuch 153
Darius I. 112
Darius III. 120, 123
David 11, 34, 40, 44, 45-52, 95
David (Dynastie) 69, 76

Debir *31*
Debora 38, 41
Deboralied 39, 40
Dekapolis 152
Demetrius I. 141, 148, 149
Demetrius II. 149, 150
Demetrius III. 152
Deuterojesaja 107
Deuteronomium 63f, 94f, 96
Diadochen 12, 127f
Diaspora 104, 135-139, 179, 182
Domitian 181
Dor (Dora) *31,* 32, *55, 83,* 85, 89, *131, 145, 151, 163*
Dotan *16*

Edom(iter) 18, 49, 50, 54, 77, 86, 87, 103, 117
Ekbatana 105
Ekron *31, 47,* 90f, *145*
Ela 68
Elasa 148
Eleasar 183
Elephantine 122
Elhanan 45
Elia 26, 71f
Elisa 44, 74, 77
Eljakim (Jojakim) 97
Elteke 91
Emmaus *163*
En-Dor *47*
En-Gedi *47, 145*
Ephraim 19, 33, 34, 41, 42, 45, 64, 84
Esau 18
Esra 116f, 118f
Essener 154
Etam *61*
Etbaal 71
Ewil-Merodach 105

Exil (Deportation, Gefangenschaft) 79, 85, 86, 99, 100, 102,
104, 135

Felix 172, 173
Festus 173
Flavius Josephus s. Josephus
Gadara *145, 151, 163*
Galba 177
Galiläa 30, 33, 35, 41, 54, 67, 73,
85, 133, 137, 147, 152, 170, 177,
179, 180, 183

Gamala *145*
Gamaliel II. 180
Garizim 124, 150, *151*, 158, 171
Gat *31, 47, 55, 61*, 80
Gaza *31, 47, 55, 61, 83*, 87, *89,
109*, 123, *131*, 149, *163*
Geba 68, *89, 109*
Gedalja 103
Gerar *16*
Gerasa *145, 151, 163*
Geschem 117
Geser *31*, 32, 44, *47*, 54, *55, 61*,
68, *131, 145*
Gessius Florus 173
Gibbeton 68
Gibea 45, *47*
Gibeon 30, 44, *47, 109*
Gideon 41
Gilboa *47*, 48
Gilead (s. auch Ostjordanland)
32, 45, 85
Gilgal *31*, 43, *47*
Goliat 45
Gomorra 19
Goschen 22
Gottesberg (s. auch Horeb, Sinai)
24, 26, 27, 28

Griechenland 128, 129, 135
Griechisch (Sprache; vgl. Hellenismus) 128, 136, 161

Hadad 53
Hadid *109*
Hadrian 182
Haggai 112
Ham, Hamiten 13, 14
Hamat 49, 79, 87
Hammurabi 21
Hannas s. Ananus II.
Haran 17
Harran 14
Hasael 78, 79, 80
Hasidäer 146, 153, 154, 156
Hasmonäer 147, 148-152, 155,
167
Hazor *16*, 30, *31*, 54, *55*, 121
Hebräisch (Sprache) 135, 136
Hebron *16*, 19, 27, *31, 47*, 48, 50,
55, 61, 89, 109, 119
Heliodor 141
Hellenismus 124, 127-129, 133f,
135f, 158, 161
Herodeion *163*, 165,
Herodes Antipas 166, 167, 169,
171
Herodes d. Gr. 56, 164-166, 167
Herodias 170
Hesekiel 56, 99, 104
Hillel 180
Hippos *131, 145, 151, 163*
Hiram von Tyrus 54, 57
Hiskia 63, 87-92
Hiskia (Hoherpriester) 135
Hofra 100
Hoherpriester 113f, 132f, 134,
135, 139, 166, 169, 171
Horeb 26

Hosea (Prophet) 74, 81
Hoschea 85, 86
Hyrkaneion *145*
Hyrkan(us) I. 133, 150, 158
Hyrkan(us) II. 152, 164, 171

Idumäa 150
Ijon *61*
Ipsos 127
Isaak 14, 17, 19, 20
Isch-Boschet (Eschbaal) 48
Isebel 70, 71, 72, 74
Ismaeliter 17
Israel (Gesamtheit) 14, 17, 21, 23, 33, 34, 35, 87
Israel (Nordstämme, Nordreich) 35, 39, 49, 50, 51, 53, 59, 64f, 67-69, 70-75, 76-85, 95
Ittobaal s. Etbaal

Jabbok 20
Jabesch *31, 47*
Jabne s. Jamnia
Jafet 13
Jafo *55, 83, 89, 109*
Jahwe 27
Jakob 14, 17, 19, 20, 34
Jakobus (Apostel) 172
Jakobus (Bruder Jesu) 173
Jamnia *131, 151, 163*, 180
Jason 141, 142
Jeftah 40
Jehu (König) 44, 74f, 76, 77, 78, 79f, 82
Jehu (Prophet) 69
Jehuda ha-Nasi 184
Jeremia 98, 99, 103
Jericho *16*, 28, 30, *31*, 44, 100, *109*, 121, 133, *145, 151, 163*, 165,

Jerobeam I. 53, 63, 64f, 67
Jerobeam II. 81f, 82
Jerusalem 12, *16*, 19, 30, *31*, 32, 34, 35, *47*, 50, 51, 54, *55*, 56, *61*, 63, 66, 67, 80, *83, 89*, 92, 93, 95, 98-101, *109*, 115-118, 121, 123, *131*, 132, 140, 141, *145*, 146, *151*, 152, *163*, 164, 165, 171, 173, 176, 177, 179, 182f, 183
Jesaja 81, 84f, 87, 90, 91f, 107
Jeschana *109*
Jeschua 112f
Jesreel (Ebene) 32, 35, 39, 41, 45, 48, 54
Jesreel (Stadt) *47, 61*, 74, 75, 76
Jesus von Nazareth 170
Jibleam *31*
Jischmael 103
Joab 53
Joahas (Israel) 78
Joahas (Juda) 97
Joasch 76, 80
Jochanan Ben Zakkai 180
Johanan (Ben Kareach) 103
Johannes der Täufer 169
Johannes Hyrkan I. s. Hyrkan I.
Johannes von Gischala 177f
Jojachin 98f, 105
Jojada 76
Jojakim 97, 98
Jonatan (Makkabäer) 148f
Jonatan (Sohn Sauls) 45
Joppe (Jafo) *131, 145*, 149, *151, 163,*
Joram 73, 74, 75, 77
Joschafat 73
Josef (Sohn Jakobs) 22, 34
Josef (Tobijade) 133
Josephus 71, 98, 103, 123, 133, 177

Josia (Joschija) 58, 63, 93, 94-97
Josua 30, 32, *35*
Jotba *89*
Juda (Stamm, Reich) 27, 28, 34, 35, 39, 40, 48f, 50, 51, 58f, 65f, 69, 75f, 83, 85, 87-96, 97-101, 102f, 110-119, 121
Judäa 22, 132f, 137, 152, 169, 170, 176, 177, 179, 180, 183
Judas Galiläus 176
Judas Makkabäus 146f, 148
Juden, Judentum 87, 153-159, 164, 180
Judenchristen 170, 176, 180
Jüdischer Aufstand 176-178, 182f

Kadesch(-Barnea) 26, 27, 28, 34
Kaiserkult 160, 161, 166, 181
Kalb, goldenes 65, 67, 70, 75
Kambyses II. 120
Kanaan(äer) 13, 14, 17, 18, 19, 21, 26, 32, 34, 36, 39, 41, 64, 70, 72, 78
Kanon 181
Kapernaum *163*
Karkar 79
Karkemisch 97
Karmel (Berg) 39, 71f
Karmel (Ort) *47*
Karnajim *83*
Kedesch *31*
Kefira *109*
Keïla *47, 109,* 119
Kir-Heres *83*
Kirjat-Jearim *109*
Kirjat-Sefer s. Debir
Kischon *16, 31,* 39
Kleinasien 127, 129, 135, 160, 181
Königtum (in Israel) 42, 43-59, 62-64, 64-101

Korinth 173
Kultpolitik 64f, 70, 106, 143
Kultreform 75, 90, 94-96
Küstenebene 30, 32, 33, 42, 44, 49, 70
Kyrene 135, 182
Kyrus II. 105-107
Kyrus-Edikt 110-113

Lachisch *61, 89,* 91, 121
Lajisch s. Dan
Landnahme 33-35
Lebo-Hamat *83*
Lod *109*
Lot 17, 18, 19, 21
Lus *16,* 20
Lydda (Lod) *145*
Lysias 144, 147
Lysimachus 128

Machärus *145, 163*
Magnesia 140
Mahanajim *47, 55, 61, 83*
Makkabäer (s. auch Hasmonäer) 146f
Maleachi 115
Manasse (König) 92
Manasse (Stamm) 34, 41
Mara 27
Marescha *61*
Mariamne 164
Masada *145, 163,* 165, 176, 178
Massa und Meriba 27
Mattanja s. Zedekia
Mattatias 146
Medeba *145, 151*
Meder, Medien 96, 97, 135
Megiddo *16, 31,* 32, 54, *55, 61, 83,* 85, *89,* 96f, 121
Melchisedek 19

Memphis 104
Menahem 82, 84
Menelaos 142
Merenptah 11, 21, 34
Merodach-Baladan 90
Merom 30
Mescha(-Stele) 77f
Mesopotamien 11, 12, 14, 17, 18, 50, 127, 135, 182
Messiaserwartung 44, 69, 154, 170, 183
Micha 81, 91
Micha Ben Jimla 73
Michmas 44, 45, *109*, 148
Midianiter 17, 38, 41
Migdol 104
Mischehen 115
Mischna 184
Mithraskult 162
Mizpa 68, 104, *109*, 119
Moab(iter) 18, 49, 50, 65, 77, 78, 81, 86, 87, 103
Modeïn *145*, 146
Mose 11, 15, 21, 24f, 26, 27, 34, 139
Mysterienreligionen 162

Nabatäer 152
Nabonid 106
Nabopolassar 94, 98
Nabot 72
Nadab 68
Naftali 41
Nahor 17, 20
Nain *163*
Nathan 51
Nazareth 167, *163*
Neapolis *163*
Nebukadnezar 94, 97f
Necho II. 96, 97, 98

Nehemia 117f, 119, 121
Nektanebos 120
Nero 173
Nerva 181
Netofa *109*
Nikanor 148
Ninive 96
Noah 13

Ofra *31*
Omri 68f, 70, 72, 77
Onias II. 133
Onias III. 141
Ono *109*
Orophernes 121
Ostjordanland 28, 33, 41, 45, 51, 65, 73, 75, 77, 78, 80, 85, 103, 133, 142, 147, 150, 152
Otho 177

Palästina 11, 12, 22, 28, 97, 128, 133, 140, 160, 164, 165, 167-173
Paneas 140, *163*
Parmenio 123
Passafest 96, 122, 170
Patriarchen 17-20, 34
Paulus 171, 173
Pekach 84, 85
Pella *131, 145, 151, 163,* 176
Perser, Persien, Persisches Reich 12, 105, 106, 110-114, 120f, 127
Petronius 172
Petrus 172
Pharisäer 150, 152, 156f, 166, 170, 179
Phasael 164
Phasaëlis *163*
Philadelphia *131, 145, 163*
Philippus (Stadtvogt) 142, 147
Philippus (Tetrarch) 166, 167, 171

Philister 21f, 28, 38, 41, 43, 44, 45, 48, 51, 68, 70, 77, 81, 84, 86, 87, 92, 127, 128, 162
Philo 137, 138f
Phönizien, -ier (s. auch Sidon, Tyrus) 35, 77, 79, 120, 133
Pilatus 170, 171
Piraton *31*
Pitom 25
Plinius d. J. 181
Pnuël *16, 31,* 65
Pompeius 152, 160, 164
Pontius Pilatus s. Pilatus
Propheten (s. auch einzelne Prophetennamen) 43, 51, 64, 69, 72, 73, 74, 76, 81, 87, 90, 91, 99, 107, 112, 134, 150
Psammetich I. 93
Psammetich II. 99f
Ptolemäer 132-134
Ptolemaïs (Akko) *131, 145,* 149, *151, 163,*
Ptolemäus I. 127, 132
Ptolemäus II. 135, 136
Ptolemäus III. 137
Ptolemäus IV. 133
Ptolemäus VI. 142

Quirinius 169
Qumran *145,* 154-156, *163*

Rabba, Rabbat-Ammon *47,* 49, *83, 89*
Rabbinen 159, 180
Rahab 30
Rama *31,* 45, 67, *109*
Ramot-Gilead *55, 61,* 73, 74, 77, *83, 89*
Ramses II. 11, 25
Ramses III. 11

Raphia 87, 133
Rebekka 14
Rehabeam 58f, 65f, 67
Rehob *31*
Reson 53
Rezin 82
Ribla *83,* 100
Richter 38-42, 43
Rom (Stadt) 172, 173
Römer, Römisches Reich 12, 128, 148, 149, 152, 160-162

Saba, Königin von 57
Sacharja 112
Sadduzäer 150, 157f
Salem 19
Salmanassar III. 75, 80
Salmanassar V. 86
Salome Alexandra s. Alexandra
Salomo 44, 50, 51, 52-58
Samaria *61,* 70, *83,* 86, *89,* 95, *109,* 113, 123, *131, 145,* 150, *151,* 165, 166
Samarien 149
Samaritaner 86, 121, 124, 150, 158, 171
Samuel 43, 44, 48
Sanballat 117
Sanherib 90f
Sanoach *109*
Sargon II. 86, 90
Saul 11, 43, 44, 45, 48
Schaalbim 32, *55*
Schabaka 90
Schallum 82
Schammai 180
Schasu-Beduinen 28
Scheba 51
Scheschbazar 113
Schilfmeer, Rettung am 25

Schimon (Rabbi) 183
Schischak (Schoschenk) 66
Schriftgelehrte (Rabbinen) 158f
Schunem *47, 61*
Sebaste (Samaria) *163,* 165,
Sebulon 41
Secharja 82
Seleukus I. 127f, 132
Seleukus IV. 140f, 148
Seleuzia *131*
Seleuziden 140-143
Sem, Semiten 13, 14, 17
Semiramis 80
Sepphoris *151, 163,* 167
Septuaginta 136f
Serubbabel 112f
Sichem *16,* 19, 21, *31,* 35, *47, 55,* 58, *61,* 65, 86, 124, *145,* 150, 158
Sidon *31, 47, 55, 61,* 79, *83,* 99, 120, *131*
Sif *47, 61*
Silo (Schilo) *31,* 51, *61*
Simon I. 149f
Simon II. 134
Simon Bar Giora 177f
Simon Bar Kochba 22, 183
Simri 68
Simson 41
Sinai (Berg) 26
Sinai (Halbinsel) 14f, 28
Sintflut 13
Skythopolis *131, 145, 151, 163,*
Socho *55, 61*
Sodom 19
Soziale Verhältnisse 81f
Sparta 149
Spätbronzezeit 32
Stephanus 170
Steuer 133, 140, 150, 161, 165, 167, 169

Stratonsturm *131, 151*
Sukkot *16, 31*
Synagoge 137, 179
Synedrium 132
Syrien (Aramäerreich; s. auch Damaskus) 73, 74, 77, 78, 82
Syrien (Nordsyrien) 11, 12, 17, 18, 22, 28, 35, 49f, 97, 98, 120, 127, 128, 132, 133, 135, 160
Syrisch-Ephraimitischer Krieg 84f

Taanach *16, 31,* 32, *55, 61*
Tabor *31,* 39, 40, 48
Tachpanhes 204
Talmud 184
Tal Sorek *31*
Tebez 41
Tekoa *47, 61, 109*
Tel-Abib 104
Tempel (in Jerusalem) 50, 51, 54, 56, 58, 64, 67, 95, 96, 100, 110, 111-113, 121, 132, 134, 137, 140, 142, 143, 146, 155, 158, 165, 173, 177, 179, 182f
Thronnachfolge (David) 51
Thronnachfolge (Nordreich) 69
Tiberias 167, *163*
Tiberius 171
Tibni 68f
Tiglat-Pileser I. 50
Tiglat-Pileser III. (Pul) 82, 84, 85, 86
Tirza *61,* 68, 70
Titus 177
Tobija 117
Trajan 181, 182
Tribut 79f, 81, 82, 84, 86, 87, 90, 92, 93, 98, 140, 141, 142, 152
Tryphon 149

Turmbau (Babel) 13
Tyrus *47,* 54, *55, 61,* 71, 79,
    83, 89, 99, 123, *131, 145,*
    163,

Ur (Chaldäa) 14
Urartäer, Urartu 81
Urgemeinde 170, 172, 182
Usija (Asarja) 81

Vespasian 176f
Vitellius 171, 177
Völkertafel 13

Zarpat (Sarepta) *61*
Zedekia (Zidkija) 99f
Zeloten 169, 176, 177
Zeus Olympios 143
Ziklag *47*
Zora *61*

VERZEICHNIS DER KARTENSKIZZEN

1. Die Zeit der Patriarchen
   (Spätbronzezeit 1550–1200 v. Chr) 16
2. Die Zeit der Richter
   (um 1200–1012 v. Chr.) 31
3. Das Königtum Sauls und das Großreich Davids
   (1012–965 v. Chr.). 47
4. Die Verwaltungsbezirke Salomos
   (965–926 v. Chr.) 55
5. Israel und Juda: Das geteilte Reich
   (926–722 v. Chr.) 61
6. Assyrische Provinzen in Palästina
   (ab 734 v. Chr.) 83
7. Die Zeit Josias (639–609 v. Chr.) 89
8. Die persische Provinz Juda
   (um 440–332 v. Chr.) 109
9. Palästina in hellenistischer Zeit
   (332–164 v. Chr.) 131
10. Palästina in der Zeit der Makkabäer
    (166–63 v. Chr.) 145
11. Neuordnung Palästinas durch Pompeius
    (63–40 v. Chr.). 151
12. Palästina unter Herodes dem Großen und seinen Nachfolgern
    (40 v. Chr. – 34 n. Chr.) 163